Mat Larkin

PRI UND DER UNTERIRDISCHE GARTEN

Mat Larkin

PRI UND DER UNTERIRDISCHE GARTEN

Aus dem Englischen von
Cordula Setsman

Originalausgabe erschienen unter dem Titel
The Orchard Underground
Text ©2018 Mat Larkin
First published in Australia by Hardie Grant Egmont

Für die deutschsprachige Ausgabe:
©2021 Mixtvision Verlag,
Leopoldstraße 25, 80802 München
www.mixtvision.de
Alle Rechte vorbehalten.
Übersetzung: Cordula Setsman
Covergestaltung: Zero Werbeagentur GmbH
Layout und Satz: Nadine Clemens
Druck und Bindung: GGP Media GmbH, Pößneck

ISBN: 978-3-95854-171-9

Auch als E-Book erhältlich

Für Fiona und Sam

1

DENK AN DIE STADT

Attica Stone – in dem Moment, als ich sie kennenlerne, habe ich keinen Schimmer, was für eine große Sache das ist. Ich mache mir nämlich gerade Sorgen um einen Baum. Ich sollte gleich erwähnen, dass ich mir normalerweise nie Sorgen um Bäume mache. Bäume sind schön und im Allgemeinen stören sie niemanden, solange sie nicht anfangen, ihre Zapfen auf den Radweg zu schmeißen, oder sich mit diesen Vögeln verbünden, die von ihnen heruntergeflogen kommen und einem auf den Schulranzen kacken.

Also ist heute ein Tag voller ungewohnter Baum-Sorge, denn ich habe plötzlich kapiert, dass die Einsame Kiefer, mein Lieblingsbaum – genau genommen der *einzige* Baum, der in der Gegend, in der ich lebe, noch übrig ist –, dem Untergang geweiht ist. In zwei Tagen wird er gefällt, plattgemacht und verbrannt wie all die anderen Bäume, die Platz machen mussten für die Straßen, Geschäfte und Häuser meiner Heimatstadt, Dunn's Orchard.

Und ich bin der Einzige, der sie retten kann.

Ich, Pri Kholi, als erstes Kind, das hier geboren wurde, und offizielles Maskottchen von Dunn's Orchard, *sollte* dazu in der Lage sein. Seit ich ein Baby war, bin ich der Lieblingspromi der Stadt. Mein Gesicht prangt auf jeder Broschüre, jedem Werbespot und auf der Website, die die Stadt bewirbt, seit Bürgermeister Dunn vor über zehn Jahren mit dem Bau begonnen hat.

Aber Erwachsene dazu zu bringen, einem zuzuhören, ist immer schwierig, und wenn sie in Dunn's Orchard irgendwas plattmachen wollen, ist es so ziemlich unmöglich.

Wie jetzt zum Beispiel. Ich stehe in der Frist Street, der Hauptstraße von Dunn's Orchard, und versuche, die Aufmerksamkeit des Bürgermeisters zu erheischen.

»Äh, Bürgermeister Dunn, kann ich nur schnell fragen …«

»Sehen Sie sich die wunderbare Vielfalt an Geschäften an, die wir haben!«, dröhnt Bürgermeister Torvald Dunn.

Ich sehe mir die wunderbare Vielfalt an Geschäften an.

»Sicher«, sage ich, »aber kann ich Sie was fragen wegen der Einsamen K…«

»Und die Qualität dieser Straßen!«, fährt Bürgermeister Dunn fort. »Niemand baut Straßen wie die in Dunn's Orchard! Schauen Sie sich nur diesen Asphalt an!«

Ich schaue mir den Asphalt an. Er ist sehr … straßig.

»Ja«, erwidere ich so begeistert wie nur irgend möglich. »Aber es geht um die Einsame Kiefer. Gibt es eine Möglichkeit, sie zu ret…«

Der Bürgermeister tritt mir auf den Fuß. »Fantastisch!«, ruft er und macht eine allgemeine Armbewegung, die alles einschließt, was in Sichtweite ist. Gleichzeitig bohrt er mir seinen schweren Arbeitsstiefel in den Zeh, um zu unterstreichen, dass jetzt kein guter Zeitpunkt zum Reden ist.

Der Fairness halber – es ist kein guter Zeitpunkt. Wir sind umgeben von einer Herde Familien, die extra aus der Stadt hier rausgefahren sind, um sich die Einsame Kiefer anzuschauen. Na ja, nicht die Einsame Kiefer an sich, sondern das Gelände, auf dem sie steht. Torvald möchte, dass sie die Häuser kaufen, die er dort bauen will, nachdem die Einsame Kiefer weg ist. Das Viertel wird Last Street Estate heißen. Torvald meint, wenn es fertig gebaut ist und die Leute in ihre neuen Häuser einziehen, wird unser Städtchen vollständig sein.

Als Maskottchen des Ortes ist es mein Job, dabei zu helfen, die Leute zu überzeugen, hierherzuziehen. Das ist der Grund, warum ich um drei Uhr nachmittags hier bin und nicht in der Schule.

»Aber verlassen Sie sich nicht auf *mein* Wort!«, tönt Bürgermeister Dunn, drückt seinen Klappscheitel wieder fest und nimmt seinen Stiefel unauffällig von meinem Fuß. »Fragen Sie diesen jungen Burschen hier!« Er zerzaust meine Haare und alle Augen richten sich auf mich.

»Dieser Ort ist perfekt!«, rufe ich. »Ich liebe ihn!«

Ich glaube *so was von* nicht, was ich da sage. Nicht mehr. Ich dachte wirklich mal, dieser Ort sei perfekt, genau bis gestern, als mir auf einmal klar wurde, dass alles, was ihn vollkommen gemacht hat, nicht mehr da ist.

Alles außer der Einsamen Kiefer. Die in zwei Tagen auch weg sein wird, wenn ich sie nicht retten kann.

Ohne die grüne Wildnis, die es hier mal gab, sieht Dunn's Orchard genauso aus, wie es ist: ein hübsches, neu gebautes Städtchen in einem suppentellerförmigen, von Hügeln umringten Tal, das sich immer schneller mit hübschen, würfelförmigen Häusern füllt.

Ordentlich. Hübsch. Neu.

Aber nicht vollkommen.

»Es stimmt, dieser Ort ist wirklich perfekt!«, ruft Bürgermeister Dunn. Er wuschelt mir noch mal durch die Haare, als ob ich ein Cocker Spaniel wäre, der brav seinen Tennisball zurückgebracht hat. »Und Pri muss es wissen!«, fügt er hinzu und fuchtelt in Richtung der Banner, die hoch oben an den Fahnenmasten entlang der Frist Street wehen. Auf jedem steht in einer schnörkeligen Schrift:

ZEHN JAHRE DUNN'S ORCHARD
»DENK AN DIE STADT!«

Und auf jedem davon prangt ein meterhohes Foto von meinem Gesicht.

»Ooooh!«, machen die potenziellen neuen Mitbürger. Einige machen mit ihren Handys Fotos von mir.

Ich zwinge mir für sie ein Lächeln ins Gesicht. Ich bin dran gewöhnt. Es ist mein Job.

Ich kenne das Städtchen besser als irgendwer sonst, denn ich habe gesehen, wie das ganze Ding erbaut wurde. Ich weiß, was wo gestanden ist, bevor ein Haus oder Geschäft dorthin gebaut wurde.

Wie der Schweinehintern-Felsen, den Mum und ich so getauft haben, bevor er plattgemacht wurde, damit Platz war für die Second Street.

Wie die wildwuchernden Hecken, in denen ich mit sechs meine *Paw Patrol*-Actionfigur verloren habe, bevor sie sie ausgegraben haben, um den Supermarkt zu bauen.

Wie das dichte Brombeergebüsch, in dem mein ehemals bester Freund Evan Gray und ich uns Höhlen gebaut haben, bevor sie die Büsche ausgerissen haben, um die *Echt Mega Kaffee*-Filiale zu bauen.

»Bist du glücklich hier, Pri?«, fragt mich Bürgermeister Dunn mit hochgezogenen Augenbrauen. Die Augenbrauen sagen wie ein gellender Schrei: DENK AN DIE STADT!

»Ich bin superglücklich!«, erwidere ich und fühle mich miserabel dabei.

»Selbstverständlich bist du glücklich!«, sagt Bürgermeister Dunn grinsend.

Wenn Mum glaubt, dass ich sie nicht hören kann, nennt sie den Bürgermeister den ›doppelköpfigen Torvald‹. Hab sie nie gefragt, warum.

Die Frist Street ist bloß hundert Meter lang. Bürgermeister Dunn scheucht alle schnell an der *Echt Mega Kaffee*-Filiale und an Kastell Dunn vorbei zum anderen Ende der Straße. Dort liegt die Dunn's Orchard-Schule an der T-Kreuzung mit dem Valley Drive.

Der Bürgermeister führt uns genau in dem Augenblick in die Eingangshalle, als es zum Schulschluss klingelt. Die Neonröhren flackern, gehen aus, gehen wieder an. Kinder in blauen

Schuluniformen strömen an uns vorbei und hinaus auf die Frist Street, während wir uns gegen den Strom auf einen Tapeziertisch zuschieben, der wie eine einsame Insel in der Mitte der Halle steht. Etwas Großes, Rundes auf dem Tisch ist mit einem weißen Tuch verhängt.

»Das hier wird Ihnen gefallen. Sie werden es lieben«, meint Bürgermeister Dunn strahlend, während er eine Ecke des Tuchs lüpft.

An diesem Punkt machen die Leute immer Fotos, also stelle ich mich hinter den Tisch, damit sie das Maskottchen mit aufs Bild bekommen. Ich schätze, Bürgermeister Dunn bekommt das nicht mit, denn als er das Tuch mit einer theatralischen Geste vom Tisch reißt und hinter sich wirft, landet es auf mir.

Ich bin ein Gespenst geworden. Draußen vor meinem Laken beklatschen die potenziellen neuen Mitbürger das, was sich auf dem Tisch befindet. Ich ziehe das Laken herunter, aber eigentlich gefällt es mir hier drunter. Es ist wie in einem Geheimversteck. Eine Minute lang muss ich meinen Job mal nicht machen. Ich kann so tun, als ob die Einsame Kiefer in Sicherheit wäre und dass alles immer noch genauso vollkommen ist, wie es einmal war.

»Ist das nicht großartig?«, fragt Torvald. »Erkennen Sie es? ... Ja, das da ist Last Street Estate! Würden Sie es gern in echt sehen? Natürlich kommen Sie alle zum großen Freudenfeuer am Freitag, aber lassen Sie uns jetzt einen Blick drauf werfen, wo sich Ihr neues Zuhause befinden wird, Neu-Orcharder!«

Begeisterte Ooohs und Aaaahs treiben auf die Tür zu, angespornt von Torvalds fröhlichem Drängen. Wenn ich mich beeile, kann ich sie noch einholen und Bürgermeister Dunn wegen der Einsamen Kiefer fragen. Ich lüfte das Tuch, aber er ist schon weg. Ich bleibe alleine mit dem Ding zurück, das alle so begeistert hat. Es ist ein 3D-Modell von Dunn's Orchard und dem Tal ringsum aus Styropor und Pappe, das von einer Plexiglaskuppel bedeckt ist. Es ist wirklich ziemlich toll.

»Hi, Maskottchen«, sagt ein Kind im Vorbeigehen.

»Hey, Jonty«, gebe ich zurück, ohne mich umzudrehen. Muss ich nicht. Ich kenne jedes Kind im Ort.

Das Modell misst zwei Meter im Durchmesser. Es besteht aus keilförmigen Teilen, wie Tortenstücke, die man rausnehmen und austauschen kann. Und es bildet die Gebäude und Straßen unseres Städtchens ziemlich detailgetreu ab. Die Einsame Kiefer, der höchste und letzte Baum des Tals, sticht aus dem allerletzten grünen Tortenstück heraus.

Ich starre das Styropor-Modell mürrisch an. Ich habe es so ziemlich jeden Tag meines Lebens gesehen. Oder zumindest seit ich ein kleines Kind war. Als ich jünger war, habe ich es das Styropor-Universum genannt und bin in einem ausgedachten Weltraumhubschrauber darübergeflogen, bin an meinem Haus vorbeigezischt und habe über all den Wiesen ringsum Loopings gedreht. Mir ist kaum aufgefallen, wie sehr sich alles verändert hat, bis Torvald das neue Viertel angekündigt hat. Da ist mir klar geworden, dass alle Stellen, an denen ich immer gespielt habe, zerstört worden sind – all die Wiesen und Kletterfelsen, die ganzen Verstecke und wilden Büsche und alle Bäume.

Bis auf einen.

»Hey, Maskottchen«, meint ein anderes Kind.

Ich winke ihm über die Schulter zu. »Ja, hi, Kirsten.«

Das letzte Rinnsal Kinder tröpfelt hinter mir vorbei, dann liegt die Halle still und leer da.

Ich beuge mich über das Modell. Es wirkt so, als könne man die Einsame Kiefer mit einem Niesen umpusten.

Und sie dann zerstückeln und sie in dem Freudenfeuer verbrennen.

Was – außer dem Nieser – genau das ist, was am Freitag passieren wird.

Ich *muss* sie retten.

Ich lege einen Finger auf das Plexiglas über der letzten Baumkrone des Ortes.

»Wenn ich zulasse, dass sie dich verbrennen«, sage ich zur Einsamen Kiefer, »was gibt es dann hier noch, für das man sich begeistern könnte?«

Und dann – zweieinhalb Zentimeter hinter meinem linken Ohr – sagt eine Stimme, die ich noch nie zuvor gehört habe: »Apfelbäume.«

2

KEINE ÄPFEL, EINE KIEFER

Ich halte mich gern für ziemlich cool, deswegen reagiere ich auf die Stimme, die mir »Apfelbäume« ins linke Ohr plärrt, indem ich einen ziemlich coolen Schrei loslasse und einen total coolen Satz zur Seite mache und gegen eine Säule pralle.

Als ich mich wieder von der Säule abdrücke (ganz cool, aber ein bisschen zu fest, denn ich katapultiere mich direkt in den Tisch mit dem Modell und ramme mir die Tischkante in den Oberschenkel), drehe ich mich um und blicke der Person ins Gesicht, die sich angeschlichen hat.

Es ist ein Mädchen. Ungefähr ein Jahr älter und fünf Zentimeter größer als ich. Auf der einen Seite ist ihr Haar superkurz geschoren und der Rest ist in einer undefinierbaren Farbe gefärbt, die ich noch nie zuvor gesehen habe.

Ich hab *sie* noch nie gesehen. Hätte ich es, wüsste ich das. *Niemand* in Dunn's Orchard sieht aus wie sie.

»Apfelbäume«, wiederholt sie.

»Hä?«, erwidere ich. »Wer bist ... hä?«

Sie geht hinter mir vorbei, um sich das Modell des Ortes

anzuschauen. »Ja sicher, das ist Bombe. Hi, Pri Kholi, ich bin Attica Stone. Neu hier.«

Sie streckt mir die Hand entgegen, aber noch bevor ich mich entscheiden kann, ob ich sie schütteln will, zieht sie sie schnell zurück und klopft damit auf die Plexiglaskuppel des Styropor-Modells. »Dein ›Städtchen‹ hier«, sagt sie spöttisch. »Was steckt dahinter? Irgendwas Interessantes zu sehen?«

Vor ein paar Jahren hätte ich den Schweinehintern-Felsen und all die anderen tollen wilden Orte genannt, aber die sind jetzt alle Geschichte, also fange ich stattdessen an, das offizielle Drehbuch runterzuleiern, das ich gerade schon den potenziellen neuen Mitbürgern aufgesagt habe. »Der Ort Dunn's Orchard wurde von unserem Bürgermeister Torvald Dunn gegründet. Er ist von einem öden Tal zur Heimat von dreitausend ...«

»Nee«, sagt sie und schaut hoch. »Die Broschüre hab ich schon gelesen. Du siehst gut darauf aus. Aber ich meine die *wahre* Geschichte.« Sie hockt sich hin, um das Modell zu beäugen. »Es gibt also nur eine Straße rein und raus?«

Ich deute auf die City Road, die sich durch die hinterste Hügelkette Richtung Westen windet und aus dem Modell verschwindet. »Dort sollte eigentlich eine Eisenbahnstrecke hin, aber sie wurde nie gebaut.«

»Hä? Aber was ist das denn dann?«, will sie wissen und deutet auf die Hügel am nördlichen Rand, von wo aus sich eine blaue, aufgemalte Linie aus den Hügeln hinunter ins Tal windet, aber dann abknickt und über den Rand verschwindet, ohne unseren Ort je zu erreichen.

»Der Hundert-Meilen-Fluss«, erkläre ich.

»Der macht hier aber wirklich in allerletzter Minute die Biege, oder? Als ob er einen kurzen Blick auf Dunn's Orchard geworfen und dann beschlossen hätte, dass er nichts mit euch zu tun haben will.«

»Das ist nicht wahr«, antworte ich. »Die Hügel sind bloß auf der Seite zur Großstadt steiler als auf unserer Seite, deswegen fließt der Fluss dorthin.«

Aber während ich mir den blauen Strich auf dem Modell und die scharfe Kurve, die er von Dunn's Orchard weg beschreibt, so anschaue, sieht es auf einmal genauso aus, wie Attica Stone gesagt hat.

Sie zeigt mit dem Finger auf die Einsame Kiefer und die zeigt zurück zu ihr. »Und diese große Wiese mit dem Baum, die wird jetzt plattgemacht?«

Nicht, wenn ich es verhindern kann, denke ich, was ich nicht kann, wenn ich hier rumstehe und mit einem neuen Kind quatsche. Ich muss Bürgermeister Dunn erwischen.

»Jap«, erwidere ich, um es kurz zu machen. »Dann wird der Ort vollständig bebaut sein. Das ist die Einsame Kiefer, der letzte grüne Baum in diesem Teil des Tals. Hör mal, ich muss ...«

»Nein, ist es nicht.«

Ich starre sie wütend an. »Doch, ist es.«

»Nein, ist es nicht. Was ist das da? Direkt am Rand, versteckt zwischen den Hügeln unterhalb des Flusses, total waldig und einladend. Das ist immer noch da. Was ist das?«

Ich folge ihrem Finger. »Der Gruselwald?«, frage ich. »Schätze, den könnte man grün nennen. Aber der gehört nicht wirklich zum Ort. Niemand will dahin.«

»Warum? Wie ist es da?«

»Weißnich. Nie da gewesen. Gruselig?«

»Bingo!«, ruft Attica. »Wir sind auf etwas Interessantes gestoßen. Lass mich meine vielen Fragen auf die Reihe bringen. Eins: Warum heißt es Gruselwald? Zwei: Du hast dein ganzes Leben noch nie einen Fuß dort hineingesetzt, obwohl du nur zehn Gehminuten davon entfernt wohnst? Und drei: Nicht dein Ernst?!«

»*So* interessant ist das auch wieder nicht«, gebe ich zurück. »Gibt ne Geschichte über einen Kinderschreck, den Knochenmann, der im Gruselwald lebt. Als ich noch klein war, hatte ich vor dem Knochenmann Angst, und damals gab es noch viel mehr Waldstücke, in denen es nicht verboten war zu spielen. Jetzt hänge ich hauptsächlich vor der *Echt Mega Kaffee*-Filiale ab.«

Attica Stone guckt mich dermaßen aus zu Schlitzen verengten Augen an, dass ich das Gefühl habe, gleich öffentlich ausgeweidet zu werden.

»Also«, meint sie, »um die Geschichte zusammenzufassen: Es gibt in den Hügeln einen komplett unerforschten verbotenen Wald, in dem ein Kinderschreck haust, und *das* ist nicht so interessant?«

Meine Eingeweide fallen raus und verteilen sich über den Fußboden.

»Schätze schon«, meine ich. »Ich hab nie wirklich ... Ich glaube nicht an ...«

Attica kramt ihr Handy raus und macht einen Schnappschuss vom Gruselwald-Modell. »Klar, ist Bombe. Jetzt Frage vier: Wo in all dem hier«, setzt sie an und fuchtelt mit der Hand über dem Modell, »sind denn nun die ganzen Apfelbäume?«

»Es gibt keine. Ich hab dir doch gesagt, dass die Einsame Kiefer der letzte Baum ist, der noch übrig ist. Na ja, außer dem Gruselwald, schätze ich. Warum fragst du mich das immer wieder?«

Attica Stone sieht mich an wie ein Zoologe, der gerade eine total spannende neue Art von Idiot entdeckt hat. »Du hast dein ganzes Leben hier verbracht?«, vergewissert sie sich. »Das erste Kind von Dunn's Orchard?«

»Wer will das wissen?«

»Jemand, der weiß, was das Wort ›orchard‹ bedeutet. Nämlich Obstgarten. Und die sollten eigentlich aus Obstbäumen bestehen, oder? Euer Bürgermeister hat die Stadt nach sich selbst und einem Obstgarten benannt. Warum?«

»Weißnich. Vielleicht mag er einfach Obstgärten.«

»Und wenn er nun Meeresfrüchte mögen würde, hätte er den Ort dann Dunn's Hummer genannt?«

Darüber muss ich nachdenken. »Das wäre doch eigentlich ziemlich cool gewesen.«

Attica Stone legt die Hände auf die Kuppel des Modells und schaut suchend hinein. »Wo ist der Obstgarten von Dunn's Orchard?«, murmelt sie. »Deine Stadt hat ein Geheimnis. Ein Geheimnis ist ein Rätsel und ein Rätsel ist ein Abenteuer und *das* ist etwas, für das man sich begeistern kann! Lust auf ein Abenteuer?« Sie grinst mich an. Sie klingt wie eine Irre, und ich muss noch einen Baum retten.

»Ähm«, mache ich. »Ich muss den Bürgermeister suchen.«

»Super!«, ruft Attica Stone. »Dann fangen wir morgen an. Schön, dich kennengelernt und dein Leben sofort bereichert zu haben, Pri Kholi!«

Sie stiefelt vergnügt raus auf die Frist Street und lässt mich mit dem Modell eines Ortes zurück, den ich in- und auswendig kenne, jeden Zentimeter, besser als sonst jemand.

Oder etwa nicht?

Ich schnappe mir meine Schultasche und lasse mich auf die Straße hinaustreiben, nehme mir vor, nie wieder an Attica Stone zu denken.

Und ich denke tatsächlich nie wieder an Attica Stone.

Für ungefähr dreißig Sekunden.

Ich meine, wer ist diese Attica Stone denn überhaupt?

Wenn man aus der Schule rauskommt, steht man am einen Ende der Frist Street und kann sie gerade hinaufschauen, mit ihren Geschäften und flatternden Fahnen, bis zum verlassenen Bahnhofsgebäude an der T-Kreuzung am anderen Ende.

Aber anstatt die Frist Street hinauf nach Hause zu gehen, biege ich in den Valley Drive ein in Richtung Last Street und der Einsamen Kiefer und des einzigen Menschen, der sie retten kann: Bürgermeister Dunn. Ich hoffe, er ist immer noch dort.

An Attica Stone denke ich kein bisschen, während ich losmarschiere. Wen interessiert schon, was sie denkt? Sie ist ja nicht mal von hier. Und dann diese Haare?! Komischer Vogel.

Ich biege um ein paar Ecken und denke immer noch nicht an Attica Stone. »Mein Leben bereichert.« Pfft. Mein Leben ist bereichert, sobald die Einsame Kiefer vor den Planierraupen ge-rettet ist.

Ich komme ans Ende der Last Street, wo der Asphalt abrupt an einem verkratzten gelben Schild endet, auf dem STRASSE GESPERRT steht. Dahinter liegt das letzte Stückchen grünes, wildes Land des ganzen Tals. Die Einsame Kiefer ragt hoch und mutterseelenallein in der Mitte einer großen, unberührten, mit großen Felsbrocken und wilden Büschen übersäten Wiese auf. Ein laues Lüftchen streicht durch die Halme des wilden Schnitt-lauchs und weht einen würzigen Duft zu mir herüber. In einer Ecke lauern schon die rostig-gelben Umrisse von Joe und Hop-per, den städtischen Planierraupen.

Ein neues Schild ist neben dem STRASSE GESPERRT-Schild aufgestellt worden. Darauf steht:

LAST STREET ESTATE
DEMNÄCHST HIER

Und von der oberen Ecke des Schildes lächele ich mich selbst zuckersüß an, das Maskottchen von Dunn's Orchard.

Sonst ist niemand hier. Ich hab Bürgermeister Dunn verpasst.

Das ist alles nur Attica Stones Schuld.

Ich zeige dem Maskottchen von Dunn's Orchard den Stinke-finger und drehe um Richtung Zuhause.

In dieser Nacht träume ich, dass ich über einem aus Styro-por und Pappe gemachten Wald von Apfelbäumen schwebe, die schwer behangen sind mit Früchten in einer unnatürlichen Far-be, die ich noch nie zuvor gesehen habe.

3

FRECHE KLEINE MIEZE

Am nächsten Morgen, als die Flut aus blauen Schuluniformen die Stufen hinauf- und durch die Eingangshalle in die Schule strömt, klebt ein pinker Klebezettel auf der Plexiglaskuppel des Stadtmodells. Es ist nur eine Zeichnung drauf. Ein einziges Ding, grün und holzig.

Es ist ein Apfelbaum. Ich dreh den Zettel um. Auf der Rückseite prangt ein einzelnes, riesiges Fragezeichen.

Blöde Attica Stone. Alles war so schön einfach, bevor sie mit ihrer Obstbesessenheit aufgetaucht ist.

Eine finstere Grummel-Wolke folgt mir ins Klassenzimmer, dicht und dunkel genug, dass ich nicht mal höre, was Evan Gray und seine neuen besten Freunde aus der letzten Reihe murmeln, als sie mich sehen.

»Murmel, murmel, murmel, Schleimi, murmel«, machen sie und lachen dreckig. Fragt nicht.

Blöde Attica Stone. Das ist alles ihre Schuld. Irgendwie. Obwohl sie grade erst hier aufgetaucht ist. Und es zwei Monate her ist, seit dem Schnecken-Vorfall.

Und ich kann sie ja auch schlecht bitten, die Einsame Kiefer zu retten.

Ich lasse mich auf meinen Platz fallen, wo ich neben Evan Gray gesessen habe, als wir noch beste Freunde waren.

»Blöde Attica Stone«, murmele ich vor mich hin.

»Also, da ist dieses Katzenmonster, gell?«, sagt eine Stimme neben mir.

Ich seufze. Neuerdings sitze ich neben Slotcar.

Slotcar ist meine neue beste Freundin, seit sie sich vor ein paar Wochen auf Evans frei gewordenen Platz neben mir gesetzt hat. Ohne Vorwarnung hat sie gleich angefangen, mir eine Story über das Ungeheuer von Loch Ness reinzudrücken, das von irgendwem das Handy gefressen hat (Monsterjäger haben dann versucht, es zu finden, indem sie das Handy angerufen und sich aus ihren Booten gehängt haben, um auf das Klingeln zu lauschen).

Slotcar heißt Slotcar, weil sie zu ihrem achten Geburtstag von irgendwem eine Modellrennbahn bekommen hat, bei der das Rennauto so einen kleinen Stift an der Unterseite hat, den man in einen Schlitz in der Rennstrecke steckt. Dann verbindet man es mit ein paar Batterien und kann das Auto mit einer Fernbedienung losflitzen lassen. Slotcar hat es damals einen Augenblick neugierig betrachtet, dann ist sie verschwunden und kurz darauf mit der Riesenbatterie vom echten Auto ihrer Oma zurückgekommen.

Zwei Minuten später steckte das Auto tief in der Wand ihres Zimmers und die Rennstrecke schmolz. Sie hat daraus ein Windspiel gebastelt.

Heute nimmt sie ein Dutzend Zauberwürfel mit einem Lineal aus Metall auseinander und steckt die farbigen Steine in eine zerknitterte Papiertüte.

»Ein Katzenmonster, sagst du?«, hake ich nach.

»Jaa«, erwidert Slotcar, während sie einen grünen, einen weißen und einen roten Stein heraushebelt und in die Tüte packt. »Eins von diesen Katzenmonstern, die es heutzutage gibt. Du weißt schon.«

Slotcar ist bei ihrer uralten Oma in Manchester aufgewachsen und vor zwei Jahren aus England hierhergezogen. Sie sitzt in jedem Fach neben mir, ob ich will oder nicht.

Irgendwie will ich.

»Klar«, sage ich während der Englischstunde. »Katzenmonster, klar. Hör mal, was weißt du über Apfelbäume?«

»Jede Menge. Werden von Bienen bestäubt.«

»Genau.«

»Brauchen Sonne und Wasser.«

»Klar, aber ...«

»DVDs.«

»Hä?«

»Freches kleines Katzenmonster«, meint Slotcar während der Doppelstunde Mathe. Sie kramt in ihrer Hosentasche rum und zieht einen zerknüllten Ausdruck aus dem Internet hervor. »Die Polizei sucht es, weil es sich in fremder Leute Häuser herumgetrieben und ihre DVDs geklaut hat.«

Ich schaue sie mit tausend Fragezeichen im Gesicht an.

In der Mittagspause lese ich mir den Artikel durch: DIEBSTAHLVIDEO: POLIZEI SUCHT NACH KATZENMENSCH

»In der Story geht es um einen ganz gewöhnlichen Einbrecher«, sage ich, während ich auf meinem Sandwich kaue. »Einen menschlichen Einbrecher. Der Schmuck und so klaut. Du weißt, was ›Katzenmensch‹ bedeutet, oder? Halt ein Einbrecher, der gut darin ist, sich rein- und rauszuschleichen?«

»Jaaa, aber ich dachte, die wären nur scharf drauf, Mäuse und Fisch und Wollknäuel zu mopsen«, meint sie, holt ein kaltes Würstchen im Schlafrock aus der Papiertüte und pult Zaubersteine daraus. »Warum vergeudet sie denn Zeit damit, DVDs zu stehlen? Katzen können doch nicht mal fernsehen.«

»Katzen *können* fernsehen und ES IST KEINE KATZE. Und warum glaubst du, dass sie DVDs klaut? Das steht doch nirgends in dem Artikel.«

Slotcar zeigt auf den Ausdruck. »Diebstahlvideo.«

»DAS HEISST DOCH NICHT – ich geb's auf.«

»Ich hab meine Videos jetzt weggesperrt.«

Kurz vor dem Ende der Physikstunde knackt es im Schullautsprecher und die Stimme von Bürgermeister Dunn beschert mir eine Pause von Slotcars verrückter Welt.

»Guten Nachmittag, Schüler! Nur eine kurze Erinnerung, dass am Freitagabend das allerletzte Freudenfeuer von Dunn's Orchard stattfindet. Bitte erinnert auch eure Eltern, mitzukommen und an der Feier teilzunehmen. Es besteht Anwesenheitspflicht! Kleiner Scherz. Aber im Ernst, ihr solltet alle dabei sein. Alle. Alle müssen kommen. Das war's auch schon.«

»Freitagabend ist Schleimi-Abend!«, brüllt eine Stimme von ganz hinten im Klassenzimmer. Ich tu so, als würde ich sie nicht hören.

»Slotcar«, sage ich und schaue noch mal auf ihren Ausdruck, »dieser Artikel ist aus NORWEGEN. Es ist eine Nachrichtenmeldung über ganz gewöhnliche Polizisten, die ein ganz gewöhnliches Sicherheitsvideo kriegen von einem ganz gewöhnlichen Einbrecher, der in ein ganz gewöhnliches Haus einbricht. In Norwegen.«

Ich lese den Artikel weiter.

»Aus dem Jahr NEUNZEHNHUNDERTACHTUNDACHTZIG, Slotcar!«

»Ich hoffe, sie kriegen die freche kleine Mieze.«

Ich reibe mir die Augen und versuche, nicht zu schreien. »Ich *muss* mir neue Freunde suchen. Schon wieder.«

Zumindest ist das Gespräch jetzt beendet.

»Und noch was.« Ich muss einfach in der Freiarbeitsstunde, der letzten Stunde des Tages, noch mal davon anfangen. »Selbst wenn deine komplett ausgedachte Version der Geschichte wahr wäre – was sie definitiv nicht ist –, könnte es auch eine ganz gewöhnliche Katze sein. Warum hast du behauptet, es sei ein Katzenmonster?«

»Weil, als du hier heute Morgen reingekommen bist und über Attica Stone gemeckert hast«, sagt sie und lässt den letzten Zauberwürfelstein in ihre fettige Papiertüte fallen, »wusste ich, dass dich nur etwas richtig Ungewöhnliches ablenken könnte.« Sie raschelt mit der Tüte. »Hat funktioniert, gell?«

Ich starre die Tüte an. Sie hat recht. Ich habe seitdem nicht mehr an Attica Stone, das Styropor-Modell oder an Apfelbäume gedacht. Aber ich habe auch nicht mehr an die Einsame Kiefer gedacht. Ich habe nur noch einen Tag, um sie zu retten.

»Wozu sind all die Zauberwürfelsteinchen gut?«, will ich wissen.

Sie drückt die Tüte fest an die Brust und kneift ihre Augen zu Schlitzen zusammen. »Warum? Was brauchst du?«

Die letzte Glocke läutet. Für heute bin ich fertig.

4

DAS SELTSAMSTE DING

Attica Stone steht am Modell der Stadt, beugt sich über die Kuppel. Sie scheint in irgendwas völlig versunken zu sein, hat ihr Gesicht mit den Armen abgeschirmt, ihr Science-Fiction-Pony berührt die Kuppel. Ich beschließe, mich vorbeizuschleichen. Ich hab keine Zeit für sie.

»Hey, Maskottchen«, sagt sie, ohne sich umzudrehen.

Ich seufze. Attica dreht sich um und lässt etwas in ihrer Tasche verschwinden, das ich nicht richtig erkennen kann. Einen Edding vielleicht? Ich schiele an ihr vorbei. Da ist ein Fleck ganz oben auf der Kuppel.

»Beschmierst du die Kuppel unseres Stadtmodells?«

»Ich mach ne Menge Sachen«, meint sie, dann packt sie mich an der Schulter und dreht mich zu sich herum, bevor ich einen genaueren Blick drauf werfen kann. »Hey!«, ruft sie. »Lass uns was Lustiges machen! Zeig mir deinen Kinderschreck-Wald!«

Noch bevor ich mich aus ihrem Griff winden kann, stehen wir schon draußen auf der Frist Street. »Er heißt Gruselwald«, erkläre ich ihr und zupfe meine Schuluniform zurecht. »Aber warum willst du dich da umsehen? Sind doch bloß ein paar alte Bäume.«

»Genau!«, ruft Attica und hüpft auf den Gehweg. »Wenn es hier je so was wie einen Obstgarten gegeben hat, dann doch wohl dort. Was ist das?« Sie zeigt auf ein hohes, klotziges weißes Gebäude, das sich auf der einen Straßenseite fast die ganze Frist Street entlangzieht.

»Kastell Dunn«, antworte ich. »Das Rathaus. In echt heißt es natürlich nicht Kastell Dunn, aber es ist das einzige achtstöckige Haus im Ort – es ist gesetzlich verboten, dass Häuser mehr als zwei Stockwerke haben. Und es gehört Bürgermeister Dunn, also, weißt schon. Kastell. Dunn.«

»Cool.« Attica guckt bereits in die andere Richtung, starrt die fröhlich vor sich hin flatternden Banner an. »Pri Kholi, wozu braucht deine Stadt ein Maskottchen? Und warum bist du es?«

Meine Wangen glühen. Meine Wangen glühen sonst nie. »Sie brauchten halt einfach ein niedliches Babygesicht für ihre Werbeprospekte und vor zehn Jahren war ich noch das einzige Kind hier, also ...«

»Und du machst das immer noch?«

»Torvald braucht jemanden, der die Neuen herumführt, also ergibt es Sinn, dass ich das mache. Und dann sind da natürlich noch die Freudenfeuer.«

Attica schaut sich um, als ob die ganze Straße gleich in Flammen aufgehen würde. »Welche Freudenfeuer?«

»Jedes Mal, wenn sie ein Stück Land plattmachen, um neue Häuser zu bauen, schieben sie alle Bäume zu einem großen Scheiterhaufen zusammen und machen ein riesiges Freudenfeuer. Der ganze Ort versammelt sich darum und ich, als Maskottchen der Stadt, werfe das alte Stück des Styropor-Modells hinein und ersetze es durch das neue Stück mit Häusern drauf.« Atticas Mund steht offen. »Nicht dein Ernst.«

Ich zucke mit den Schultern. »Ist keine große Sache. Macht Spaß. Oder hat es jedenfalls mal. Genau genommen versuche ich, das nächste zu verhindern.«

»Klar, ist Bombe«, meint sie, ohne mir zuzuhören. Ihr Daumen zeigt auf das hintere Ende der Frist Street. »Und da ist kein Bahnhof, obwohl da einer sein sollte. Warum?«

»Irgendwer hat den Sprengstoff geklaut, mit denen der Eisenbahntunnel durch die Hügel gesprengt werden sollte, deswegen wurde der Bahnhof nie fertig gebaut. Hier wird ne Menge Zeug geklaut.«

Attica starrt mich an.

»Vor allem Lampen«, kläre ich sie auf. »Und Türen.«

»Und haben sie den Sprengstoffdieb geschnappt?«

»Ich glaub nicht, dass je irgendwer für irgendeinen der Diebstähle geschnappt wurde. Wir haben zwar eine Polizei, aber ich hab das Gefühl, Torvald sorgt dafür, dass sie nicht allzu genau ermitteln. Er denkt, dass daraus eine große Sache werden könnte und dann keine neuen Leute mehr herziehen würden.«

»Und sie haben nicht einfach neuen Sprengstoff besorgt, um die Eisenbahn zu bauen?«

»Damit er wieder geklaut wird?«

»Pri Kholi«, seufzt Attica Stone. »Deine Stadt könnte das seltsamste Ding im gesamten bekannten Universum sein.« Sie grinst. »Ich liebe sie, verdammt noch mal. Bring mich zum Gruselwald.«

Ich war schon seit Ewigkeiten nicht mal mehr in der Nähe des Gruselwalds, aber keine Chance, dass ich den Weg dorthin je vergesse. Ich führe Attica durch die Stadt zum Oval Court, einer kleinen Sackgasse mit einem Kiesweg, der zum Dunn's Orchard Fußball-, Basketball- und Cricket-Platz führt.

DIE MÄCHTIGEN SPIDERMANS, steht auf dem Schild.

Attica zeigt darauf. »Wa?RUM?«, fragt sie.

»Lange Geschichte«, schwindle ich. »Schau, gleich da drüben ist es.«

Torvald hat darauf bestanden, den eiförmigen Sportplatz auf einer Anhöhe zu bauen – er liegt ganze drei Meter höher als das Gelände drum herum. »Vorzügliche Entwässerung«, hat er immer wieder betont. »In meinem Ort wird nie ein Fußballspiel wegen Überflutung ausfallen.«

Das Endergebnis ist ein Fußballplatz mit einem absolut trockenen Spielfeld für Fußballspiele, die niemand sehen kann.

Wir klettern den Hügel hinauf und rennen über das Spielfeld bis zum abgrenzenden Maschendrahtzaun am hinteren Ende. Dahinter ist ein schmaler Streifen mit gemähtem Gras und dann ...

Der Gruselwald.

Allerdings ist Wald nicht gleich Wald. Es gibt Wälder, in denen man Picknicke macht und die das Zuhause von knuddeligen Tieren und Singvögeln sind. In ihnen gibt es kleine Wasserfälle mit hölzernen Brücken, die sich auf Urlaubsfotos gut machen. Man besucht diese Art Wald. Man macht einen Spaziergang in dieser Art Wald.

Und dann gibt es Wälder, in denen verirrt man sich.

Der Gruselwald ist das krasse Gegenteil von all den wunderbaren Geschäften und Straßen von Dunn's Orchard. Es ist gerade mal vier Uhr nachmittags und die Sonne scheint, aber der Wald vor uns ragt so dicht und düster auf wie eine Mauer um zehn nach Mitternacht. Eine undurchdringliche grüne Finsternis lauert zwischen den dicht stehenden Kiefern, die nichts preisgibt, aber auch nichts Gutes verheißt. Das Dickicht ist bis an den Waldrand hüfthoch und wirkt so, als ob der Gruselwald vom gesamten Tal Besitz ergreifen würde, wenn die städtische Mähmannschaft es nicht einmal im Monat gewaltig zurückschneiden würde.

Wenn man bis ganz an den Waldrand geht, so nah, wie man sich traut, und dann noch einen Zentimeter weiter, kann man einen kalten Hauch im Gesicht spüren, der nach Erde und etwas noch Erdigerem riecht.

Wenn man die Augen zumacht, fühlt es sich fast wie ein Atemhauch an.

»Okay, *das* nenne ich mal interessant«, meint Attica.

Wir sitzen auf dem Zaun und starren noch ein bisschen in den Wald. Dahinter und über die Baumkronen hinaus erheben sich die Hügel. Wenn sie nicht da wären, könnte man sich leicht vorstellen, dass der Wald für immer weiterginge.

Attica rutscht herum. »Und hier lebt also dein Kinderschreck?«

»Er ist nicht *mein* Kinderschreck.«

»Es ist deine Stadt, Maskottchen.«

»Der Gruselwald gehört nicht zur Stadt. Die Stadt endet an diesem Zaun.«

»Punkt für dich.«

Wir sitzen noch ein bisschen länger da. Der Wind frischt auf und ein dumpfes Krachen ist zu hören, als irgendwo in den Tiefen des Waldes ein Kiefernzapfen herunterfällt.

Zumindest hoffe ich, dass es ein Kiefernzapfen ist.

»Also gut!«, meint Attica. »Gehen wir!«

»Brauchst du mir nicht zweimal sagen.« Ich springe vom Zaun zurück auf den Sportplatz.

Attica springt vom Zaun Richtung Gruselwald.

»Wo willst du hin?«, frage ich.

»Ach, komm schon!«, ruft sie. »Guck ihn dir doch mal an! Lass uns reingehen und ihn auskundschaften. Apfelbäume! Monster! Ungefähr eine Million verschossener Fußbälle, schätze ich!« Sie lehnt am Zaun. »Oder hast du Schiss vor dem Knochenmann, Pri Kholi, Maskottchen von Dunn's Orchard?«

Ich schließe zu Attica Stone auf. Ich stelle mich dem Wald hinter ihr entgegen. Ich stelle mich den Hügeln dahinter und dem Hundert-Meilen-Fluss entgegen, der sich nicht mal die Mühe gemacht hat, durch unser Städtchen zu fließen. Ich hab keinen Schiss. Ich kenne dieses Tal besser als irgendwer. Niemand lebt hier länger als ich. Ich kann überallhin, wo ich will, jederzeit.

Nur ist ... mir heute nicht danach.

»Muss noch Hausaufgaben machen«, sage ich. Ich drehe mich um und gehe weg und es ist wahrscheinlich nur der Wind, der von den Hügeln runterbläst, der mich frieren und mich so klein fühlen lässt.

★

Auf dem Heimweg kommt mir etwas wieder in den Sinn und ich schleiche mich zurück in die verwaiste Eingangshalle meiner Schule. Der Fleck, den Attica auf der Kuppel des Styropor-Modells hinterlassen hat, ist noch da, aber es ist kein Edding. Es wurde mit irgendeiner Art Messer ganz oben in die Kuppel eingeritzt.

Es ist ein Vogel, lang gefiedert und wunderschön, der anmutig über Dunn's Orchard dahingleitet.

Und einen riesigen, elegant geritzten Schiss fallen lässt.

Es ist unglaublich. Man kann den Kopf drehen und wenden, wie man will, jeden Teil des Ortes ins Visier nehmen, den man will. Ich taxiere die Schule, den Gruselwald, mein Zuhause. Sie kriegen alle was ab.

Dann fällt mein Blick auf Kastell Dunn und mir fällt wieder ein, dass ich noch einen Baum retten muss.

Ich gehe raus zum echten Rathaus, das über der Frist Street aufragt. In Bürgermeister Dunns Wohnung ganz oben ist Licht an, aber alle anderen Etagen liegen im Dunkeln da. Die großen Türen sind abgeschlossen. Es gibt keinen Weg hinein. Ich hab ihn wieder verpasst.

Mir läuft die Zeit weg, die Einsame Kiefer zu retten.

5

STROMAUSFALL

Ich muss von der Frist Street aus nur um ein paar Ecken biegen, um nach Hause zu kommen. Innen riecht es im ganzen Haus nach Gewürzen.

»Bist du's, Pri?«, ruft mein Dad aus der Küche, wo er Hühnchen anbrät und gleichzeitig vor meinem glucksenden Baby-Bruder zu einem Lied der Beatles tanzt.

Er hat immer noch sein Warn-T-Shirt von der Baustelle an. »Sie haben uns mittags gehen lassen«, sagt er und dreht »I Am the Walrus« leiser. »In der Nacht ist schon wieder einiges von der Baustelle gestohlen worden. Hauptsächlich Werkzeug und Kabel. Also wird diese Häuserreihe warten müssen. Aber zumindest sind die Türen noch dran.«

»Der Knochenmann hat wieder zugeschlagen«, sage ich und kitzle Sanj unter dem Kinn. Er gurgelt fröhlich.

»Eines Tages«, meint Dad, »werden sie schon noch rausfinden, wohin all die geklauten Baumaterialen verschwinden.«

»Wahrscheinlich an denselben Ort, an dem auch die ganzen Lampen und Lampenschirme sind.«

»Jaaa«, meint er und schmeckt nachdenklich das Hühnchen ab. »Was ist das für ein Einbrecher, der so viele Lampen braucht? Oder Türen?«

»Dad«, frage ich, »gibt es in der Stadt irgendwelche Apfelbäume?«

Dad schluckt das Stück Hühnchen runter. »Merkwürdige Frage, mein Sohn. Ich glaub nicht. Die Lexingtons haben mal eine Chilistaude gepflanzt, aber dann hat der Hund von Fußball-Tony sie gefressen und dann ist der Hund von Fußball-Tony gestorben.«

»Hm.« Ich deute auf die Arbeitsplatte, die voller Zutaten steht. »Sieht gut aus.«

»Danke. Ist Biryani.«

Ich werfe einen Blick auf die Schiebetür zum Garten raus.

»Also, Mum. Ist sie ...?«

»Ja«, antwortet Dad beiläufig, ohne sich umzudrehen. »Sie ist nur mal kurz raus in ihr Nähzimmer gegangen.«

Er dreht die Herdplatte hoch und das Hühnchen beginnt, in der Pfanne zu brutzeln.

»Dad«, sage ich leise, »ich will nicht, dass sie die Einsame Kiefer fällen.«

»Hm?«

»Ich sagte ...«

»Hey, Sohn«, meint Dad und schaufelt das Hühnchen auf Küchenpapier. »Mum hat grade irgendwie ne schwere Zeit, also lasst uns uns alle ihr zuliebe besonders gut benehmen, ja?«

Ich seufze. »Okay, Dad.«

»Sehr gut, Sohn.«

Ich nicke. Sanj nickt auch – und sabbert.

»Na gut«, meine ich. »Sieht so aus, als kämest du hier klar. Ich muss noch Hausaufgaben machen.«

»Brav.« Er dreht die Beatles lauter auf und fängt wieder an zu tanzen.

Die Lampe in meinem Zimmer ist nicht mehr als eine nackte Glühbirne, die von der Decke hängt. So ist das bei so ziemlich allen hier. Beim Reingehen drücke ich auf den Lichtschalter. Die Lampe leuchtet auf, dann flackert sie. Ich schaue von meinem Stockbett hoch. Die Glühbirne an der Decke wird schummrig, schummrig, heller, schummrig. Mein Wecker erlischt, geht wieder an, behauptet, es sei 88:88 Uhr, und geht kleinlaut wieder aus. Die Glühbirne leuchtet noch mal auf und wird dann immer dunkler, bis sie fast aus ist.

Ich seufze. Ein Stromausfall. Sozusagen.

Abgesehen von Kastell Dunn werden keine Burgen in Dunn's Orchard gebaut. Burgen sind groß und massiv und es braucht etwa zwanzig Jahre, eine zu bauen, plus, minus ein paar hundert Knechte. Dad und seine Kollegen können einen ganzen Straßenzug mit den für Dunn's Orchard typischen Häusern in ungefähr sechs Monaten zusammenschustern, vorausgesetzt, dass nicht ihr ganzes Bauholz verschwindet – was es in der Regel tut.

Als wir hergezogen sind, war Dad noch kein Bauarbeiter, aber durch den Job hat er unser Haus billiger bekommen, also hat er es schnell gelernt – indem er echte Häuser für echte Leute baut. Von außen sehen sie alle gut aus – genau genommen sehen sie alle gleich aus, denn sie wurden alle nach denselben Plänen gebaut –, aber alles an ihnen ist ein bisschen wackelig. Die Fenster klappern, wenn es windig ist, es zieht von überall her, die Rohr-leitungen klopfen und alle paar Tage haben wir einen Strom-ausfall.

Nur dass es keine vollständigen Stromausfälle sind. Bei ei-nem Stromausfall ist alle Elektrizität auf einmal weg. In Dunn's Orchard haben wir seltsam ruckelige Stromausfälle. Von Zeit zu Zeit verliert der Strom für einen Augenblick bloß den Schwung, anstatt ganz auszugehen. Die Lampen schwächeln, verlöschen aber nicht, Radiowecker haben Gedächtnisverlust, das WLAN spinnt und die Plattenteller der Mikrowelle stottern, als ob sie von einem unsichtbaren DJ bedient würden.

Das war noch nicht so, als der Ort noch klein und das Tal noch wild und grün war.

Die Glühbirne leuchtet wieder auf. Der Wecker beruhigt sich. Der Strom ist wieder da. Im ganzen Tal richten die Leute ihre In-ternetverbindungen wieder ein und prüfen, ob an ihren Herden keine Sicherung durchgebrannt ist.

Dads Kopf taucht in meinem Türrahmen auf. »Der Stromaus-fall war nicht meine Schuld«, sagt er.

»Hey, du hast das Haus gebaut.«

»Stimmt, aber was willste machen.«

Ich schnaube.

»Oh, und das Abendessen ist fertig. Wasch dir die Hände, Sohn.«

»Okay. Dad, ist …« Ist mit unserem Ort alles in Ordnung? Stimmt etwas nicht mit ihm? Stimmt etwas nicht mit mir? Wo sind die Apfelbäume?

»Isst Mum mit uns?«, frage ich beiläufig.

Dads Gesichtsausdruck friert ein. »Sie ist nur …« Sein Kopf neigt sich einen Millimeter Richtung Hinterhof. Beinahe – beinahe – seufzt er. »Ich stell ihren Teller in den Ofen.« Er sieht so aus, als wollte er noch mehr sagen, aber in ihm ist das Licht ausgegangen und er geht nur davon.

Ich weiß, wie sehr er sich bemüht. Er ist wesentlich besser darin, sich um Leute zu kümmern, als darin, Häuser zu bauen, aber es erschöpft ihn. Ich sollte helfen, aber ich bin auch erschöpft. Heute Abend will ich nur etwas Ruhe und Frieden.

Ich esse in meinem Zimmer. Das Biryani ist fantastisch.

In dieser Nacht träume ich, dass ich in einem Weltraumhubschrauber über ein Tal fliege, das ich noch nie zuvor gesehen habe. Als ich versuche zu lenken, geht die Steuerung kaputt, meine Flügel klappen zusammen und während ich in eine Finsternis stürze, die mich durch meine Federn hindurch erschaudern lässt, stelle ich fest, dass ich gar kein Hubschrauber bin.

Ich bin ein Vogel.

6

DU MUSST DIE EINSAME KIEFER WERDEN

Am nächsten Morgen ist ein Plakat am Fuß des Styropor-Modells angebracht.

HEUTE ABEND!!!
DAS ALLERLETZTE FREUDENFEUER
IN DUNN'S ORCHARD
KOMMT UND SEHT, WIE DIE VERGANGENHEIT
IN FLAMMEN AUFGEHT
HEISST DIE ZUKUNFT WILLKOMMEN

»DENK AN DIE STADT!«
19 UHR @ LAST STREET ESTATE

Als Hintergrund dient ein Foto von der Einsamen Kiefer, ringsum sind Fotos von früheren Freudenfeuern angeordnet. Auf allen werfe ich vor den Augen der Menge ein VORHER-Stück des Styropor-Modells in den Haufen lodernder Baumstämme, während Bürgermeister Dunn das NACHHER-Stück mit seinen Häusern und Straßen aus Pappe hält.

Unter der Kuppel fehlt heute das letzte VORHER-Stück. Das Ende der Last Street fällt am Rand des Styropor-Universums runter und man kann das Innere der Schaumstoff-Erde sehen.

Ich weiß, wo das fehlende Stück ist: Auf Torvalds Schreibtisch im obersten Stockwerk von Kastell Dunn wartet es darauf, dass er es mir übergibt, um es zu verbrennen.

Einen Augenblick lang stehe ich da und starre die Lücke im Modell an, wo eigentlich die Einsame Kiefer sein sollte, und ich spüre, wie es in meinen Eingeweiden rumort. Und dann tue ich etwas, das ich noch nie gemacht habe. Anstatt mit allen anderen hineinzugehen, drehe ich mich um und renne aus der Schule.

Ich knalle fast gegen die Haupteingangstür von Kastell Dunn. Sie ist immer noch abgeschlossen. Ein handgeschriebenes Schild, das daran klebt, informiert mich:

ARBEITE AN PLÄNEN FÜRS FREUDENFEUER
SEHEN UNS DORT!!!

Ich spurte die Frist Street hinauf, weiche Leuten aus, nehme Abkürzungen, rase zum toten Ende der Last Street, an dem das Schild verkündet:

LAST STREET ESTATE
DEMNÄCHST HIER

41

Die Einsame Kiefer ist noch da. Ich kann niemanden in der Nähe sehen.

Ich zwänge mich durch den Stacheldrahtzaun. Das hier war mal mein Lieblingsteil des Tals und jetzt ist es das einzige unberührte Stück Land, das noch übrig ist. Es ist ein langgezogener Streifen Grasland mit halb versunkenen Felsbrocken in der Größe von Autos, die aus einer Zeit übrig geblieben sind, als vorzeitliche Vulkane vor Millionen von Jahren den Dinosauriern einen Strich durch die Rechnung gemacht haben. Wilde Brombeerbüsche ranken sich um manche von ihnen und schirmen an ihrem Fuß kleine Mulden ab, in denen sich Kaninchen – von den Dornen sicher geschützt – eingenistet haben.

Meine Initialen sind in so ziemlich jeden Felsen dieser Wiese eingeritzt, aber deswegen bin ich nicht hier. Ich hebe meinen Blick ein wenig.

Früher standen kleine Gruppen von vier, sechs oder einem Dutzend Bäume über das ganze Tal verteilt (darunter nicht ein Apfelbaum!), aber nur hier gab es einen einzelnen Baum, der alles andere überragt hat. Evan Gray und ich haben ihn »die Einsame Kiefer« getauft. Ich arbeite mich zu ihr vor, schlängle mich den Trampelpfad entlang, den wir vor Jahren als Erste ausgetreten haben.

Das Beste kommt am Ende des Pfads, wenn man bei zwei richtig hohen Felsen ankommt, die »die Zwillinge« heißen. Man kann sehen, wie sich durch den Spalt zwischen ihnen ein Teppich aus orangenen Kiefernnadeln windet, aber wenn man ganz nah vor ihnen steht, sind die Felsbrocken so groß, dass man nicht zwischen ihnen hindurchschauen kann. Das heißt, bevor man sich schließlich zwischen ihnen durchzwängt, kann man nur dieses ungeheure *Wiiischschsch* hören, mit dem der Wind durch unsichtbare Zweige fährt. Und dann quetscht man sich hindurch und da ist sie, die Einsame Kiefer, wie eine Leiter zum Mond.

Ich zwänge mich durch den Spalt, aber meine Begeisterung, endlich unter dem ausladenden, tief hängenden Ast zu stehen, der diesen Baum so perfekt macht, hält sich in Grenzen, denn Evan Gray ist hier.

Mit seinen neuen Kumpels. Sie schwänzen die Schule, genau wie ich.

Ich husche zurück durch den Spalt, mir prickelt die Haut am ganzen Körper. Aber nicht vor Angst. Vor Wut. Warum bringt Evan diese Flachzangen mit hierher?

Ich schleiche mich rüber zu einer kleinen Mulde unter einem der Zwillinge, von der aus man den Fuß des Baums sehen kann, wenn man sich ganz flach hinlegt.

Ich kann drei Paar Basketballstiefel sehen. Das sind sie auf jeden Fall.

»Kein Ahnung, warum«, sagt Evan. »Schien mir cool zu sein, noch mal herzukommen, bevor sie hier alles plattmachen.«

»Tja, ist aber leider langweilig«, meint einer seiner Kumpel. Abdurrahman. Alle sagen Rahm zu ihm. Ich nicht. Ich sag gar nichts zu ihm, wenn es sich vermeiden lässt.

»Du bist langweilig, Rahm«, meint der andere, Tim.

»Guter Konter, Uhu«, gibt Rahm zurück. Tims Spitzname ist Uhu, weil er immer an irgendwem dranklebt. Außerdem hat sein Vater in einer Klebstofffabrik gearbeitet, oder so. Auf der

Heckklappe vom Auto seiner Familie ist ein Aufkleber, auf dem steht: WIR WURDEN HIER AUFGEZOGEN, IHR SEID HIERHER GEFLOGEN. Ich glaube, er glaubt, ich sei hergeflogen. Bin ich nicht, nicht mal in einem imaginären Weltraumhubschrauber. Mum ist hergeflogen und Dads Eltern sind auf einem Schiff hierher ausgewandert, glaube ich. Und Uhus Familie wurde weder hier aufgezogen noch ist sie hergeflogen – sie sind vor zwei Jahren mit dem Auto aus der Stadt hergekommen. Dort haben sich auch Mum und Dad kennengelernt. Also sollte auf dem Kofferraum von Uhus Dad lieber stehen: ICH BIN VOM SELBEN ORT WIE DEINE ELTERN HERGEFAHREN, ALSO IST DAS SCHÄTZUNGSWEISE KEINE GROSSE SACHE.

»Ich kann's kaum erwarten, dass sie den ganzen Scheiß hier plattmachen«, sagt Rahm. »Hab gehört, dass jemand meinte, sie würden hier ein paar Basketballplätze bauen. Wer anders meinte, einen Skateboardpark «

»Du hast doch gar kein Brett!«, sagt Evan.

»Könnte ich aber«, gibt Rahm zurück.

»Ja – 'n Brett vorm Kopf«, meint Uhu.

»Guter Konter«, sagt Rahm. »Hey, was wollen wir heute Abend beim Freudenfeuer mit Schleimi machen?«

Ich kralle meine Finger in den Staub. Mit »Schleimi« meinen sie mich. Fragt nicht.

»Mach dich locker, Rahm«, murmelt Evan.

»Ja, aber«, erwidert Rahm, »was wir auf jeden Fall machen sollten, ist, ein paar Schnecken auf einen Stein packen und sie ins Feuer halten und ihn dann zwingen, sie zu essen!«

Uhu schnaubt, dass es sich anhört, als ob er sein Shirt komplett vollgerotzt hat. Evan hat keinen Mucks von sich gegeben, aber offenbar hat er irgendwas gemacht, denn Rahms Schuhe zeigen auf einmal auf seine.

»Jetzt glotz nicht so!«, ruft Rahm. »Du bist doch der, der uns erzählt hat, dass der Schnecken frisst!«

Evan tritt vor. »Ich hab nicht ...«

»Du bist ne Schnecke«, sagt Uhu.

»Guter Konter, Uhu«, meint Rahm.

»Nur ... nenn' ihn nicht ... Ach, scheißegal, lasst uns hier abhauen«, murmelt Evan. »Der Unterricht hat schon angefangen. Dämlicher Fleck hier, können sie gerne alles plattmachen.«

Die Schuhe schlurfen um die andere Seite des Baums herum und verschwinden. Ich höre ein entferntes, dorniges Rascheln und ein dumpfer Schrei legt nahe, dass jemand Uhu im Vorbeigehen in einen der Brombeerbüsche geschubst hat.

Gut.

Ich rapple mich hoch und zwänge mich noch mal zwischen den Zwillingen durch, um unter der Einsamen Kiefer zu stehen. Sie hat einen einzelnen, dicken Ast, der in ungefähr drei Metern Höhe aus dem Stamm herauswächst und direkt neben den Zwillingen fast bis zum Boden herabhängt. Jedes Kind, das diesen Ast sieht und nicht sofort draufklettert, ist:

1. ein Idiot und
2. jemand, der wahrscheinlich länger leben wird als ich.

Evan und ich haben uns das erste Mal gegenseitig dazu herausgefordert, als wir sieben waren. Bis zu meinem neunten Geburtstag konnten wir schon den ganzen Baum raufklettern, dreißig Meter bis nach ganz oben, ohne Fangnetz oder Kletterausrüstung.

Ich greife nach dem Ast und ziehe mich hoch. Meine Hände sind sofort harzverschmiert. Wir haben ziemlich schnell rausgefunden, dass das Harz einem mehr Halt gibt. Allerdings verteilt es sich auch in Windeseile über Haut und Klamotten, sodass man, wenn man oben ist, eine klebrige neue Haut aus Baumrinde und Nadeln hat und ziemlich streng nach dem Lebenssaft der Kiefer riecht.

Um die Einsame Kiefer zu erklimmen, muss man selbst zur Einsamen Kiefer werden.

Am untersten Ende ist der Baum so dick, dass sich nicht mal vier von uns, die im Kreis um ihn herumstehen, an den Händen halten können (haben wir ausprobiert), aber der Baumwipfel ist etwas völlig anderes. Ich ziehe mich auf den obersten Zweig hoch, den Mutproben-Zweig, der dünner ist als mein Bein. Das Stück Baumstamm, an dem er wächst, ist kaum umfangreicher als meine Taille. Und so hoch oben schwankt der Baum schon von einem Luftzug ganz schön vor und zurück, noch mehr durch mein Gewicht.

Es fühlt sich an, als ob man etwas Unmögliches macht. Die Einsame Kiefer zu sein fühlt sich magisch an.

Es ist schon eine Weile her, dass ich zuletzt raufgeklettert bin. Ich kann leise knarzende, knackende Geräusche hören, wenn sie sich ganz zur Seite lehnt. Zwischen mir und den Felsen liegen dreißig Meter, gespickt mit harten Ästen und stachligen Kiefernzapfen. Darauf lässt man sich ein, wenn man diesen Baum erklimmt. Du wirst so lange ein Teil von ihm, bis er dich vielleicht runterschmeißt.

Ich setze mich an dem dürren Stamm zurecht und schaue mich um.

Man kann von hier oben weit sehen. Es ist, als ob man aus der Vogelperspektive über das Modell unseres Orts schauen würde. Tatsächlich ist dies, abgesehen von Torvalds Wohnung ganz oben im achten Stock von Kastell Dunn, der letzte Ort, von dem aus man das ganze Tal überblicken kann.

Das besteht mittlerweile fast nur noch aus Dächern, in alle Himmelsrichtungen bis hin zur Hügelkette. Ich kann grade noch so den dunkelgrünen Fleck vom Gruselwald am Rand der gegenüberliegenden Talseite sehen. Dahinter gibt es nur noch die Hügel und den Rand des Universums.

Ich schaue hinab. Die Wiese mit der Einsamen Kiefer ist riesig, aber die Straßen und Häuser von Dunn's Orchard stoßen mit ihren neuen gelbbraunen Holzzäunen schon an ihre Grenzen. Es sieht alles so aus wie auf dem VORHER-Stück, das Torvald heute Morgen aus dem Modell genommen hat.

Und dort, auf der anderen Seite des Baums hinter den Zwillingen geparkt, steht, was alles auf dieser Wiese von VORHER in NACHHER verwandelt.

Eine große Wiese wie diese zu zerstören, ist harte Arbeit. Dafür braucht man ordentlich Muckis. Torvalds Muckis sind zwei gigantische gelbe, zerstörungswütige Planierraupen namens Joe und Hopper.

Normalerweise werden die hier nicht herumstehen gelassen. Evans Vater Phil ist der örtliche Mechaniker und er hält Joe und Hopper für gewöhnlich auf seinem Schrottplatz unter Verschluss. Evan und ich haben uns immer auf sie gesetzt, als wir noch klein waren, und so getan, als seien wir Lkw-Fahrer.

Sie sind das, was der Einsamen Kiefer bevorsteht. Sie sind es, die sie zu einem Haufen Feuerholz machen werden, wenn ich sie nicht irgendwie davon abhalten kann, heute. Aber ich weiß nicht, wie ich das machen soll. Ich finde niemanden, der mir zuhört. Ich hab keine Alternativen mehr.

Joe und Hopper wirken auf einmal gar nicht mehr so lustig.

Ich klettere hinunter und gehe zur Schule. Es gibt hier nichts mehr zu sehen.

In der Mittagspause plingt mein Handy. Eigentlich ist es nur für Nachrichten von Mum, Dad oder von Torvald, wenn's um Maskottchen-Angelegenheiten geht. Wahrscheinlich ist er es, der mich informiert, dass die Einsame Kiefer weg ist.

Hallo.

Unbekannte Nummer. Weder Torvald noch meine Eltern also. Könnte sonst wer sein. Könnte ein Irrer sein, jemand, der sich verwählt hat, oder sechs Oberstufenschüler, die mich reinlegen wollen, damit ich ihnen Fotos von meiner Unterhose schicke, um sie im Internet zu posten. Keine Chance, dass ich darauf antworte.

Warum so schweigsam?

Immer noch Schiss vor
deinem Wald-Kinderschreck?

Oh Scheiße. Ich bin Attica Stone doch aus dem Weg gegangen,
seit ich sie am Spidermans-Spielfeld zurückgelassen habe.

Ich hab keinen Schiss.
Bist du reingegangen?

Kurze Pause, dann:

Heute Abend schon was vor?

Weißt du doch.

Vergiss die. Komm mit mir
Apfelbäume im Gruselwald
suchen.

Meine Haut prickelt.

Ich kann nicht. Muss meinen
Job machen. Verstehst du
nicht.

> Klar tu ich das. Du willst
> feiern, dass dieser Baum,
> den du liebst, niedergebrannt
> wird, richtig?

Aus dem Prickeln wird ein Brennen. Ist Attica mir heute Morgen zur Einsamen Kiefer gefolgt?

Ich tippe los.

> Tust du nicht …

> Das ist nicht …

> Ich will nicht …

Aber ich schicke nichts davon ab. Das Plingen des Handys lässt mich zusammenschrecken.

> Heute Abend, am Grusel-
> wald. Ich werde nach Äpfeln
> suchen. Triff mich dort.

> Hör auf, an die Stadt zu
> denken, Pri Kholi.

7

DAS FREUDENFEUER

Am Freitagabend geht die Sonne in Dunkelorange unter – wegen des ganzen Qualms.

Ein gleichmäßiger Strom begeisterter Einheimischer – in warmen Jacken und festen Stiefeln, mit Thermosflaschen unter den Arm geklemmt – schiebt sich die Last Street hinauf. Ich habe Mum und Dad mit Sanj vorausgeschickt, indem ich behauptet habe, mich mit Freunden zu treffen. Dann habe ich mich auf die Trockenmauer der Lexingtons gesetzt und zugesehen, wie alle vorbeigegangen sind, habe freundlich gewinkt und genickt, bis außer mir niemand mehr übrig war.

»Hast du mitgekriegt, dass Dinosaurier heute Vögel sind?«

Außer – natürlich – Slotcar.

»Wissenschaftler, gell? Die haben einen Dinosaurier mit Federn gefunden und deshalb müssen jetzt alle Dinosaurier Vögel sein. Nicht fair den Dinosauriern gegenüber, oder? Sollten unter der Erde bleiben dürfen, wo sie hingehören.«

Ich hab keine Ahnung, wo Slotcar herkommt – in verschiedner Hinsicht. Als ich von der Trockenmauer gesprungen bin, hätte ich schwören können, dass die Straße leer war, aber sobald meine Füße den Gehweg berührt haben, war sie plötzlich da und quatschte bereits von Dinos mit Federn.

»Warum ist es nicht fair gegenüber den Dinosauriern, dass sie mit den Vögeln verwandt sind?«, frage ich.

»Na ja«, meint Slotcar, »die waren doch urzufrieden damit, rumzutrampeln und sich gegenseitig zu fressen und so. Eben Dinos zu sein. Jetzt, wo jemand behauptet, sie wären eh Vögel – was sollen sie denn damit anfangen? Mit ihren winzigen Stummelarmen flattern und wie Hühner gackern?«

Der Stacheldrahtzaun ist weg. Man kann von der Last Street direkt auf die Wiese gehen. Ich will nicht. Aber wir tun's trotzdem.

»Den Dinosauriern ist das egal, Slotcar«, erwidere ich und betrachte schließlich die Wiese, auf der ich heute morgen noch gestanden habe – mit der Einsamen Kiefer, den Zwillingen, dem Trampelpfad, den Evan und ich ausgetreten haben, dem Teppich aus Kiefernnadeln und den unter den Brombeerbüschen versteckten Kaninchenbauten.

Die Wiese, die jetzt bloß noch ein Meer aus aufgerissener Erde ist.

Es ist alles weg. Die Felsen sind weg. Der Pfad ist weg. Der Boden ist aufgerissen und umgepflügt und eingeebnet worden, sodass es jetzt aussieht, als ob die ganze Wiese auf den Kopf gestellt wurde.

»Die Dinosaurier sind ausgestorben«, stelle ich fest.

Es riecht hier nach Erde und Diesel, aber das wird überlagert von dem Geruch von Holzfeuer. Ich schaue zum hinteren Ende der Wiese.

Ich habe versagt.

Ich hab's nicht gesehen, aber ich wusste, was passiert ist, weil Torvald den Terminplan für heute auf Facebook gepostet hat. Die Baumfäller sind um zehn gekommen. Um zwei Uhr nachmittags lag die Einsame Kiefer in hundert Teile zerstückelt um ihren eigenen Stumpf herum verteilt. Danach haben sie die Zwillinge und all die anderen großen Felsbrocken in einer Ecke zusammengeschoben, um damit später die Zufahrt zu dem neuen Viertel zu dekorieren. Joe und Hopper haben die Reste der Einsamen Kiefer zu einem großen Haufen am oberen Ende der Wiese aufgetürmt. Dann haben sie mit dicken Ketten und Haken den Stumpf aus dem Boden gerissen und auf den Haufen gelegt.

Um halb fünf haben sie noch Holzabfälle und anderen Mist, den sie nicht mehr brauchten, draufgekippt und das Ganze dann angezündet. Jetzt stehen so ziemlich alle aus Dunn's Orchard drum herum.

Ich hab's nicht geschafft. Ich habe die Einsame Kiefer nicht gerettet. Es nicht mal wirklich versucht.

Ich starre ein paar Minuten lang schweigend in das Feuer, zwinge mir die neue Wirklichkeit – die Wirklichkeit, in der ich versagt habe und es Torvald Dunn gelungen ist, restlos alles zu zerstören – ins Gehirn.

Slotcar sieht sich mit starrem Blick um. Ausnahmsweise scheint sie mal die Tragweite von dem, was gerade passiert, zu begreifen. »Natürlich«, sagt sie sanft, »als Nächstes sind die Tintenfische dran.«

Ich seufze und biege in die Last Street ein.

Schweigend gehen wir nebeneinander her. Aber ich kann es nicht ewig runterschlucken.

»Was«, will ich wissen, »ist mit den Tintenfischen?«

»Die Wissenschaft wird sie als Nächstes als Vögel bezeichnen.«

»Warum?«

»Schnäbel.«

Ich nicke. »Wahnsinn. Ich misch mich mal ein bisschen unter die Leute, okay?«

Das Freudenfeuer ist haushoch und heiß genug, um die Flüssigkeit auf deinen Augäpfeln verdampfen zu lassen, während es gleichzeitig dafür sorgt, dass sich die Luft an deinem Rücken wie eine Ladung Schnee anfühlt. Es wird noch tagelang so heiß bleiben, sogar nachdem der Stamm schon verbrannt und der Riesenklumpen an Wurzeln über der Glut zusammengestürzt ist, um noch eine Woche mürrisch vor sich hin zu kokeln.

Sogar die Felsen in der Nähe werden heiß sein. Heiß genug, um eine Schnecke darauf durchzubraten. Fragt nicht.

Ein großer Harzeinschluss explodiert irgendwo in dem gigantischen Scheiterhaufen.

»Hurra!«, ruft eine vergnügte Stimme aus der vordersten Reihe.

Keine Frage, wo Torvald ist. Ich dränge mich durch die Menge hindurch zum Freudenfeuer und komme ganz in der Nähe von Mum und Dad raus. Mum hat Sanj an ihre Schulter gedrückt. Die Wärme des Feuers hat ihn direkt einschlafen lassen.

»Du hast dir aber Zeit gelassen«, meint Dad und zwinkert mir zu.

Torvald stiefelt zwischen den Bewohnern der Stadt und dem Feuer hin und her und hält noch eine seiner inspirierenden Ansprachen.

»... der letzte Schritt auf dem beschwerlichen Weg unseres Städtchens in die Zukunft. Wir haben so hart dafür gearbeitet, ihr und ich. Zu den Neuankömmlingen sage ich: willkommen! Ihr werdet das nächste Kapitel der Geschichte zusammen mit uns schreiben. Und an diejenigen, die hier schon ganz von Anfang an dabei sind – euch verdanke ich alles. Ihr seid die Gründer dieses großartigen Unternehmens. Dunn's Orchard gäbe es gar nicht, wenn ihr nicht wärt.«

Es ist mir nie in den Sinn gekommen, mich zu fragen, wie dieses Tal aussehen würde, wenn nie jemand hierhergekommen wäre. Ich wette, es wäre schön.

»Nach heute Abend«, fährt Torvald fort, »können wir endlich voranschreiten. Ich kann mich von der Vergangenheit befreien. *Wir.* Wir können uns von der Vergangenheit befreien. Hoffe ich.« Der alte Mann hält inne. Seine Schultern sacken nach unten. Für einen sehr langen Augenblick starrt er einfach nur in das Feuer. Vielleicht ist es nur das Flackern der Flammen in seinen Augen, aber er sieht so aus, als würde er gleich losheulen. Die Bewohner der Stadt treten verlegen von einem Bein aufs andere.

Dann dreht sich Torvald – mit einem lauten Räuspern – wieder zu uns um. »Also gut!«, ruft er fröhlich. »Genug von mir, lasst uns nun zum lustigen Teil kommen!«

Er bückt sich mit einem theatralischen Stöhnen, als sei er ein alter Mann, und hebt ein Stück Styropor auf. Es ist das letzte

VORHER-Stück, das er heute morgen aus dem Styropor-Modell genommen hat, um Platz für das Last Street Estate zu machen.

Mein Magen fängt an, mir in die Magengrube zu treten. Ich will das nicht machen.

Ich ziehe mein Handy aus der Tasche.

> Heute Abend, am Grusel-
> wald. Ich werde nach Äpfeln
> suchen. Komm dorthin.

»Nun denn!«, meint Torvald. »Es ist Zeit, die Vergangenheit den Flammen zu übergeben.«

> Hör auf, an die Stadt zu
> denken, Pri Kholi.

»Wollen wir unser Maskottchen bitten, uns zu helfen? Komm zu mir herauf, Pri Kholi!«

Die versammelten Stadtbewohner jubeln laut.

Ich rege mich nicht. Auf einmal sind so viele Fragen in mir. Warum nennt Mum Bürgermeister Dunn den ›doppelköpfigen Torvald‹? Warum gibt es ein Maskottchen von Dunn's Orchard?

»Pri?«

Wo sind die Apfelbäume? Was für ein Obstgarten ist das hier?

»Pri Kholi!«

Warum haben sie alles zerstört, was ich an diesem Ort geliebt habe? Warum habe ich ihnen geholfen? Warum helfe ich ihnen jetzt?

»Prithviraj Kholi!«

Ich reiße den Blick von meinem Handy los. Es erleuchtet mein Gesicht wunderschön.

Torvald schaut mich durchdringend an. »Komm schon rauf hier, Sohn!«, ruft er. Er streckt mir das VORHER-Stück des Last Street Estate entgegen. Seine Stimme ist weich, aber sein Blick ist hart wie ein Arbeitsstiefel auf meinem großen Zeh. Er sagt mir, dass ich heute Abend bloß keinen Ärger machen soll.

»Hallo, Raj«, sagt Torvald zu Dad. »Hallo, Simrita. Immer schön, euch zu sehen.«

Mum lächelt auf die Art, die mir sagt, dass sie jetzt nirgends lieber wäre als in ihrem Nähzimmer. Sie wird immer nervös in Gegenwart vom ›doppelköpfigen Torvald‹.

Dad schaut mich mit seinem Zeig's-denen-Gesicht an. Er hat keine Ahnung, wie oft das das falsche Gesicht ist.

Ich trete aus der Menge hervor. Wie ein Roboter, der einem Programm folgt, über das er keine Kontrolle hat, gehe ich steif auf Torvald zu. Die Stadtbewohner sind mucksmäuschenstill geworden.

Das macht es leichter, zu hören, wie der Sprechchor beginnt – genau in dem Moment, als ich nach dem VORHER-Stück greife.

»Schleimi!«

»Schleeeeiiiimiiii!«

»SCHLEEEEEIIIIIMIIIIIIII!«

Das sind Rahm und Uhu, irgendwo in der Menge zusammen mit Evan. Die Bewohner der Stadt wissen nicht, was »Schleimi« bedeutet, aber ein paar fangen doch an zu kichern, einfach weil es so lustig klingt.

Torvald wedelt mit dem Tortenstück vor mir rum. »Na los«, flüstert er ungeduldig. »Komm in die Hufe!«

Ich sehe die Einsame Kiefer aus Pappe oben aus dem Tortenstück herausstehen. Sie wirkt ganz schwarz vor den lodernden Flammen, die aus der echten Einsamen Kiefer aufsteigen.

Und dann, direkt neben dem Feuer, wird mir heiß – und zwar nicht vom Feuer, sondern von ganz tief in meinen Eingeweiden.

»Hey, Schleimi«, höre ich Rahms Stimme. »Wir haben dir was Leckeres gekocht!«

Irgendetwas kommt in hohem Bogen durch die Nachtluft geflogen und etwas Heißes, Feuchtes trifft mich mit voller Wucht an der Wange. Instinktiv schlage ich es weg. Als es auf den Boden klatscht, erkenne ich seinen zerquetschten, schäumenden Umriss sofort. Es ist auf einem Stein angekokelt worden und sein Gehäuse ist zersplittert, aber es ist offensichtlich, was es ist.

Es ist eine Schnecke.

Jetzt lacht mich die ganze Stadt aus.

Das Feuer in mir lodert bis in meine Brust.

»Hey!«, zischt Torvald. Er stupst mich mit dem Tortenstück an der Schulter an. »Mir ist egal, was für Spielchen du mit deinen Freunden spielst – wach auf und denk einmal an die Stadt! Warum *denkst* du nicht *an die Stadt*?«

Ich schaue ihm in die Augen. Ich denke an den Vogel, den Attica in die Plexiglaskuppel über dem Styropor-Modell geritzt hat. Ich denke an jedes Freudenfeuer, in das ich je etwas von dem, das ich liebte, geworfen habe.

Ich denke an die Einsame Kiefer, die verbrennt, weil ich es vermasselt habe.

Das Feuer bricht aus.

»NEIN.«

»ICH.«

»WILL NICHT.«

Ich schnappe mir das VORHER-Stück, stopfe es mir unter den Pulli und renne weg vom Feuer, drängle mich ohne Rücksicht auf Verluste durch die sprachlose Menge unbekümmerter Schwachköpfe, stolpere nachtblind dorthin, wo ich die Last Street vermute.

Beim STRASSE GESPERRT-Schild, wo mein Sehvermögen wieder zurückkehrt, hält mich eine Stimme auf, wie es nur diese Stimme kann.

»Aber Tintenfische sind doch keine Vögel, gell?«

In der kalten Luft spüre ich, wie die Schneckenverbrennung in meinem Gesicht schmerzt. »Warum bist du so, Slotcar?«, grummle ich.

Sie springt von dem Bauzaun, auf dem sie gesessen hat.

»Die Leute werden herumerzählen, dass Tintenfische Vögel sind, gell? Weil sie einen Schnabel haben, da unter ihren Fangarmen. Aber nicht alles sind Vögel und du kannst nicht etwas zum Vogel machen, indem du Federn an seine Schuppen klebst oder einen Schnabel in sein Dingsbums steckst.«

»Slotcar«, knurre ich, »es gibt keine Tintenfischvögel. Und keine Katzenmonster. Die Dinosaurier sind ausgestorben! Alles Schöne ist zerstört worden und das Einzige, was davon im ganzen Universum noch übrig ist, ist das hier.« Ich ziehe das letzte VORHER-Stück unter meinem Pulli hervor. »Und das ist bloß ein blödes Stück Styropor.«

»Hör mal«, sagt sie, »manche Dinge sind einfach Tintenfische und werden es immer sein. Wenn du ihnen sagst, sie seien Vögel, werden sie aus dem Ozean geschossen kommen, werden versuchen herumzufliegen und Brotkrumen zu fressen. Wir brauchen aber Tintenfische, die ihren Tintenfischjob weitermachen, Krabben fressen und Tintenfischtinte verspritzen.«

Ich kann hören, wie Leute vom Freudenfeuer in unsere Richtung kommen und meinen Namen rufen. Sie klingen sauer.

»Slotcar, ich gebe dir noch einen Satz, um mich davon zu überzeugen, dass das hier wichtig ist.«

»Sieh dich einfach vor Leuten vor, die dir erzählen wollen, dass du ein Vogel bist.«

Ich starre sie einen Augenblick wild an. Dann renne ich in die Nacht davon.

Die stillen, dunklen Straßen von Dunn's Orchard fliegen in willkürlicher Reihenfolge an mir vorbei. Die Stadt ist komplett verlassen, weil alle beim Freudenfeuer sind. Jetzt, wo niemand sonst da ist, um die Plätze zu füllen, fühlt es sich an, als ob ich winzig klein zusammengeschrumpft wäre. Ich renne durch das Styropor-Modell, ein Stück davon unter meinen Pulli gestopft. Ich sehe mich von oben, wie ich von der Last Street in den Valley Drive einbiege, dann nach rechts in die Frist Street, vorbei an Kastell Dunn.

Alles, vor dem ich wegrenne, liegt hinter mir im Last Street Estate. Aber so wird es nicht lange bleiben. Das Freudenfeuer wird bald zu Ende sein, alle werden zurück in die Stadt strömen und mich finden. Man kann heutzutage im ganzen Universum nirgendwo mehr hinverschwinden.

Ausgenommen diesen einen Ort. Genau am Rand. Wo nie irgendjemand hingeht. Wo niemand hingehen darf. Wo ein Kind verschwinden könnte.

Wenn es sich trauen würde.

Meine Füße tragen mich an der aufgegebenen Bahnhofsbaustelle vorbei zur anderen Seite des Orts hinaus. Wenn ich mich von meinen Füßen dorthin tragen lasse, muss ich nicht mutig genug sein, mich selbst zu entscheiden.

Ist nur eine Geschichte, sage ich mir selbst, während mich meine Füße an der Tankstelle vorbeitragen. Nicht wahr. Hundertpro ausgedacht.

Ich biege in den Oval Court am Stadtrand ein, renne runter zum Dunn's Orchard Spidermans Fußball-, Basketball- und Cricket-Club. Hinter den Plätzen und dem eiförmigen Spielfeld kann ich die Finsternis erkennen, die den Punkt markiert, den ich mich nie zu überschreiten getraut habe. Ich renne weiter.

Niemand lebt hier, sage ich mir selbst. Nur ein paar Bäume. Aber am Grenzzaun bleibe ich doch stehen. Die Schwärze vor mir braust in einer rauchigen Brise, die vom Freudenfeuer herüberweht.

Hier ist meilenweit niemand, sage ich mir selbst. Es gibt keinen sichereren Ort als diesen.

Ich klettere über den Zaun und gehe bis an die erste Baumreihe heran.

Hier gibt es nichts Gefährliches.

Ich nähere mich der Lücke zwischen zwei Bäumen.

So was wie den Knochenmann gibt es nicht.

Ich starre in die Lücke.

Und eine bleiche Hand greift aus der Finsternis nach mir und zerrt mich in den Gruselwald.

8

DER GRUSELWALD

Ehe ich weiß, wie mir geschieht, stürze ich kopfüber in ein finsteres Gewirr aus Zweigen und Kiefernnadeln. Auf mir liegt ein schweres Gewicht, das versucht, mich hierhin und dorthin zu drehen, und wir stolpern im Unterholz herum, bis ich einen Haarschopf in einer völlig unnatürlichen Farbe erblicke.

»Attica Stone!«

»Hör auf zu strampeln, ich versuche, dich zu Boden zu ringen!«

Darüber muss ich nachdenken. »Warum?«

Das Gewicht auf meinem Rücken legt ne Pause ein. »Gute Frage«, sagt es und rutscht von mir runter.

»'tschuldige«, keucht Attica Stone. »Bisschen überspannt. Passiert manchmal.«

Ich brauche eine Sekunde, um mich zu berappeln. Aber das braucht mehr als eine Sekunde, denn es stellt sich heraus, dass man - nachdem man gerade im Dunkeln im Gruselwald überfallen wurde, nachdem man seine ganze Stadt angebrüllt hat und dann weggelaufen ist - ganz schön durch den Wind ist. Es hilft, aus dem Gruselwald rauszugehen, also mache ich das.

»Du weißt schon, dass du das alles laut gesagt hast, oder?«, meint Attica Stone und gesellt sich zu mir.

»Was?«

»Laut gesagt«, wiederholt Attica Stone. »›Meilenweit niemand, gibt keinen Knochenmann‹. Du hast das alles …«, sie macht eine Geste, die die Welt im Allgemeinen einschließt, »… laut gesagt.«

Ich schaue Attica Stone an. »Ich rede gern mit mir selbst«, sage ich. »Manchmal. Wenn ich allein bin.«

»Also ganz schön oft, oder wie?«

»Sagt das Mädchen, das nachts in einem Busch darauf lauert, Leute zu überfallen.«

»Das eine Stunde darauf lauert, möchte ich betonen«, sagt Attica, streckt ihre steif gewordenen Beine und schaut sich um. Hinter uns liegt das Fußballfeld still und dunkel da. Vor uns ragt bedrohlich der Gruselwald auf. »Komm schon«, meint sie und geht zurück Richtung Waldgrenze.

»Was?«

»Komm schon!«, wiederholt Attica ungeduldig. »Los geht's!«

»Kommandier mich nicht rum«, murre ich. »Ich mach nicht einfach alles, was mir gesagt wird, okay?«

»Ach ja? War's gut, das Freudenfeuer?«

Ich ziehe das VORHER-Stück unter meinem Pulli hervor und wedle damit vor ihr herum. »Ist besser geworden«, murmele ich.

Atticas Augenbrauen fangen an zu hüpfen. »Oh, also *das* ist cool«, meint Attica und nimmt mir das Stück aus der Hand. Sie richtet die Einsame Kiefer aus Pappe auf. »Tut mir leid wegen deines Baums«, sagt sie. »Warum war es dir so wichtig, ihn zu retten?«

»Weißnich. Schätze, er hat sich ein bisschen ... magisch angefühlt. Alles wirkt hier jetzt so *normal*.«

»Na ja, zumindest konntest du das hier retten«, meint Attica und stopft das Tortenstück wieder unter meinen Pulli. »Gut gemacht. Ist jetzt deins. Scheiß auf die. Tu nie, was dir gesagt wird. Und jetzt tu, was ich dir sage, und folge mir.« Sie stiefelt in den Gruselwald.

»Attica Stone!«, rufe ich. Sie ist bloß ein paar Meter vor mir, aber alles, was ich sehen kann, ist ein dunkelgrauer Umriss, der stehen bleibt. »Warum sind wir hier? Warum tust du das? Wegen der Apfelbäume?«

»Pri Kholi«, sagt sie aus der Finsternis. »Das hier ist ein verbotener Wald. Er ist das einzige Geheimnis, das dein Heimatort dir je zu bieten hatte, und du hast dein Leben damit verbracht, es brav links liegen zu lassen. Wen interessieren schon Apfelbäume?«

Wie ferngesteuert mache ich den Schritt von Dunn's Orchard in den Gruselwald.

»Spitzenmäßig«, meint Attica. »Und jetzt gib mir deine Taschenlampe.«

Ich starre sie verständnislos an.

»Taschenlampe«, wiederholt sie. »Teil aus Plastik. Ungefähr so lang. Leuchtet an einem Ende. Super, wenn man nachts etwas Finsteres erkunden will.«

»Ich hab keine Taschenlampe dabei«, sage ich schwach.

Attica wühlt in ihrer Tasche herum und zieht ihr Handy hervor. »Deine Fähigkeiten sind echt unentbehrlich für diese Mission, Pri«, sagt sie. Sie berührt das Display und das Blitzlicht flammt auf und wirft einen bläulichen Strahl in den Wald hinein. »Wir wissen bloß noch nicht, wie.«

Ich greife nach meinem Handy in meiner Tasche. Es ist nicht da.

Ich klopfe mich am ganzen Körper ab, aber es ist wirklich weg. Ich muss es bei dem ganzen Gerenne und dem Ringkampf mit Attica irgendwo auf dem Weg vom Freudenfeuer hierher verloren haben. Torvald hat mir dieses Handy gegeben. Er wird mich ohnehin schon dafür umbringen, dass ich das Freudenfeuer verhunzt habe, aber jetzt wird er eine echt fiese Methode dafür finden.

Der Lichtstrahl aus Atticas Handylampe tastet den Wald vor uns ab und lässt Schatten wild in der Ferne tanzen. Ich bin mir zu ungefähr neunzig Prozent sicher, dass ich das hier schaffe.

Attica schielt auf ihr Handy. »Neunundachtzig Prozent«, sagt sie. »Achtundachtzig. Das hier wird meinen Akku killen.«

Sie blickt sich suchend um und zeigt auf eine etwas lichtere Stelle ungefähr zwanzig Meter oder so vor uns. »Siehst du das?«, fragt sie. »Lass uns da rübergehen. Und jetzt stell dich drauf ein, blind zu werden.«

Sie knipst das Blitzlicht aus und wir blinzeln, versuchen, unsere Netzhäute an die plötzliche Finsternis zu gewöhnen. Allmählich werden Einzelheiten wieder sichtbar und wir kämpfen uns voran, tiefer in den Wald hinein.

Tiefer ins Unbekannte.

Der Gruselwald ist ganz und gar nicht vergleichbar mit einer der anderen wilden Stellen, die es in Dunn's Orchard mal gab. Auch, weil er dichter und dunkler ist und hier ein Kinderschreck herumspukt, aber hauptsächlich, weil es hier mucksmäuschenstill ist. Es ist verwirrend, Kiefernharz und wilden Schnittlauch zu riechen, nachdem ich dachte, dass ich das nie wieder tun würde.

Attica Stone schaltet ihren Handyblitz wieder ein und beleuchtet damit noch mehr fremde, schemenhafte Kiefern. Es ist unmöglich einzuschätzen, ob wir die Stelle, zu der wir wollten, verpasst, erreicht oder hinter uns gelassen haben. »Mist«, murmelt sie vor sich hin und schwenkt die Lampe herum. Sie schaut zu mir auf, dann an mir vorbei und bleibt dann wie versteinert stehen.

»Ähm, Pri«, sagt Attica zögerlich. »Du kennst dich doch bestimmt mit Bäumen aus, oder?«

»Ich hab schon mal welche gesehen«, erwidere ich langsam.

»Ich komme aus der Stadt, also sind Bäume nicht grade mein Ding. Was sollte da noch mal nicht drinhängen?«

»Hä? Wovon redest du?«

»Na ja, ich meine, man würde Vögel und so darin erwarten. So weit kapiere ich das, hab ich im Fernsehen gesehen. Aber wäre - sagen wir - ein Motorrad etwas, das man für gewöhnlich in einem Baum findet?«

Ich denke darüber nach. »Nach meiner Erfahrung - nein. So ziemlich noch nie da gewesen.«

»Bombe! Ich liebe es, dazuzulernen. Und übrigens, in anderen Worten: Da hängt ein Motorrad in dem Baum hinter dir.«

Ich drehe mich um. Hinter mir steht eine Reihe dünnerer Bäume mit silbriger Rinde. Sie sehen ganz hübsch aus, und in einem steckt ein Motorrad. Es ist in der Gabel zweier Äste verkeilt, in ungefähr zwei Metern Höhe. Es sieht verrostet und ziemlich mitgenommen aus, aber es ist ohne Zweifel ein echtes, lebensgroßes Motorrad. Es sieht fest verkeilt aus und die Zweige sind so darum gebogen, dass es wirkt, als würde der Baum mit einem darum kämpfen, wenn man versuchen würde, das Motorrad da rauszubekommen.

»Warum steckt da ein Motorrad in einem Baum im Gruselwald?«, wundere ich mich.

»Du fängst an, bessere Fragen zu stellen«, erwidert Attica. »Und hier ist noch eine: Wie bekommt man ein Motorrad mitten in einen Wald? Aha! Los geht's!«

Sie drängt sich mit ihrem Handy in der Hand durch die Reihe mit den silbrigen Bäumen und lässt mich im Dunkeln hinter ihr her irren. Auf der anderen Seite der Baumreihe befindet sich eine lange, schmale Bresche, die sich rechts und links von uns erstreckt. Es sprießen zwar schon Farne zwischen dem langen Gras, aber die Wahrheit lässt sich nicht leugnen.

»Das ist ein Weg«, stelle ich fest.

Er ist zu überwuchert, um vor Kurzem befahren worden zu sein, aber hier ist jemand zu Fuß langgegangen. Da ist ein Trampelpfad, der regelmäßig von Füßen ausgetreten wird. Und überhaupt nicht überwuchert ist.

»Irgendwer benutzt diesen Weg noch«, meint Attica. Sie lässt ihr Handy den Weg entlangleuchten, in die Richtung, in der er tiefer in den Gruselwald hineinführt, auf die Hügel zu. »Es könnte«, sagt sie langsam, »an der Zeit sein, dass du mir mehr über den Knochenmann erzählst.«

Wir fangen an, den Weg hinaufzugehen.

»Den kleineren Kindern erzählt man von ihm, wenn sie auf dem Fußballfeld spielen«, erkläre ich. »Um sie zu verängstigen. Du weißt schon: ›Rennt eurem Frisbee nicht in den Wald hinterher, sonst holt es sich der Knochenmann und dann weiß er, wo ihr wohnt.‹ So gruselige Sachen halt.«

»Wie sieht er aus?«

»Das weiß keiner. Man sagt, er habe riesige, glühende Augen, und wenn du den Knochenmann erblickst, packt er dich und dann verschleppt er dich, um dich für immer unter seinem gruseligen Haus zu vergraben im Gruselwaaaaaaa ...« Ich verstumme langsam.

Wir sehen uns um. Der Wind bläst durch die Baumkronen.

»Wenn du das je wieder sagst«, meint Attica, »pieke ich dir ins Auge.«

»Das ist nur zu fair.«

»Also kann der Knochenmann den Wald verlassen und einen holen?«

»Hör mal, das ist alles ausgedacht, aus der Zeit, als ich ein kleines Kind war. Ich glaube nicht ...«

»Beantworte meine Frage.«

»Na schön. Ja, er kann kommen und dich holen, aber meistens nimmt er nur Sachen mit. Es gab schon immer seltsame Diebstähle in Dunn's Orchard. Leute sind eingebrochen und haben, sagen wir, fünf Lampen und einen Hocker geklaut, aber den Fernseher und das Bargeld dagelassen. Es ist nie jemand gefasst worden, also haben die Kinder das einfach in die Knochen-mann-Geschichte eingebaut.«

»Lampen?«

»Wir verlieren ne Menge Lampen und Lampenschirme an Einbrecher. Wir vermuten, dass irgendein Typ sie irgendwo an einem Marktstand verkauft.«

»Hm. Du hast gesagt, das erzählt ihr den kleineren Kindern. Aber als du ein kleines Kind warst, gab es hier keine größeren Kinder. Wenn du den Knochenmann nicht erfunden hast, wer hat dir dann von ihm erzählt?«

»Weißnich. Es kommt mir so vor, als ob ich quasi ... immer schon davon gewusst habe. An wie viel kannst du dich aus der Zeit erinnern, als du fünf warst?«

»Nicht viel«, antwortet Attica. »Hauptsächlich erinnere ich mich daran, dass da *kein* Monster mit glühenden Augen war, das durch mein Fenster reingeklettert kam, um meine Lampe zu klauen. Lustig, an was man sich so erinnert, oder?«

Der Weg macht eine letzte Biegung, vorbei an einer halb umgestürzten Kiefer, und auf einmal stehen wir auf einer großen Lichtung. Wir stehen wieder unter Sternenhimmel, auf der anderen Seite des Gruselwalds.

Am hinteren Ende der Lichtung erheben sich zwei niedrige Hügel. Im Styropor-Modell markieren diese beiden Hügel den Anfang einer höheren Hügelkette, die den Ort umgibt. Jenseits von ihnen knickt der Hundert-Meilen-Fluss ab in Richtung Stadt, anstatt hier hindurchzufließen.

»Ich kenne jeden Millimeter des Modells«, sage ich zu Attica. Ich deute geradeaus. »Das hier ist nicht darauf.«

Zwischen den beiden Hügeln windet sich – anstelle von noch mehr Hügeln – eine Kluft hindurch, die ungefähr hundert Meter breit ist. Der Pfad führt direkt hinein.

Selbst im Mondlicht ist es schwierig zu erkennen, was in der Schlucht ist. Da ist eine Andeutung von einem tieferen Schatten am hinteren Ende der Schlucht und ein paar hohe, seltsam geformte Bäume, aber eigentlich sind das alles nur Schattierungen in Graugrün.

Auf Attica Stone wirkt die Entdeckung dieses Orts elektrisierend. »Ich wusste es!«, ruft sie. »Geheimkram! Jeder Ort hat Geheimkram! Ich frage mich, ob da drinnen der Obstgarten ist!«

Sie rennt den Pfad hinunter, begutachtet die Bäume in dem immer schwächer werdenden Licht ihres Handys und flucht, weil es keine Apfelbäume sind. Ich lehne an der Wurzel des halb umgestürzten Baumes, halte mich sicherheitshalber von dem riesigen Loch fern, das er beim Umfallen aufgerissen hat, und blicke zurück, um festzustellen, ob ich die Lichter von Dunn's Orchard sehen kann.

Im Wald taucht plötzlich noch ein Licht auf.

Mir gefriert das Blut in den Adern. Da kommt ein Licht den Pfad hinauf. Es tanzt wild herum, aber es kommt schnell näher, voller Zuversicht, wie man es von jemandem erwarten würde, der – nachdem er sich dazu entschlossen hat, in einen finsteren Wald zu gehen – daran gedacht hat, eine Taschenlampe mitzubringen.

Ich rase hinter Attica her. Sie versucht gerade, sich zwischen einem Baum und einem großen, moosigen Felsen hindurchzuzwängen, um einen Blick dahinter zu werfen.

»Meinst du, hier hinter könnte irgendwo ein Apfelbaum sein?«, fragt sie.

»Attica, hör mal, da ist ...«

»Ich wette, du bist dahinter«, meint sie und steckt die Hand mit dem Handy hindurch.

»Attica!«, zische ich. »Im Ernst, du musst das Licht ausmachen, jemand ist ...«

»Komm schon, nur ein kleines Stückchen noch. Ich kann schon ungefähr ...«

Ich packe ihre Schulter. »Hey ...«

Dann passiert das: Attica holt aus, grabscht nach einem meiner Finger, kugelt ihn aus, dreht sich um und verpasst mir einen Kinnhaken.

Eine thermonukleare Schmerzexplosion bricht in meinem Knöchel aus, meine Zähne dröhnen wie Gongs in meinem Schädel und mein Körper findet, dass – egal welche anderen Optionen es noch gäbe – es Zeit ist, sich hinzulegen.

Attica Stone steht mit erhobenen Fäusten über mir. Während ich noch versuche, nicht zu laut zu wimmern, zeige ich in Richtung des Pfades mit seinem tanzenden Licht, aber in dem Augenblick können wir beide schon die Schritte hören. Attica sieht plötzlich aus, als wisse sie nicht, ob sie uns lautlos irgendein Versteck suchen oder sich lautlos bei mir entschuldigen soll, dass sie mich zusammengeschlagen hat.

Sie entscheidet sich fürs Überleben. Mit einem letzten entschuldigenden schiefen Grinsen zerrt sie mich zurück zu dem halb umgestürzten Baum und rollt uns beide in die Grube unter den Wurzeln. Wir liegen flach auf dem Bauch, überwältigt von dem feuchten Geruch nach Würmern und Erde und Pilzen.

Ein Klumpen bohrt sich in meinen Magen. Eine Sekunde lang bekomme ich Panik, weil ich fürchte, auf irgendeinem wütenden Waldbewohner gelandet zu sein, aber es stellt sich heraus, dass es nur das VORHER-Stück ist. Ich schiebe es mit der heilen Hand auf die Seite.

Dann sind wir mucksmäuschenstill. Die Schritte kommen näher.

Über uns taucht ein Lichtschein auf. Und in dem Licht Füße in Stiefeln. Sie gehen mit großen Schritten den Pfad entlang, nähern sich unserem Baum und kommen auf Augenhöhe.

Und bleiben stehen.

Wir halten den Atem an. Die Stiefel sind nur zwanzig Zentimeter von meiner Nasenspitze entfernt. Ich starre Attica Stone an. Sie starrt mich an.

Mit einem Prasseln geht ein Schauer aus Staub und Erde aus dem Wurzelballen auf uns nieder. Der Besitzer der Stiefel hat sich an den Baum gelehnt. Ich kann erkennen, wie Attica sich den Hals verrenkt, um aus der Grube linsen zu können. Ich schaffe es, meinen Fuß zu ihrem zu schieben, und drücke fest dagegen. Sie funkelt mich wütend an.

Was?, scheint ihr Blick zu fragen.

Lass das, scheint mein Blick zu sagen.

Ich will sehen, wer das ist, scheint ihr Blick zu sagen.

Du weißt, wer das ist. Und du schaffst es noch, dass wir unter seinem Gruselhaus vergraben werden, scheint mein Blick zu sagen.

Hattest du nicht gesagt, du glaubst nicht daran?, scheint ihr Blick zu sagen.

DAS WAR, BEVOR ER DIREKT ÜBER MIR STAND, OMG, scheint mein Blick richtig, richtig laut zu sagen.

Die Stiefel bewegen sich minimal vor unserer Stirn. Sie sehen kaum getragen aus. Und irgendwie vertraut.

Dann, ohne Vorwarnung, wird es wieder dunkel. Ich balle eine Faust.

Das Licht über uns flammt wieder auf. Dann wieder aus. Es flammt insgesamt dreimal auf. Aber es ist nicht auf uns gerichtet, sondern irgendwo anders hin. Vielleicht auf die Kluft zwischen den Hügeln.

Wer auch immer über uns steht (*nicht ER, der ist bloß ausgedacht*), nestelt an den Wurzeln rum, dann ist ein leichtes Klicken zu hören und das Licht wird heller, als ob sein Besitzer (*nenn ihn weiter ›Besitzer‹, benutze nicht seinen Namen, denk nicht an sein Gruselhaus*) es heller eingestellt hätte. Aber das ist ein Problem, denn die Stiefel entfernen sich jetzt in Richtung der Kluft – aber das Licht wird nicht schwächer.

Die Stiefel sind weg, aber da oben ist es immer noch hell.

»Ist die Luft rein?«, frage ich.

»Jap«, meint Attica.

»Gut«, erwidere ich und hebe sanft die Hand. Mein Zeigefinger steht in einem Winkel ab, in dem Finger normalerweise nicht abstehen, denn Finger sind schlau und machen ihre Geometriehausaufgaben.

»Oh, Mistmistmistmist, 'tschuldigung«, sagt Attica. »Ich hab nicht geschnallt, was du mir sagen wolltest, und ich bin ein bisschen empfindlich, wenn Leute versuchen, mich von hinten anzugrabschen. Ich verspreche, ich werde deine Hand nie wieder anfassen, für den Rest deines – oh nein, der schon wieder!«

Ich drehe in die Richtung um, in die sie gezeigt hat, und dann explodiert eine weitere Supernova in meinem Knöchel. Ich drehe mich zurück. Der Finger ist wieder gerade. Attica lässt ihn los und zwinkert mir zu.

»Lügen heilt«, sagt sie grinsend und rappelt sich aus dem Loch auf.

Ich schaue mir den Abdruck an, den Attica in der Erde hinterlassen hat. *Was zum Teufel mache ich hier?*, überlege ich. Ich hab so was noch nie gemacht und es wäre echt viel leichter, das zu hassen, was ich hier mache, wenn es nicht so verdammt aufregend wäre. Irgendwie befinde ich mich – nachdem ich so ziemlich jeden Abend meines Lebens auf einem Sitzsack geparkt vor dem Fernseher verbracht habe – in einer Grube unter einem Baum auf der falschen Seite vom Gruselwald um (ich gucke auf meine Uhr) – heilige Scheiße – Mitternacht!

»Viertel vor«, meint Attica aus der Entfernung.

Ich schaue zu ihr auf. »Wie bitte?«

Sie starrt den Pfad hinunter und ich erinnere mich plötzlich daran, wie seltsam es ist, dass es hell genug ist, sie zu sehen. »Du hast schon wieder mit dir selbst gesprochen. Es ist Viertel vor heilige Scheiße Mitternacht und du musst da rauskommen und dir das hier anschauen.«

Ich kämpfe mich aus dem Loch heraus, rücke das VORHER-Stück wieder zurecht und versuche, das Pochen in meinem frisch eingerenkten Finger nicht zu beachten.

»Pass bloß auf, dass du dir den Kopf nicht an der Lampe stößt«, meint Attica.

Das verwirrt mich so, dass ich aufstehe und mir den Kopf an einer Lampe stoße.

Es ist eine ganz gewöhnliche Tischlampe, wie man sie auf dem Nachttisch stehen hat. Kleiner, kegelförmiger Lampenschirm, kurzer hölzerner Ständer. Allerdings hängt sie falsch herum von der obersten Wurzel des halb umgestürzten Baumes. Und sie funktioniert. Ein Lichtkegel tanzt um uns herum, seit ich sie angestoßen habe.

»Warum hängt hier eine funktionierende Lampe falsch herum von einem Baum?«, will ich wissen.

»Das«, erwidert Attica Stone und zeigt den Pfad hinunter, »ist eine Frage, die du dir noch öfter stellen wirst.«

Ich drehe mich um. Die Kluft zwischen den Hügeln – das geheime Tal hinter dem Gruselwald am Rande des Styropor-Universums – wird von hunderten Lampen erleuchtet. Den ganzen Pfad entlang baumelt alle paar Meter eine weitere Lampe falsch herum von einem Metallhaken und beleuchtet den Weg. Da sind Nachttischlampen, Schreibtischlampen, Messinglampen mit farbigen Glühbirnen, Lampen in Form von Fußbällen und Elfen und Raumschiffen und Actionfiguren, die sich wie eine riesige Lichterkette vor uns ausbreiten.

Die Kette umrandet riesige Farne und kraftvoll würgende Ranken und erklimmt über ein paar enge Zickzacktreppen eine Klippe am hinteren Ende der Kluft. Ein Höhleneingang klafft in der Klippe, noch finsterer als der Gruselwald selbst.

Ganz oben auf der Klippe erleuchten die Lampen ein Haus.

Ein Gruselhaus.

»Ich glaube, wir haben all die Lampen gefunden, die in deiner Stadt fehlen«, meint Attica.

»Ja«, erwidere ich.

»Pri Kholi«, sagt Attica Stone, »ich glaube, der Knochenmann hat sie geklaut.«

9

DAS HAUS DER TÜREN

»Ist das überhaupt ein Haus?«, flüstere ich.

Attica Stone und ich schleichen uns den von den Lampen erleuchteten Pfad entlang. Je näher wir dem Haus kommen, das ganz oben auf der Klippe am hinteren Ende der Kluft kauert, umso weniger ähnelt es irgendeinem Haus, das ich je gesehen habe. Es sieht eher aus wie ... wie eine Art von ... wie ein ...

»Es sieht aus wie das Haus von Frankenstein, das ein Tornado hier abgeworfen hat«, zischt Attica.

Ich wollte gerade ›Schrotthaufen‹ sagen, aber den Punkt muss ich ihr lassen, denn das trifft es ganz genau.

Alle Häuser in Dunn's Orchard sehen mehr oder weniger gleich aus, weil sie nach denselben Plänen gebaut wurden, in denselben Materialien von denselben Leuten.

Das Haus auf der Klippe sieht aus, als sei es aus Teilen anderer Häuser gemacht, zusammengeschustert von jemandem, der noch nie zuvor ein Haus gesehen, sondern nur gerüchteweise davon gehört hat.

Genau genommen ist es aus Türen gebaut.

Nur Türen.

Die Wände bestehen ganz aus Türen – Haustüren, Schlaf-zimmertüren, Waschküchenfalttüren, gläserne Terrassenschie-betüren und schmale Küchenschranktüren –, die alle in wilden, windschiefen Winkeln zusammengewürfelt sind und Wände bilden, die sich nach innen neigen, dann nach außen, dann mit anderen Wänden zusammenstoßen, die willkürlich in andere Richtungen abstehen.

Ganz oben ragt ein dürrer Türenturm aus dem Ganzen auf. Seine Spitze besteht aus gläsernen Schiebetüren. Ein schwacher Lichtschein dringt von innen daraus hervor.

Attica atmet tief durch. »Ist irgendwie ...«

»Gruselig«, stelle ich fest.

»Mm-hmm,« gibt Attica zurück. »Wollen wir reingucken?«

»Was?«, platze ich heraus. »Aber es ist jemand da! Wir haben jemanden herkommen sehen! Jemanden, Attica Stone. *Jeman-den!*«

»Schiss?«, fragt sie.

»Davor, um Mitternacht mit dem Mädchen, das mich gerade versehentlich k. o. geschlagen hat, in das Haus vom Knochen-mann einzubrechen? Hmmm, lass mich nachdenken – JA!«

»Bombe!« Sie streckt die Daumen hoch und fängt an, die Stu-fen zu erklimmen.

Ich könnte so tun, als ob ich hin- und hergerissen wäre zwi-schen raufklettern und nicht raufklettern, aber wem will ich was vormachen? Hinter mir liegt ein finsterer Wald, hinter dem Dunn's Orchard liegt, und dort hassen mich – schätze ich mal – alle, weil ich ihnen das allerletzte Freudenfeuer versaut habe.

Vor mir liegt ein Abenteuer, der Knochenmann, die Möglichkeit, dass er uns unter seinem Gruselhaus vergräbt, und – was am wichtigsten ist – Attica Stones Handy, das meine einzige Lichtquelle darstellt, mal abgesehen von all den Lampen hier.

In genau diesem Augenblick gehen die Lampen flackernd aus.

Die Haut an meinem ganzen Körper versucht, ganz nach oben auf meinen Kopf zu kriechen. Ich kletterte rauf.

Die Treppen sind aus Holz und nur grob bearbeitet. Sie sehen aus, als könnte man sich auf ihnen eine Million Splitter einreißen, deshalb fühlt es sich ziemlich gut an, dass ich mir auf den ersten zehn Stufen nur drei Splitter einjage. Das Holz kommt mir irgendwie bekannt vor, aber ich weiß nicht, woher. Genau wie das Haus und die Stiefel, die wer auch immer uns auf dem Pfad überholt hat, anhatte. Woher kenne ich all das Zeug?

Ich drehe mich um und gehe ein paar Treppenabsätze rauf, die sich an die Seite der Klippe schmiegen. Es ist zu dunkel, um es sehen zu können, aber ich glaube, ich komme an dem Höhleneingang vorbei. Ein kalter Lufthauch raschelt im Efeu und streicht über mich. Ich gehe schneller.

Ich erklimme die Spitze der Klippe und sehe, dass die Lampen rund um das Haus auch ausgegangen sind. Es kauert da irgendwo vor mir, eine finstere Unheimlichkeit in der unheimlichen Finsternis.

Aber nicht komplett finster. Jetzt, wo all die Lampen aus sind, erkenne ich, dass ein sanfter Schimmer durch die windschiefen Fenster fällt.

Innen ist ein Licht an.

»Ssst«, macht eine Stimme irgendwo auf meiner Seite. Attica lässt ihre Handy-Taschenlampe schnell aufflammen und wieder ausgehen, damit ich sie finde. »Ich hab reingespäht«, flüstert sie. »Keiner drinnen.«

»Wir ziehen das durch, oder?«

»Wir ziehen das *so was von* durch. Niemand hat es je dermaßen durchgezogen wie wir jetzt.«

»Krass.« Ich schaue mir das Haus an. »Woher wissen wir, welches die Eingangstür ist?«

»Eingangstüren sind für Gäste«, meint Attica. »*Wir* sind Einbrecher. Mir nach.«

Attica führt mich zu einer gläsernen Schiebetür, genau so einer wie vor Mums Nähzimmer, nur quer und direkt über dem Boden in die Wand eingebaut, genau ebenerdig.

Sie schiebt die Tür auf, was, da die Tür quer eingebaut ist, bedeutet, dass sie sie hochschiebt, sodass eine breite, niedrige Öffnung entsteht. Sofort ertönt ein pfeifendes Geräusch und die Haare an meinen Beinen direkt über meinen Socken fangen an zu flattern. Ich strecke meine Hand aus und kann es spüren – das Haus saugt Luft von draußen ein.

Und dann, während ich meine Hand noch ausgestreckt habe, lässt der Sog plötzlich nach. Eine schwache Brise weht heraus.

Als ob das Haus *atmen* würde.

Aaaaaaaaaaaargh!!!.

Attica streckt ermutigend die Daumen nach oben und quetscht sich durch den Türrahmen ins Haus. Ich betrachte den leeren Raum, der auf mich wartet. Mein Blut ist gleichzeitig heiß und eiskalt. Was, wenn wir erwischt werden? Was, wenn es wirklich einen Knochenmann gibt und er wirklich einen Ort hat, an dem er Kinder unter den Fußboden steckt? Was, wenn …

Atticas Kopf taucht noch mal in der Lücke auf.

»Pri«, zischt sie. »Du führst schon wieder Selbstgespräche.«

Ich schlage mir die Hände vor den Mund. »Oh Mist, hab ich?«, wispere ich zwischen den Fingern hindurch.

»Du solltest dafür lieber deine innere Stimme benutzen«, flüstert Attica. »Und der Ort, an dem du sie benutzen solltest, ist in diesem Haus. Komm schon rein hier!« Ihr Kopf verschwindet wieder.

»Oh Mist«, sage ich noch mal. Ich schiebe das VORHER-Stück, das die ganze Zeit unter meinem Pulli steckt, von vorne nach hinten, lege mich auf den Bauch und schlängle mich in Todesangst in den Raum dahinter.

Was sich nicht als ein Raum entpuppt, denn dieses Haus hat keine Räume.

Ich hieve mich langsam neben Attica auf die Füße und sehe mich staunend um. Das ganze Haus – von Wand zu Wand, vom Boden bis zum Dach – ist ein riesiger, leerer, widerhallender Raum. Die windschiefen Tür-Wände wölben sich von uns weg und treffen sich in den Schatten auf der gegenüberliegenden Seite. Lange hölzerne Stützbalken sind überall dazwischen verkeilt. Es sieht so aus, als ob das Ganze in sich zusammenbrechen würde, wenn man nur einen von ihnen raushauen würde.

Hölzerne Kisten sind überall auf dem Fußboden zu hohen, schmalen Säulen aufgestapelt und lange Ketten und Seile hängen aus der Dunkelheit über uns herab. Aber es ist schwer, sich auf sie zu konzentrieren, denn da ist etwas in der Mitte des Hauses, das all unsere Aufmerksamkeit auf sich zieht.

Aus der Mitte des Fußbodens ragt eine Röhre vom Umfang eines Baumstamms empor und verschwindet in der Finsternis über uns. Sie ist fast überall dunkel, aber da sind feine Linien auf ihr, wie Risse oder Adern, aus denen ein schwaches, geisterhaftes Licht sickert, das den sanften Schimmer erzeugt, den wir von draußen gesehen haben, und kleine Staubflocken und kreisende Insekten erleuchtet. Sie steht nicht gerade wie ein Laternenpfahl, sondern neigt sich in einem merkwürdigen Winkel wie alles an diesem irren Ort. Eine breite Kurvenlinie windet sich außen um die Röhre, und als sich meine Augen an den Schimmer gewöhnt haben, erkenne ich, dass die Kurve nicht bloß eine Kurve ist, es ist ...

»... eine Treppe«, haucht Attica. »Tsss.«

Wir schleichen über den unebenen, felsigen Fußboden zu der Röhre. Jetzt ist da kein Windhauch. Ich versuche, mir nicht vorzustellen, dass das Haus den Atem anhält. Ich strecke die Hand aus und berühre die Röhre. Sie ist kalt und glatt.

»Glas?«, wundere ich mich. Ich kratze mit dem Daumennagel daran und eine neue dünne Ader erscheint, aus der silbriges Licht austritt.

»Bemaltes Glas«, flüstert Attica und verschwindet dahinter. »Das von innen leuchtet.«

»Was bringt es zum Glühen?«

»Ich weiß nicht«, sagt Atticas Stimme von hinter der Röhre. »Aber es erleuchtet hier hinten etwas ziemlich Interessantes.«

Ich folge Atticas Stimme auf die andere Seite der Röhre, wo sie vor einer großen Kiste steht, auf der sich ein riesiges Modell aus Pappe und Styropor befindet.

»Das ist euer Stadtmodell«, meint Attica.

»Nein, ist es nicht«, erwidere ich. »Sieh es dir genauer an.«

Dieses Modell hat dieselbe Größe und Form unseres Stadtmodells, aber die Details sind komischerweise anders.

Zunächst einmal gibt es, obwohl es sich definitiv um unser Tal handelt, keinen Ort in seiner Mitte. Dort, wo Dunn's Orchard sein sollte, erstreckt sich stattdessen ein großer, flacher See, der ungefähr zwei Drittel des Tals einnimmt. Am Rand des Sees ist das Erdreich durchzogen von großen, tiefen Schluchten, die sich in Richtung der Hügel ausbreiten. An manchen Stellen ergießt sich der See in spektakulären Wasserfällen aus Zellophan in die Schluchten. Am merkwürdigsten ist aber, dass das ganze Tal wie ein Nadelkissen mit eleganten silbernen Türmen übersät ist, an deren Spitzen sich schüsselförmige Objekte befinden, die aussehen wie eine Kreuzung aus Satellitenschüsseln und umgestülpten Regenschirmen. Selbst in Form von winzigen, silberfarben bemalten Pappobjekten sind sie atemberaubend, wie ein Roboterwald.

»Guck«, sagte Attica. »Guck, wo wir sind.«

In einer Ecke des Modells findet sich – anstelle von Torvalds falschen Hügeln – ganz offensichtlich die Kluft zwischen den beiden Hügeln mit der Klippe und einem winzigen Modell vom *Haus der Türen* an ihrem Ende. Aber selbst das stimmt nicht ganz mit der Realität überein. Denn da ist noch der Fluss.

Anstatt in Richtung der Großstadt abzuknicken, verschwindet der Hundert-Meilen-Fluss auf diesem Modell zwischen den Hügeln, rauscht durch die Höhle in der Klippe, fließt durch den Gruselwald ins Tal und speist den See, der sich an der Stelle befindet, wo Dunn's Orchard sein sollte.

»Was ist das?«, frage ich. Ich hebe eine Ecke an und genau wie bei Torvalds Modell lässt sich ein Tortenstück sauber herausziehen. Spontan schnappe ich mir das Stück, das die Kluft, die Klippe, das Haus und den Fluss abbildet, und stopfe es unter meinen Pulli zu dem VORHER-Stück des Modells, das ich kenne.

»Du stellst dir ja eine richtige Sammlung zusammen«, meint Attica. »Komm schon. Wir werden nichts rausfinden, indem wir dieses Ding anstarren.« Sie macht ein Foto und führt uns zurück zum Fuß der Röhre.

Wir können die ersten paar Stufen erkennen, die vom Boden hinaufführen und sich um die Außenseite der Röhre emporwinden in die silbern gesprenkelte Dunkelheit.

»Attica«, wispere ich, »sag mir, dass du da nicht rauf willst.«

»Pri«, meint Attica, »ich will da nicht rauf.«

»Gut.«

»Nicht, bevor ich nicht da unten war.« Sie zeigt auf den Boden vor der ersten Stufe.

Da ist eine Tür im Fußboden.

10

DIE TÜR IM BODEN

Ich starre sie eine Weile an, denn hier gibt es ne Menge, mit dem man erst mal klarkommen muss.

Da ist eine Tür, denke ich, *im Steinfußboden von diesem seltsamen Haus auf der Klippe jenseits des Gruselwalds am Rand von Dunn's Orchard.*

Und die Sache mit der Tür ist ...

»Das ist unsere Haustür«, stelle ich fest. »Das ist genau dieselbe Tür, wie die an unserem Haus.« Und das stimmt. Die Tür im Fußboden ist eine ganz gewöhnliche Haustür, aus Holz mit einem runden Metallknauf. Sie sieht genauso aus wie unsere Haustür, wie die meisten anderen Haustüren in Dunn's Orchard.

Nur dass die alle senkrecht eingebaut sind.

Ich sehe mich um. Die Wände des Hauses, die Fenster, das Holz der Treppen draußen – auf einmal erkenne ich all das wieder. Ich hab das alles mein ganzes Leben lang gesehen, bloß noch nie so seltsam zusammengezimmert wie hier. Es ist, als ob man Dunn's Orchard durch ein Kaleidoskop betrachtet.

»Ich weiß, aus was dieses Haus besteht«, sage ich.

»Aus all den geklauten Baumaterialien aus Dunn's Orchard«, meint Attica.

»Aus all den geklauten Baumaterialien aus Dunn's Orchard«, sage ich. »Hey, woher weißt du das?«

»Der Knochenmann stiehlt nicht nur Lampen und Lampenschirme«, stellt Attica fest. »Er hat jahrelang an eurer Stadt genagt. Eins muss ich ihm lassen - er ist viel fleißiger als die meisten Kinderschrecke. Ich frage mich, was er sonst noch klaut.«

Wir betrachten die Tür im Boden.

»Was«, meint Attica, »hast du noch mal gesagt, macht der Knochenmann mit den Kindern, die er sich schnappt?«

»Er vergräbt sie unter seinem - warte mal, du hast gesagt, du piekst mir ins Auge, wenn ich das noch mal sage.«

»Gut. Bin froh, dass du dich dran erinnerst, weil ich davon nämlich nichts hören will.«

»Warum nicht?«

Sie wirft mir ein Grinsen zu, das halb aus Begeisterung und halb aus Panik besteht. »Weil es mich hiervon abhalten könnte.«

Bevor ich sie aufhalten kann, stürzt sie sich auf die Tür, dreht den Knauf und hievt die Tür im Fußboden auf.

Als Erstes fängt das Haus wieder zu atmen an. Luft wird sanft aus dem Haus in den Raum hinter der Tür gesogen und nimmt Staubflocken und Zweige mit sich in die Finsternis unter uns.

Bloß dass es keine Finsternis ist. Ich beuge mich über den Rand und spähe hinunter. Jenseits der Tür ist eine Treppe in einen natürlichen Schacht in den Felsen gehauen. Sie windet sich um die große Glasröhre hinunter, die steil unter uns abfällt und diesen silbrigen Schein abgibt.

»Vielleicht«, überlegt Attica, »muss der Knochenmann die Kinder gar nicht entführen. Vielleicht kommen sie einfach von selbst. Wie ...«

»... wir«, sage ich.

Wir schauen einander an. Wir schauen in das Loch.

»Oh Mist«, stöhne ich.

Wir gehen die steinernen Stufen hinunter. Sie schrauben sich genauso um die Glasröhre herum wie oben im Haus. Die Temperatur fällt so schnell, dass unser Atem anfängt, kleine Wölkchen zu bilden, die im Licht, das durch die Risse in der Röhre dringt, tanzen.

Wir kreisen Runde um Runde um Runde um die Röhre und es dauert nicht lange, bis wir nicht mehr wissen, wie weit wir schon gegangen sind. Es ist vollkommen still hier unten – sogar der Luftzug, der immer noch nach unten strömt, hat aufgehört zu pfeifen. Als ob die Finsternis um uns herum so dicht ist, dass sie jedes Geräusch verschluckt.

Schließlich erreichen wir eine gerade Treppe, die uns in einen schmalen Spalt im Felsen führt. Atticas Handy wirft einen bläulichen Lichtstrahl über die feuchten felsigen Wände vor uns. Schnell erreichen wir einen Treppenabsatz und betreten durch eine Öffnung eine hölzerne Plattform, die über dem Rand von pechschwarzem Nichts hängt.

Es ist noch kälter hier unten und unser zittriger Atem verschwindet in diesem Nichts, nur um Sekunden später als ein gespenstisches, fast schon spöttisches Echo seiner selbst wiederzukehren. Attica hält ihr Handy hoch. Die Finsternis verschluckt sein Licht und schickt es als eine Million schummrige, angedeutete Reflexionen zurück, die zum Greifen nah oder Millionen Meilen entfernt sein könnten.

Und dann sind da Augen.

Zwei winzige, in weiter Entfernung leuchtende Punkte schweifen in der Finsternis herum.

Dann fassen sie uns in den Blick.

Attica stopft ihr hell leuchtendes Handy in ihre Tasche und wir stehen in völliger Dunkelheit, wie eingefroren von der Gewissheit, dass uns etwas anstarrt.

Nach einer Million Jahren schnappen die Augen zu und die Finsternis ist undurchdringlich.

Da ist nichts.

Noch mehr nichts.

Und dann ...

... ein *roaaar*.

Es fängt ganz leise an, nur ein Grummeln tief in unseren Gedärmen, doch während es anschwillt, steigt das Grollen durch unsere Herzen und Hirne auf und erfüllt unsere Schädel bis zum Platzen.

– *roooooaaarrrrooooOOOOOoooaawwwwwWWWWRRRRRAAA-GGHH* –

Es kommt aus derselben Richtung wie die Augen. Es ist riesig wie ein Drachen und es zieht ein quietschendes, kratzendes Geräusch hinter sich her. Jetzt können wir erkennen, wie dort hinten ein Licht anschwillt, aber kein silbrig sanftes, sondern ein golden gleißendes Licht, das aus einer Million unmöglicher Formen flimmert, die weit entfernt aufflackern. Es wird heller und kommt näher und näher ...

... und dann rennen wir. Attica schubst mich und wir rasen die steinernen Stufen hinauf, dass unsere Beine brennen. Weg von was auch immer da hinter uns her ist aus den Tiefen der Erde, aus dem Keller des Knochenmanns. Gerade als wir die letzte Treppenwindung erreichen, erkennen wir, dass sich die Tür im Fußboden ganz, ganz langsam vor uns *verschließt*.

Sie ist schon halb zu, als wir uns hindurchwerfen, und während wir durch die niedrige Glasschiebetür tauchen, werfe ich einen Blick zurück und sehe, wie sich die Tür im Fußboden mit einem zischenden Geräusch wie von der Kühlschranktür des Teufels verschließt.

Aber das hält uns nicht ab zu rennen. Die Lampen sind alle aus, bloß Atticas Handy wirft noch einen winzigen Leuchtkreis vor uns, während wir die Holztreppe hinunterstolpern, dann den Pfad entlang und durch die Kluft. Auf der Lichtung gibt Atticas Handy-Akku endgültig auf, sodass nur noch das Mondlicht bleibt, um uns durch den Gruselwald zu leiten, vorbei an der kleinen Baumgruppe mit ihrem seltsamen Motorradgefangenen und – endlich – hinaus über das Fußballfeld und auf den Stadionplatz.

»Was ...«, japst Attica.

»Für ...«, keuche ich.

»... ein vollkommen unerklärliches Phänomen war das?«, schnauft Attica. Dann gehen uns die Worte aus.

Wir japsen einander noch eine Weile an. Es gibt keine Antwort.

Wir gehen zurück in die Stadt. Es ist zwei Uhr morgens. Ich war noch nie so lange auf. Die Straßenlaternen erleuchten nichts auf der Frist Street. Auf einmal kommt mir der Gedanke, dass meine Eltern keine Ahnung haben, wo ich bin. Die bringen mich um. Wenn Evan und Rahm und Uhu ihnen nicht zuvorkommen. Wenn der ganze Rest der Stadt ihnen nicht zuvorkommt. Wenn Torvald Dunn ihnen nicht zuvorkommt.

»Was machen wir jetzt?«, frage ich Attica Stone draußen vor *Echt Mega Kaffee*.

»Na ja, als Erstes«, meint Attica, »musst du fürs nächste Mal eine Taschenlampe besorgen.« Sie grinst. »Bis morgen, Pri Kholi. Lass uns nen Kaffee trinken gehen!«

Ich schaue ihr nach, wie sie fröhlich in die Nacht davontrottet.

Als ich fünf war, haben sich Mum und Dad aus dem Haus ausgesperrt. Das Fenster in meinem Zimmer war das einzige, das offen war, also hat Dad das Fliegengitter an einer Ecke kaputt gemacht, damit ich hineinklettern konnte. Am nächsten Tag hat er es repariert, indem er die Risse mit drei Streifen Klebeband abgeklebt hat. Jetzt funktioniert es wie eine Katzenklappe. Ich benutze sie, um mich ins Haus zurückzuschleichen.

Drinnen ist es mucksmäuschenstill – wenn Mum und Dad sich Sorgen machen, tun sie das im Schlaf. Ich schäle mich aus meinen dreckigen Klamotten, verstecke das halb zerquetschte VORHER-Stück und das merkwürdige HAUS DER TÜREN-Stück unter meinem Schreibtisch und falle ins Bett. Aber ich weiß gar nicht, warum, denn keine Chance, dass ich heute Nacht schlafe. Oder je irgendwann wieder.

Weil da ein Monster unter dem Haus vom Knochenmann lebt.

Ich starre meine nackte Glühbirne an.

Als ich die Einsame Kiefer verloren habe, dachte ich, ich hätte das letzte Gute an Dunn's Orchard verloren.

Aber jetzt weiß ich, dass es den Knochenmann wirklich gibt. Dass es ein geheimes Tal hinter dem Gruselwald gibt. Dass es dort eine Klippe gibt und das Haus der Türen und eine leuchtende Röhre und eine Höhle und irgendetwas, das ein gewaltiges, beängstigendes Gebrüll von sich gibt.

Dieser Ort ist einfach *superinteressant* geworden.

Keine Chance, dass ich jetzt schlafen kann.

★

Ich wache gegen zehn Uhr auf und stehe auf, um mir meinen Anschiss abzuholen.

Dad liegt im Wohnzimmer auf dem Boden und baut Lego-Burgen, die Sanj wieder abreißen darf, und Mum hat sich auf dem Sofa eingekuschelt und liest Kunst-Blogs auf ihrem Handy.

Ich stelle mich auf den Schwall von Wo-bist-du-gewesens, Wir-haben-uns-solche-Sorgen-gemachts und Wage-es-ja-nicht-noch-mal-einfach-so-zu-verschwindens ein.

Dad schaut auf und erblickt mich. Seine Augenbrauen schnellen in die Höhe. Jetzt geht's los. Ich bereite mich auf meine Entschuldigung vor.

»Was machst du hier?«, will er wissen.

»Bitte?«

»Wir haben deinen Zettel an der Tür gefunden«, erklärt Mum und deutet auf einen Klebezettel auf dem Tisch. Ich schnappe ihn mir.

Mum und Dad,

mir geht's bestens.

Bin bei Slotcar.

Bis morgen.

Bombe, Pri xxx

Meine Handschrift ist echt gut nachgemacht, aber als Pünktchen auf dem i ist ein kleiner Apfel gemalt. *Attica Stone, denke ich, ist um einiges besser darin, geheime Mitternachtsexpeditionen zu planen als ich.*

»Ich, ähm ... bin müde geworden. Bin früh nach Hause gekommen. Muss eingeschlafen sein und hab nicht gehört, dass ihr heimgekommen seid«, sage ich.

»Mm-hmmm. War das, bevor oder nachdem du dein Handy auf die Türschwelle gelegt hast?« Dad zieht es aus seiner Tasche und wirft es mir rüber. Es ist noch ganz, aber es sieht so aus, als habe jemand ziemlich gründlich versucht, es auseinanderzunehmen. Slotcar. Ich muss es in der Last Street in ihrer Nähe verloren haben.

»Hä? Wie kommt das hierher?«, frage ich lahm.

»Mm-hmmm«, macht Dad noch mal. »Und war das, bevor oder nachdem dir jemand aufs Maul gehauen hat?«

Meine Hand zuckt zu meiner geschwollenen, von Attica Stone verletzten Lippe.

»Und was ist mit deinem Finger passiert?«, will Mum wissen.

Ich werfe einen Blick darauf. Mein geschwollener, von Attica Stone ausgerenkter Finger ist fast schwarz vor lauter blauen Flecken.

»Ähm … Slotcar und ich haben … Ringkampf gespielt?«

Dad kneift die Augen zu Schlitzen zusammen. »Ringkampf gespielt?«

»Ja.«

»Aber ihr habt nicht irgendein merkwürdiges Pubertätsding gemacht, oder?«

»Was? Dad, nein! Warte mal, kommt so was vor?«

Dad zuckt mit den Schultern. »Wirst schon sehen. Aber sieh dich bloß vor dieser Slotcar vor. Die ist eindeutig viel tougher als du.«

»Geht klar, Trainer«, murmele ich. Ich bin ungestraft davongekommen. Ich stehle mich in mein Zimmer zurück, um mich anzuziehen.

Dad kommt mir nach. »Dann hast du also tief und fest geschlafen?«

»Ja, klar.«

Er lässt seinen Blick beiläufig durch mein Zimmer wandern. »Mir hat deine Nachricht gefallen.«

»Danke.«

»Vor allem mit den drei Küsschen am Ende. Sieht dir total ähnlich.«

»Mir war danach.«

»Ja, das Freudenfeuer hat dich scheinbar in eine sehr liebevolle Stimmung versetzt.«

Von dem Kleiderhaufen in der Ecke mit den Klamotten von letzter Nacht weht ein strenger Geruch nach Rauch, Erde und wildem Schnittlauch herüber. Dads Blick schweift wie zufällig darüber hinweg und bleibt am Fenster hängen.

»Wie ich sehe, ist das Fliegengitter wieder kaputt«, meint er.

»Ich repariere es nachher.«

»Mmhm.«

Dad kommt rüber und setzt sich zu mir auf das untere Stockbett. Wir schweigen einen Moment.

»Warst du in Sicherheit?«, will er wissen.

Auf einmal ist mir danach, ehrlich zu sein. »Nein.«

Noch mehr Schweigen.

»Geht's dir gut?«

Das Bedürfnis lässt nach. »Ja.«

Dad nickt ganz langsam, aber er kräuselt seine Lippen so, dass sie beinahe seine Nase berühren und mir sagen, er glaubt mir nicht. Wird er mir echt eine ernsthafte Frage stellen? Ich hoffe es wirklich.

»Waren es Aliens? Es waren Aliens, oder?«

Ich verziehe mein Gesicht zu einem Lächeln, das zur Hälfte Erleichterung und zur Hälfte Enttäuschung ausdrückt.

»Denn wenn es Aliens waren«, fährt er fort, »würde ich das wissen wollen.« Er schaut mir auf eine Art in die Augen, wie er es sonst nicht tut. »Das würdest du mir erzählen, oder, Pri?«

»Wenn es Aliens gewesen wären?«

Er schnaubt und umarmt mich blitzschnell. »Versuch bitte bloß, deine Mum nicht zu beunruhigen, ja? Wir müssen im Moment artig und stark für sie sein.«

Er steht auf, um zu gehen, bleibt dann aber in meiner Zimmertür stehen. »Oh, übrigens«, meint er, »du hast gestern Abend was Aufregendes beim Freudenfeuer versäumt.«

»Ich *war* gestern Abend das Aufregende beim Freudenfeuer.«

»Es dreht sich nicht immer alles um dich.«

»Beweis es.«

»Also gut. Kurz nachdem du abgehauen bist, hat Torv uns alle überrascht. Es hat sich rausgestellt, dass es doch noch einen Flecken im Tal gibt, den er plattmachen will. Steht alles auf Facebook, falls es dich interessiert.«

Ich stürze zum Computer, aber ich weiß, ich *weiß* einfach, was ich dort zu sehen bekommen werde.

ÜBERRASCHUNG!
ZUSÄTZLICHE PLANIERARBEITEN ZUR WEITEREN
ERSCHLIESSUNG VON DUNN'S ORCHARD BEGINNEN
AM MONTAGMORGEN UM 9 UHR

Ich habe den kommenden Montag zum örtlichen Feiertag erklärt, damit alle kommen und sich unser zusätzliches Bonus-erschließungsgebiet anschauen können! Bringt eure Kinder mit! Bringt eure Haustiere mit! Bringt wichtige und wertvolle Erb-stücke mit! Preise für alle, die all ihre Kinder, Haustiere und Wertsachen mitbringen! Joe und Hopper kommen auch! Kostenlose Bratwurst!!! Das wird ein Spaß!!!!*

(*Teilnahme verpflichtend. Kein Scherz.)

Unten drunter steht ein Foto. Ein Bild von dem Teil des Tals, der für die neue Überraschungserschließung plattgemacht werden soll.

Und das ändert alles.

Denn es ist der Gruselwald.

Und der wird in achtundvierzig Stunden Geschichte sein.
Mein Handy plingt.

WIR MÜSSEN IHN AUFHALTEN
AUSSERDEM BRAUCHEN WIR
KAFFEE
KOMM ZUM TREFFPUNKT

II

FNARGH

Es ist Samstagmorgen, also hängen draußen vor *Echt Mega Kaffee* keine Kinder in Schuluniformen rum, sondern Kinder in Jogging-hosen.

Es gibt ein ungeschriebenes Gesetz, wer wo bei *Echt Mega Kaffee* in der Frist Street hingeht – Highschool-Schüler gehen rein und hocken an den Tischen rum, Grundschüler bleiben draußen und hocken auf dem Fußweg. Lediglich die viel älteren Schüler trinken tatsächlich Kaffee, deshalb ist es nicht sehr wahrschein-lich, dass irgendwer die Straße raufgestürmt kommen und diese Regel brechen wird.

Attica Stone kommt die Straße raufgestürmt.

Sie rennt, bis sie mich eingeholt hat, bleibt stehen und wirft einem Vogel einen finsteren Blick zu, der sagt, dass er besser ab-zwitschern und seinen Vogelkram woanders erledigen sollte. Er scheißt sich selbst an und fliegt davon. Sie fährt herum und wirft nun auch mir einen finsteren Blick zu. Ihr Science-Fiction-Zuckerwatte-Schopf steht kerzengrade hoch. Ich überlege, ob ich mit den Armen flattern soll.

»Fnargh«, meint sie.

»Okay«, erwidere ich.

»Ich habe genau null Stunden geschlafen«, stellt Attica fest.

»Mir tut mein ganzer Mensch weh. Also werde ich bis auf Weiteres nichts sagen außer *fnargh*. Fnargh.« Sie schaut mich weiter finster an.

Ich wünschte, ich wäre ein Vogel.

»Du solltest besser nicht mehr geschlafen haben als ich.«

»Kein Schlaf. Keinen Augenblick«, schwöre ich.

»Na gut.«

Ich suche mir einen Platz auf dem Fußweg, aber Attica packt mich am Arm und zerrt mich geradewegs in den Laden.

Ein Haufen Zehntklässler wirbelt herum und starrt mich wütend an, aber Atticas finsterer Blick lässt sie sich sofort zurückdrehen. Hinter dem Tresen steht ein Typ aus der Zwölften mit seinem EMK-Baseball-Käppi, der uns anglotzt, als wären wir Aliens, die gerade ihre fliegende Untertasse in zweiter Reihe auf der Frist Street geparkt haben und dann reingekommen sind, um sich einen Kaffee zu bestellen.

»Na, wassagstedazu?«, meint er. »Das Maskottchen. Oder etwa nicht? Hätte nicht geglaubt, dass das Maskottchen das Freudenfeuer vermasseln würde. Bisschen jung für Kaffee, wa? Kleine Kinder sollten lieber zu Haus ne warme Milch trinken, oder? Oder Kakao in deinem Fall, Kholi.«

Er grinst Attica höhnisch an. »Erdbeermilch für Mädchen.«

Attica schenkt ihm ein breites strahlendes Lächeln und dreht sich dann zu mir um.

»Ich werde ihn fertigmachen«, wispert sie mir zu. Sie wendet sich wieder dem Blödmann zu. »Gib mir«, sagt Attica Stone gedehnt, »einen doppelten schwarzen Espresso in einer Tasse, die groß genug ist, dass noch ein zweiter doppelter schwarzer Espresso reinpasst, und kipp dann noch einen doppelten schwarzen Espresso rein.«

»Das ist ne Menge Kaffee, bist du sicher …«

Atticas finsterer Blick verfinstert sich weiter. »Stell ihn mir einfach vor die Nase, Kaffee-Affe.«

Ich bestelle dasselbe wie Attica. Ich schätze, wenn sie das verträgt, wird es schon unbedenklich sein.

Spoiler: Ist es nicht.

Wir sitzen am Fenster zur Straße, so weit wie möglich von den Highschool-Schülern entfernt. Auf der anderen Straßenseite, vor Kastell Dunn, holen Arbeiter der Stadt auf einer Hebebühne die Werbebanner für Dunn's Orchard von den Fahnenmasten. Die mit meinem Gesicht drauf.

»Was geht denn hier ab?«, fragt Attica.

»Torvald muss die letzten Häuser vom Last Street Estate verkauft haben. Jetzt braucht er keine Werbebanner mehr.«

»Also kein Promi-Pri mehr?«

»Schätze nicht. Wenn Torvald mich nicht dafür will, sein neues Überraschungsviertel zu verkaufen.«

Wir schweigen uns eine Minute an.

»Tja«, meint Attica. »Gestern Nacht war interessant.«

»Was war los mit diesem Haus?«, will ich wissen. »Hat es echt geatmet? Wie kann es den Knochenmann wirklich geben? Ist er ein Monster? Hat uns ein Monster verfolgt? Was war da unten?«

»Warte, warte«, meint Attica. »Zu viele Fragen. Muss sie aufschreiben. Brauch nen Stift.«

Sie grabscht sich ein paar Servietten und durchsucht dann die Taschen ihres Hoodies. Sie zieht das Taschenmesser hervor, mit dem sie den Vogel in die Kuppel vom Stadtmodell geritzt hat, knurrt und wirft es auf den Tisch.

Der Kaffee-Affe kommt mit zwei Pappbechern an, die so groß sind, dass sie wie ein maßstabsgetreues Modell von Stonehenge aussehen. Attica umklammert ihren so fest, dass ich befürchte, dass sie den Plastikdeckel abmachen und sich darin verkriechen könnte.

»Guuuuuuuuuter Kaffee-Affe«, säuselt sie. »Kann ich bitte deinen Stift haben?«

Er reicht Attica seinen Filzer. Sie verstaut ihn in ihrem Hoodie und stiert vergnügt aus dem Fenster.

»Ähm«, macht der Kaffee-Affe. »Kann ich ihn jetzt wiederhaben?«

»Hmm? Meine Güte – nein«, erwidert Attica.

Kaffee-Affe sieht geknickt aus. Er schlurft zurück zu seinem Tresen.

»Dem hast du's echt gegeben«, stelle ich fest.

»Findest du?«, meint Attica, die begonnen hat, etwas mit ihrem Taschenmesser in den Tisch zu ritzen. »Ich hab doch bloß nett mit ihm rumgeblödelt. Hatte noch nicht mal angefangen, ihn fertigzumachen. Ich wollte ihm später noch einen Hundehaufen in den Briefkasten werfen. Na ja.«

Ich nippe an meinem Kaffee. Falls ihr noch nie schwarzen Kaffee getrunken habt, so fühlt sich das an: Tod. Bitterer, wütender, heißer Tod, der in deinen Mund krabbelt und dann die Socken auszieht, die er den ganzen Sommer über anhatte, und seine ekligen Schweißfüße ganz hinten auf deiner Zunge abputzt und dir dann noch von hinten in die Augäpfel tritt. Das plus Dreck. So schmeckt Kaffee. Aber keine Chance, dass ich mir das vor Attica anmerken lasse.

»Der ist gut«, krächze ich.

Attica wirft mir über den Rand ihres Bechers, den sie zügig leert, einen finsteren Blick zu. »Dieser Kaffee ist fürs Klo«, erklärt sie.

Ich würge noch einen Schluck Tod auf Socken runter, während Attica ihren hastig runterschluckt und ritzt. Der zweite ist nicht ganz so schlimm.

Wir gucken uns Torvalds Facebook-Fotos vom neuen Erschließungsgebiet auf Atticas Handy an. Das erste ist eine Nahaufnahme vom Gruselwald auf seiner Version des Styropor-Modells, mit seinen kleinen Pappbäumen und den falschen Hügeln dahinter – wo, wie wir jetzt wissen, das Haus der Türen liegt.

Auf dem zweiten Foto ist ein neues NACHHER-Stück für das Modell. Dort, wo früher der Gruselwald stand, sind jetzt Straßen und Häuser und dahinter, auf eingeebneten, abgeflachten Hügeln, erstreckt sich eine Siedlung mit viel größeren, schöner aussehenden Papphäusern als irgendwo sonst in der Stadt. In der Bildunterschrift steht: *Orchard Heights: Fünf-Sterne-Wohnen für eine bessere Bürgerschicht.*

Ich checke, ob niemand guckt, und ziehe das Tortenstück hervor, das ich von dem Modell im Haus der Türen hab mitgehen lassen.

»Kein Zweifel«, sage ich. »Orchard Heights liegt ganz oben auf der Klippe und dem Haus der Türen.«

Wir starren das Modellhaus an, den Fluss, der durch das Tal fließt, die seltsamen silbrigen Baumtürme.

»Wir müssen die Planierraupen aufhalten«, sage ich. »Wenn Torvald den Gruselwald plattmacht, wird er das Haus der Türen entdecken und die Höhle. Das ist ein richtig echtes Geheimnis und ich will es erforschen, bevor die Erwachsenen reinplatzen und es zerstören wie die Einsame Kiefer.«

»Glaubst du«, sagt Attica, »dass all das immer hier war? Vor Dunn's Orchard?«

»Vielleicht bevor ich herkam. Aber was ist mit dem Fluss?« Ich fahre mit dem Finger an dem blauen Strich unser Tal entlang, durch das der Hundert-Meilen-Fluss ganz offensichtlich nicht fließt.

Attica schnappt sich ein Papiertischset und malt mit dem Filzer vom Kaffee-Affen eine Karte von unserem Tal drauf – den Ring aus Hügeln, das Städtchen, das Haus der Türen und Kastell Dunn.

»Also, der Fluss fließt hier lang, oder?« Sie malt eine Linie, die sich zwischen den Hügeln durchschlängelt, dann vor unserem Tal abknickt, direkt oberhalb und hinter dem Haus der Türen. »Aber was, wenn er mal hier entlanggeflossen wäre?« Sie malt eine neue Linie. Aber anstatt abzuknicken, fließt die Linie geradewegs durch unser Tal, genau wie der Fluss im Modellstück mit dem Haus der Türen.

»Ändern Flüsse einfach so ihren Lauf?«

»Nein, aber ein Mensch könnte es definitiv tun, wenn er –

sagen wir – zwei riesige Planierraupen hätte, mit denen er Erdreich aufschieben kann.«

»Torvald?« Ich nippe an meinem Kaffee. »Du denkst, der Fluss ist früher hier entlanggeflossen und er hat ihn verlagert?«

Attica hält das Modelltortenstück mit dem Haus der Türen hoch. »Was das hier zum VOR-VORHER-Modell machen würde.«

»Was bedeuten würde, dass alles andere – die Schluchten, diese komischen Türme, der See – auch hier gewesen wäre.«

»Vielleicht hat er ne Menge mehr zerstört, als du dachtest«, meint Attica.

»Warte mal, aber das wissen wir nicht wirklich. Ob Torvald weiß, dass es hier vorher so ausgesehen hat?«

»Darüber habe ich auch nachgedacht«, sagt Attica. »Das Einzige, was von diesem Modell noch hier ist, ist das Haus der Türen. Und was ist der einzige Ort hier, von wo aus man es sehen könnte?«

»Man müsste ziemlich hoch oben sein und der einzige Ort, der so hoch liegt, ist …«

Attica malt ein Kreuz auf die Karte.

»… Torvalds Wohnung ganz oben in Kastell Dunn.«

Sie malt eine direkte Linie von Kastell Dunn zum Haus der Türen. »Ich wette«, meint sie, »dass man die Spitze von diesem Turm von Torvalds Fenstern aus sehen kann. Aber es gibt nur einen Weg, das zu beweisen. Daher habe ich zwei Fragen«, sagt Attica. Sie kritzelt sie mit dem Filzer vom Kaffee-Affen auf ihre Karte:

1. *Wie kann man Torvald davon abhalten, den Gruselwald und das Haus am Montagmorgen zu zerstören?*
2. *Wie kann man in Torvalds Wohnung gelangen und beweisen, dass er das Haus sehen kann?*

»Ich weiß, wie wir den Abriss stoppen können«, sage ich. »Das ist leicht. Aber es bedeutet, dass wir etwas tun müssen, das ich wirklich, wirklich nicht tun will.«

»Und das wäre?«

»Mit meinem besten Freund reden.«

»Okay.« Attica zuckt mit den Schultern. »Und das ist ein Problem?«

»Ist es«, seufze ich, »wenn dein bester Freund Arschgesicht Evan Gray ist.«

»Ein arschgesichtiger bester Freund? Klingt nach einem weiteren Dunn's Orchard-Rätsel. Und wie kann uns dieses Arschgesicht helfen, den Gruselwald zu retten?«

»Sein Vater ist Mechaniker und hat einen Schrottplatz hinter seiner Werkstatt, wo er Torvalds zwei Planierraupen für ihn aufbewahrt. Wenn wir also die Zerstörung stoppen wollen, müssen wir bloß auf diesen Schrottplatz gehen und die Hydraulikschläuche, die Joe und Hopper antreiben, mit dem hier«, erkläre ich und schnappe mir Atticas Taschenmesser, »bekannt machen.«

»Genial!«, ruft Attica und packt ihren Kram zusammen. »Los, lass es uns gleich tun.«

»Warte!«, antworte ich. »Wir können da nicht einfach aufschlagen und anfangen, daran rumzuschnippeln! Evan und sein Vater könnten da sein.«

»Und wo wäre Evan, wenn er nicht zu Hause wäre?«

»Weißnich, wahrscheinlich irgendwo draußen unterwegs. Vermutlich mit Rahm und Uhu.«

»Dann gehen wir ihn und was auch immer Rahm-und-Uhu ist, suchen!«

»Das sind seine Deppen-Kumpel. Ich warne dich, er ist ein Arschgesicht. Ein Vollpfosten.« Der Gedanke, den ganzen Tag die Stadt abzulaufen und nach Evan zu suchen, begeistert mich nicht. Ich bin mir ziemlich sicher, dass mich mittlerweile alle hassen, und es gibt Orte, an denen ich lieber wäre.

»Drei«, sage ich.

»Was?«

»Es gibt drei Fragen.« Ich trinke meinen *Echt Mega Kaffee*-Becher aus, schnappe mir Atticas Karte und Filzer und male einen Pfeil, der auf das Haus der Türen zeigt.

3. Wie bald können wir da noch mal hingehen?

Attica grinst. »Baaaaaaald«, säuselt sie. »Aber lass uns zuerst was kaputt machen.«

Als wir aufstehen, um zu gehen, erkenne ich endlich, was sie in den Tisch geritzt hat:

I ❤ KAFFEE-AFFE

12

LASS UNS PLANIERRAUPEN PLATTMACHEN

Frist Street ist die belebteste Straße im Ort und trotzdem bin ich überrascht, dass die ersten drei Leute, denen wir über den Weg laufen, die sind, nach denen wir suchen.

Genau auf der gegenüberliegenden Straßenseite haben Evan Gray, Rahm und Uhu einen Haufen frisch abgenommener Dunn's Orchard-Banner entdeckt, den die Gemeindearbeiter dort vor ihrer Mittagspause haben liegen lassen. Während Evan Schmiere steht, malen Rahm und Uhu auf einem davon mit dem fetten schwarzen Edding rum, den sie normalerweise dazu benutzen, Wände, Briefkästen und einmal sogar auch Fußball-Tonys Hund vollzukritzeln.

»Was ist mit Fußball-Tonys Hund?«, will Attica wissen.

»Hä?« Ich kriege Schnappatmung.

»Geht's dir gut?«, hakt Attica nach. »Du hast grad echt viel Kaffee getrunken.«

»Mir geht's super«, gebe ich zurück. Tut es das? Kaffee verleiht einem Energie, oder? Also wird der, den ich hatte, mir eine

Menge Energie verleihen. Klingt doch gut! Ich bin mir sicher, das ist alles, was er mit einem macht.

»Er macht noch andere Sachen mit einem«, meint Attica. »Fürs Erste scheint er dich noch mehr Selbstgespräche führen zu lassen.«

»Mir geht's super«, wiederhole ich. »Total super. Ganz normal und super. Ich werde nichts Schräges machen.«

Auf der anderen Straßenseite schaut Evan plötzlich genau in meine Richtung. Ich stelle mich hinter Attica und hocke mich hin, mitten auf dem Gehweg.

»Versteck mich«, sage ich.

»Hä?«

»Bleib einfach so stehen, ja?«

»Und das ist ganz normal und super, ja?«

Ich schiele an Atticas Ellenbogen vorbei. Rahm und Uhu heben das Banner hoch, das sie verunstaltet haben, und zeigen es Evan. Sie haben mir lange Fühler an die Stirn gemalt und einen schleimigen Körper an den Rücken, mit einem spiralförmigen Häuschen drauf. Sie haben mich zur Schnecke gemacht. Evan grinst schief, während seine beiden neuen besten Kumpel damit die Frist Street auf und ab stolzieren, »Schleeeiiimiiiiiiii« singen und Gelächter von gelangweilten Passanten kassieren.

Jetzt entdeckt Attica sie. »Ach, diese Blödmänner. Die hab ich vorhin schon auf der Straße getroffen. Einer davon hat mich ›Cyber-Freak‹ genannt, und mir wird grad klar, dass das kein Kompliment war. Hey, hast du Bock, die fertigzumachen? Schnell, such mir nen Hundehaufen!«

»DAS IST EVAN GRAY«, sage ich sehr viel lauter, als ich wollte. Jetzt bleiben alle drei stehen und schauen genau dahin, wo ich mich hinter Attica verstecke. Rahm und Uhu haben fiese Grinsen im Gesicht, aber Evan sieht nur sauer aus. Sie kommen rüber zu uns. Ich stehe auf und tu so, als hätte ich mir gerade die Schnürsenkel gebunden. Das glaub ich mir nicht mal selbst.

Vor allem, weil diese Schuhe Klettverschlüsse haben.

»Heeeey«, meint Rahm. »Da sind Schleimi und das irre neue Mädchen. Ist das deine Freundin, Schleimi? Knutschst du mit dem Maskottchen rum, Cyber-Freak? Wollt ihr zusammen essen gehen, hinten im Garten nach ein paar Würmern suchen?«

»Schnecken fressen keine Würmer«, sage ich wie ein Volltrottel.

»Du bist der Wurm«, meint Uhu.

»Guter Konter, Uhu«, findet Rahm.

Attica drängt sich wortlos zwischen ihnen durch zu Evan Gray, der sich im Hintergrund hält. »Du bist Evan Gray?«, fragt sie.

»Kann dir doch egal sein«, meint Evan. »Was willst du?«

»Ey!«, ruft Rahm. »Ich rede mit dir, Monster-Frisur!«

Attica behält Evan fest im Blick. »Mein Freund hier und ich wüssten gern, was du heute Nachmittag vorhast.«

Evan stochert mit seiner Turnschuhspitze im Boden rum. »Ich muss überhaupt nicht mit dir oder deinem *Freund* reden.«

»Kein Problem. Versteh ich total. Willste mit uns abhängen?«

»*Was?!*«

Was?! Mit uns abhängen? Warum hat Attica das vorgeschlagen? Das ist genau das Gegenteil von dem, was wir wollen!

Rahm und Uhu bauen sich vor Attica auf. »Ich hab gesagt, ich rede mit dir!«, knurrt Rahm. Er drängt sich zwischen Attica und Evan. Ich muss an meinen Finger und meine Lippe denken. Ich frage mich, ob Rahm sich wirklich schon so oft gekloppt hat, wie er behauptet.

»Genau«, meint Uhu. »Rede mit uns!«

»Ich rede nicht mit Leuten, die Uhu heißen«, meint Attica. »Geh und hol dir nen richtigen Namen, dann kannste wiederkommen und ich überleg mir nen anderen Grund, nicht mit dir zu reden. Falls ich Bock drauf hab.«

Rahm schiebt seinen Unterkiefer vor. Er ist genauso groß wie Attica und schiebt sein Gesicht superdicht an ihres heran.

»Du redest jetzt mit mir«, grollt er.

Attica lächelt. »Ja, mach ich«, säuselt sie. »Scheinst ein netter Kerl zu sein. Komm, schlag ein!« Sie streckt ihm die Hand entgegen. Ich bin der Einzige, dem schwant, was für einen Riesenfehler Rahm macht, indem er sie ergreift.

Anstatt seine Hand zu schütteln, packt Attica Rahms kleinen Finger, biegt die Fingerspitze in Richtung des ersten Knöchels um und drückt mit Daumen und Zeigefinger zu.

Rahm macht ein Geräusch wie ein Frettchen auf einer Wasserrutsche. »I-hiiii-ihiiiiiiiiih!«

Attica beugt sich dicht an sein Ohr. »Auf den Boden«, sagt sie ganz ruhig.

Rahm lässt sich auf den Asphalt fallen.

»Braver Junge«, sagt sie und drückt weiter zu. »Tja, es wird dich vielleicht interessieren zu erfahren, dass ich ein paar übernatürliche Fähigkeiten habe. Spannend, oder?«

Rahm nickt und macht: »I-hii-ihiiiih!« Um uns herum bildet sich eine kleine Gruppe Zuschauer.

»Dachte mir schon, dass dich das interessiert. Ich kann nämlich in die Zukunft sehen, genau jetzt. Nur ein paar Sekunden. Und da sehe ich drei Dinge. Erstens lasse ich deinen Finger los. Zweitens stehst du auf und drittens rennst du weg. Siehst du das auch?«

Nicken. »Iii-HIIII-ihiiiiiiiiih!«

»Krass, du kannst auch hellsehen! Lass uns mal checken, ob wir recht haben!«

Attica lässt Rahm los. Er springt auf, schaut panisch in die Menge, rennt die Frist Street hinunter und brüllt: »Ich krieg dich, Attica Stone! Du bist tot!«

»Er ist ein bisschen langweilig, oder?«, meint Attica.

Uhu steht unschlüssig rum. »Buh!«, macht Attica und schon dreht sich Uhu um und prescht hinter Rahm her.

»Ähm ... ähm ... selber Buh!«, brüllt er über die Schulter zurück.

»Komm bloß nicht zurück, Uhu!«, ruft Attica ihm hinterher.

Die Menge zerstreut sich, aber Evan sieht jetzt noch wütender aus. »Sowas machst du jetzt, Pri? Holst dir nen Schläger, der meine Kumpel fertigmacht?«

»Sie ist kein Schläger«, erwidere ich. *Echt nicht?*, fragt sich eine Stimme in meinem Kopf.

»Was willst du überhaupt, Pri?«

»Ich will ...« Ich hab absolut keine Ahnung, was ich sagen soll. Ich kann Evan ja schlecht sagen, dass er von zu Hause wegbleiben soll, während wir dort widerrechtlich erheblichen Sachschaden anrichten. »Ich will ...«

»Wir wollen, dass du mitkommst und heute Nachmittag mit uns abhängst!«, sagt Attica mit einem breiten Grinsen. »Lasst uns alle Freunde sein!«

»Was? Willst du mich verarschen?« Evan sieht aus, als würde er gleich platzen. »Vergiss es!«

»Ach, komm schon«, meint Attica. »Du und Pri seid doch beste Kumpels, oder?«

»Nein«, gibt Evan eiskalt zurück. »Sind wir nicht.«

Das tut weh. Ich bin es, der ihm die Freundschaft gekündigt hat, nicht er.

»Klar seid ihr das!«, sagt Attica. »Hey, wie wär's, wenn wir heute Nachmittag rüberkommen und mit dir und deinem Vater abhängen?«

Attica könnte durchaus die beste Lügnerin sein, die ich je gehört habe – und ich bin selbst ziemlich gut darin.

»Mein Dad ist heute bei irgendeinem Auftraggeber«, grunzt er. »Und selbst wenn er zu Hause wäre, würde ich dich oder Pri nicht in meinem Haus haben wollen. Ich werde mit meinen richtigen Kumpeln abhängen. Was ich auch getan habe, bevor ihr sie vertrieben habt.« Er dreht sich um und geht.

»Ey!«, brülle ich.

Er bleibt stehen.

»Warum hast du das mit der Schnecke überall rumerzählt?«

»Du hast nicht die blasseste Ahnung, oder?«, faucht er mich an. »Du bist so verliebt in dich, dass du nicht mal mitkriegst, was um dich rum passiert! Du machst einfach, was du willst. Also, verpiss dich, Pri. Geh und mach, was du willst, wie immer.«

Er stapft davon. Ich starre ihm hinterher. Was meint er? Den

Job als Maskottchen von Dunn's Orchard? Aber das ist ja nicht ›alles machen, was ich will‹. Ich hab mir das ja nicht mal selbst ausgesucht! Warum ergibt nichts mehr einen Sinn?

»Keinen Schimmer!«, stellt Attica belustigt fest. »Aber wenigstens wissen wir jetzt, dass wir in Sicherheit sind. Lass uns Planierraupen plattmachen!«

Mit einem letzten Blick auf Evans Rücken gehe ich Attica voraus in Richtung der City Road am anderen Ende der Stadt, wo Evans Vater Phil seinen Schrottplatz hat.

Was sollte das alles?, frage ich mich. Was hat er damit gemeint, dass ich nur tun würde, was ich will? Tu ich gar nicht! Ich hab immer genau das gemacht, was andere von mir verlangt haben! Er ist der, der getan hat, was er wollte! Er ist der, der sich wie ein Vollpfosten aufgeführt hat. Er ist der, der überall rumerzählt hat ...

»Der was überall rumerzählt hat?«, will Attica Stone wissen.

Ich erschrecke mich fast zu Tode. Warum bin ich so nervös? »Hab ich mit mir selbst geredet?«

»Ich glaub, es ist einfacher, wenn ich dir sage, wenn du *keine* Selbstgespräche führst.«

»Warum hast du Evan gesagt, er soll mit uns abhängen?«

»Na ja, wenn du ihn für einen Vollpfosten hältst, stehen die Chancen ja nicht schlecht, dass er dich auch hasst. Also dachte ich, dass er vermutlich sauer werden würde, wenn ich vorschlage, mit ihm und seinem Vater abzuhängen, und uns alle Infos geben würde, die wir brauchen. Hat er ja auch! Siehste! Er hasst dich *wirklich*!«

»Super«, sage ich miesepetrig.

»Ähm, was kümmert's dich? Du hasst ihn doch auch, oder?«

Ich zucke mit den Schultern, weil ich nicht mal weiß, wie ich die Frage beantworten soll.

»Was hat Evan überall über eine Schnecke rumerzählt?«, fragt Attica nach einer Weile. »Nennen sie dich deshalb Schleimi?«

»Ist ne lange Geschichte«, sage ich.

»Ist ein langer Spaziergang!«

»Vergiss es einfach, ja?«, zische ich. »Ich will nicht drüber reden.«

»Schon gut.«

Wir gehen. Ich kann spüren, wie der Kaffee in mir drin herumschwappt. Meine Lippen fühlen sich komisch an. Zeit ist was Seltsames. Muss mich ablenken. »Also schön«, sage ich. »Ich erzähl dir ...«

»Will nicht drüber reden«, fällt Attica mir ins Wort.

»Hä? Warum nicht?«

Sie streckt den Zeigefinger aus. »Weil es so aussieht, als wären wir da.«

Wir stehen vor einem großen, schmutzigen, zweistöckigen betonklotzähnlichen Gebäude, an dem ganz oben in wuchtigen Großbuchstaben GRAYS WERKSTATT steht. Ich schaue mich um. Wir sind am hintersten Ende der City Road angekommen, draußen am Ortsrand, wo es mehr Lagerhallen und Tankstellen als Wohnhäuser gibt.

»Sind wir grad echt vier Kilometer gelaufen?«

»Jap.«

»Oh. Ich glaube, ich hatte zu viel Kaffee.«

»Ooooooh jaaaa«, meint Attica.

»Wird es noch schlimmer als jetzt?«

»Hast du schon das Gefühl, dass dir Ameisen im Magen rumkrabbeln?«

»Nee.«

»Dann ja, es wird noch schlimmer.«

Oh, Mist. Ameisen im Magen? »Kann man es irgendwie aufhalten?«

»Nö«, erwidert Attica und stapft auf das breite, mit schweren Vorhängeschlössern gesicherte Maschendrahttor an einer Seite der Werkstatt zu. Dahinter verschwindet eine Auffahrt hinter dem Gebäude, die zu dem Schrottplatz führt, auf dem die Planierraupen stehen. »Aber wenn du schon stundenlang nervös und schräg drauf bist, kannst du genauso gut das Beste draus machen.«

Sie guckt sich um, vergewissert sich, dass die Luft rein ist, verkantet einen Fuß im Maschendraht und klettert hoch. Sekunden später ist sie oben drüber und landet geschmeidig in der Auffahrt auf der anderen Seite.

»Komm schon«, flüstert Attica durch den Maschendraht. »Lass uns Joe und Hopper killen.«

13

EINARMIGE
ELEFANTEN-KREBS-PANZER

Die Schottereinfahrt, die an der Seite der Werkstatt vorbeiführt, ist ungefähr doppelt so breit wie eine normale Auffahrt. Zwei tiefe Furchen, in denen die Erde festgestampft und braun ist, ziehen sich über ihre ganze Länge. Der Damm zwischen den beiden Fahrspuren ist mit stacheligem Unkraut bewachsen. Sieht echt fies aus, aber von hier oben auf dem Tor, über das ich gerade klettere, ist es schwer einzuschätzen. Um ganz sicher zu gehen, verliere ich erst den Halt, dann das Gleichgewicht und plumpse dann fachmännisch mitten rein.

Ich rapple mich wieder auf. Ein kurzer Check ergibt, dass meine Jeans quer über meinem Hintern aufgerissen ist und ich die Brise über das streichen spüre, was, wie ich fürchte, die Roboter-Cowboy-Unterhose ist, die Mum mir geschenkt hat, als ich acht war, und in die ich mich manchmal immer noch heimlich reinzwänge, weil sie mir Glück bringt.

»Ist das ein Roboter, der eine Kuh mit einem Lasso fängt?«, fragt Attica.

Oh, heilige Scheiße. Ich wirbele herum und drücke meinen halbnackten Hintern gegen die Wand. Ich spüre, wie meine Backen brennen. Beide Paare.

»Nicht. Hinschauen«, sage ich und fuchtle Attica mit dem Finger vor dem Gesicht rum. »Du musst mir versprechen, dass du nicht hinguckst.«

»Schön, was auch immer«, meint sie. »Ich hab kein Interesse an deinem dürren Hinterteil. Bist du bereit, erheblichen Sachschaden anzurichten?«

»Ich?«, frage ich. »Ist dein Messer, du machst das!«

»Es war deine Idee! Es ist deine Heimatstadt! Es ist dein Gruselwald und dein Knochenmann! Du machst es!« Attica holt ihr Messer raus und hält es mir hin. »Was wir vorhaben, ist ernsthaft kriminell. Wir haben uns schon unerlaubt Zutritt verschafft und wir haben vor, zwei Planierraupen kaputt zu machen, die uns nicht gehören. Leute, die bei derart krummen Dingern erwischt werden, kommen ins Gefängnis!«

»Dann machen wir es zusammen«, erwidere ich und lege meine Hand über die, mit der sie das Messer hält.

»Und wir lassen uns nicht erwischen«, flüstert Attica, während sie durch das Tor nach Zeugen Ausschau hält. »Komm schon, lass uns schnell machen.«

Ich gehe voran, die Einfahrt hinunter.

»Pri«, zischt Attica hinter mir.

»Was?«

»Ist die Kuh auch ein Roboter?«

»Du hast es versprochen!«

»Pssssst!«

Wir kommen ans Ende der Auffahrt und strecken unsere Köpfe um die Ecke zum Schrottplatz.

Es ist ein riesiges, matschiges Gelände, das auf der einen Seite mit einem hohen, verrosteten Blechdach überdacht und mit alten Autoteilen übersät ist: einem halben Trecker, einem kleinen Berg abgefahrener Reifen und ordentlichen Stapeln, die nach Autoteilen sortiert sind. Direkt vor uns liegt ein Haufen mit alten Stoßstangen und dahinter einer mit rostigen Auspuffen.

»Irgendwie bin ich gerade doch froh, dass ich in der Sechsten eine Tetanus-Auffrischung bekommen habe«, murmelt Attica.

»Guck, da drüben«, sage ich. Ungefähr zwanzig Meter von uns entfernt unter dem Dach lauern die wuchtigen Umrisse von Joe und Hopper.

Jede der beiden Planierraupen ist so groß wie ein Elefant, aber anstatt eines Rüssels haben sie an der Vorderseite einen Planierschild – wie eine hohe, bewegliche Wand, größer als ich, die absolut alles plattmacht, was sich ihr in den Weg stellt. Auf der Rückseite, die wir von hier aus nicht sehen können, ist ein langer Greifarm mit einer Schere vorne daran, wie die von einem Krebs, nur viel, viel größer. Und sie haben keine Räder wie ein Auto, sondern Raupenketten wie ein Panzer.

Also, zusammengefasst: Sie sehen aus wie ein riesiger, einarmiger Elefanten-Krebs-Panzer mit einem Riesenschild vorne dran.

»Verdammt, ich liebe sie«, haucht Attica.

»Siehst du den Schild ganz vorne?«, frage ich. »Dahinter sind all die Hydraulikarme, die seine Bewegungen steuern. Man kann ihn heben, senken, kippen, Sachen damit zertrümmern. Die Hydraulik wird mit Öl betrieben, das durch dicke Schläuche gepumpt wird. Im Moment liegt der Schild auf dem Boden auf, siehst du? Wenn wir die Schläuche durchschneiden, lassen sich die Schilde nicht mehr vom Boden heben, und wenn sich die Schilde nicht anheben lassen, kann man auch die Planierraupen nicht bewegen.«

»Und wenn man die Planierraupe nicht bewegen kann«, schlussfolgert Attica, »kann man auch den Gruselwald nicht plattmachen. Eins-a-Plan, Pri Kholi.«

»Danke.«

Ich recke den Hals um die Hausecke, um zu checken, ob jemand daheim ist. Der Zaun, der den Schrottplatz umgibt, ist hier viel höher, zu hoch, um drüberzuklettern. Wir stehen auf dem einzigen Weg rein oder raus.

»Also los«, sage ich.

Wir schleichen uns auf Zehenspitzen ein Stückchen über das Gelände, als plötzlich ein starker Geruch wie von einer Tankstelle, nur viel, viel stärker, zu uns herüberweht.

»Boah!«, stöhnt Attica und rümpft die Nase. »Riecht das hier immer so?«

Ich ziehe mir mein T-Shirt über Mund und Nase, aber das bringt nicht viel. »Das ist der Gestank von dem Öl«, stelle ich fest. »Aber ich hab das noch nie so heftig gerochen.«

Wir kommen bei der Baracke an und schleichen uns zwischen Joe und Hopper. »Okay«, sage ich und kneife meine Augen zusammen, als ob das den Gestank verschwinden lassen würde, »hier sind überall Schläuche, aber die, die wir brauchen, sind die oberhalb der Schilde. Diese Schläuche ...«

»Sieh sie dir an«, meint Attica matt.

»Ja, das sind die, die wir gleich durchschneiden.«

»Nein«, erwidert Attica. »Stopp, Pri. Guck. Die Schläuche. Alle Schläuche. Guck dir alle Schläuche an.«

Da ist etwas in ihrer Stimme, das ich noch nie gehört habe. Es ist Schiss.

Ich entkneife meine Augen wieder. Links und rechts von uns stehen Joe und Hopper mit ihrer komplizierten Verkabelung und Mechanismen und ihren gigantischen Panzerketten.

Die vor Öl triefen.

Von den Schläuchen.

Die bereits durchtrennt sind.

14

DA IST JEMAND

Das Öl rinnt wie giftiger Honig an den Seiten von Joe und Hopper runter. Jeder Schlauch, den wir erkennen können – mindestens ein Dutzend an jedem von beiden –, ist komplett durchgeschnitten und an den ausgefransten Rändern läuft Öl aus.

»Pri, wir haben ein Problem«, stellt Attica fest. »Jemand hat Joes und Hoppers Schläuche durchgeschnitten. Hydrauliköl läuft aus den Schläuchen. Aber es beginnt gerade erst, auf den Boden zu tropfen.«

Sie deutet auf die Stellen, an denen sich die ersten Öllachen unter den Raupenketten bilden. Ich trete einen Schritt zurück, um kein Öl an meine Schuhe zu bekommen.

»Die Schläuche wurden eben erst durchtrennt«, sage ich ganz leise. »Also, in den letzten paar Minuten.«

»Und da wir durch den einzigen Ein- und Ausgang gekommen sind«, schlussfolgert Attica, »den die ganze Zeit niemand außer uns benutzt hat, kann das bloß bedeuten, dass wer auch immer die Schläuche durchgeschnitten hat ... *immer noch hier ist*.«

Attica schaut mir in die Augen. Alles ist etwas zu still hier. Jeder Schatten ein Versteck.

Und dann, direkt hinter Hopper, macht es plötzlich *klong*.

Jemand hat sich bewegt. Da ist jemand – derjenige, der all die Schläuche mit einem großen, scharfen Gegenstand durchgeschnitten hat, und er steht genau auf der anderen Seite von Hopper.

Steht absolut still und stumm. Bis auf das eine *Klong*.

Attica hält meinen Blick immer noch. Ich sehe, dass sie ganz schön oft schluckt, und ein Hauch Schweiß schimmert unter ihrem unnatürlich farbigen Pony. Sie ist leichenblass.

»Diskutieren wir es aus«, meint sie. »Hallo! Wir sagen jetzt mal nicht, wer wir denken, dass da ist. Wir nennen denjenigen einfach mal Jemand. Hallo, Jemand«, ruft sie über Hopper hinweg. »Du bist hier und wir sind hier und das ist natürlich ein Problem für uns alle. Warum? Weil du gerade ein ziemlich krummes Ding gedreht hast und wir das bezeugen können. – Aha! Du versteckst dich! So ist das also! Du willst nicht gesehen werden. Also, das hier ist unsere Nachricht für dich: Wir wollen dich auch gar nicht sehen. Oder willst du Jemand sehen, Pri?«

»Ich wollte noch nie im Leben Jemand so wenig sehen«, erwidere ich.

»Gut«, meint Attica. »Hast du das gehört, Jemand? Wir haben nicht gesehen, wie du die Schläuche durchgeschnitten hast, und wir wissen nicht, wer du bist. Also, das ist der Plan: Pri und ich gehen jetzt auf die andere Seite von Joe und drehen dir die Rücken zu. Dann kannst du rauskommen, hinter uns langgehen und abhauen und wir einigen uns darauf, dass keiner irgendwas gesehen hat und dass niemand irgendwelche Schläuche durchgeschnitten hat. Wenn das gut für dich klingt, Jemand, mach einfach *klong*.«

Nach einer kurzen Pause hören wir ein einzelnes, klares *Klong*. Es ist das süßeste, gruseligste Geräusch, das ich je gehört habe.

»Bombe!«, ruft Attica und zupft an meinem Ärmel. »Super, dass wir alle damit glücklich sind! Okay, Pri und ich gehen jetzt. Wir gehen. Wir sind jetzt auf der anderen Seite von Joe. Wir drehen dir die Rücken zu ...«

Ich stelle mich neben Attica, versuche, nicht in das Öl zu treten, das jetzt überall auf dem Boden ist, und wir drehen uns zum Zaun um. Meine Beine fühlen sich wie heiße Gummibänder an.

»Okay, Jemand, du kannst jetzt hinter uns vorbeigehen und wir versprechen, nicht zu gucken. Und denk immer dran, wie sehr wir uns darauf verlassen, dass du uns nicht ... dasselbe wie den Schläuchen ... antust.«

Auf einmal sind Schritte zu hören. Sie kommen hinter Hopper hervor, gehen dann langsam auch um Joe herum, schmatzen viel zu langsam durch das Öl.

Dann bleiben sie stehen.

Jemand ist ungefähr drei Meter hinter uns. Warum ist er stehen geblieben?

»Gute Frage«, meint Attica und ich kneife meine blöden, Selbstgespräche führenden Lippen zusammen. »Was ist da hinten los bei dir, Jemand? Ich wette, du bist zu beschäftigt damit, hinter zwei unbewaffneten, hilflosen Kindern zu stehen, die definitiv immer noch nicht wissen, wer du bist. Stimmt's?«

Zur Antwort macht Jemand zwei Schritte auf uns zu.

Mir stehen sogar die Nasenhaare zu Berge. Jemand ist jetzt nah genug, um die Hand auszustrecken und uns berühren zu können. Mein Blick, der immer noch den Zaun fixiert, wird ganz verschwommen.

»Attica«, sage ich.

»Ja, Pri?«, erwidert Attica und hört sich an wie jemand, der während eines Flugzeugabsturzes Kekse anbietet.

»Ich denke, du solltest wissen, dass ich grade ausflippe, Attica. Der Kaffee versetzt mich in Panik. Ich hab das Gefühl, als ob ich sehr, *sehr* gerne wegrennen würde, genau jetzt.«

Die Füße hinter uns scharren auf dem Boden. Jemand denkt über etwas nach. Meine Fingerspitzen fangen an zu glühen. Ich spüre meinen Herzschlag in den Fingerspitzen und in meiner aufgeplatzten Lippe.

»Rede mit mir«, meint Attica mit ebenfalls zitternder Stimme. »Das wird dich beruhigen. Ich wette, Jemand würde auch super gern eine Geschichte hören. Erzähl uns ... erzähl uns von der Schnecke!«

Mit meinem verschwommenen Blick bohre ich Löcher durch den Zaun. »Ich will jetzt gerade *so was von* nicht über die Schnecke reden.«

»Komm schon, das hilft uns allen, uns zu entspannen. Was denkst du da hinten, Jemand? Wenn Pri uns die Geschichte von der Schnecke erzählt, versprichst du dann abzuhauen?«

Hinter uns – direkt hinter uns! – macht es *klong*.

»Siehste!«, quiekt Attica. »Kurze Schneckengeschichte, Pri, und dann wird Jemand gehen. Er hat es versprochen!«

Ich atme zweimal panisch ein und aus und lecke mir die Lippen. »Ich hab«, sage ich langsam, »eine Schnecke gegessen.«

Schweigen.

»Ich will dich nicht anlügen«, meint Attica. »Ich hatte echt gedacht, dass es eine längere Geschichte wäre.«

Ich seufze. »Vor einem Jahr hatten Evan und ich auf YouTube gesehen, dass die Franzosen Schnecken essen, also haben wir beschlossen, dass wir nach dem nächsten Freudenfeuer ... dass wir ein paar Schnecken im Garten sammeln und sie auf einem heißen Stein braten und essen würden.«

»U-ääh«, macht Attica. »Du weißt aber schon, dass die Franzosen keine Schnecken aus dem Garten essen, oder? Dass es eine spezielle Art ist, die sie zum Essen züchten?«

»Na ja, das haben die auf YouTube schließlich nicht gesagt, oder?!«, schreie ich sie an. »Also, beim letzten Freudenfeuer, nachdem alle anderen weg waren, haben wir uns ein paar Schnecken geholt und von einer das Häuschen abgepellt ...«

»Klar habt ihr das«, meint Attica. »Sonst wäre es ja auch echt eklig.«

»Und wir haben sie auf einen flachen, heißen Stein am Rand des Feuers gelegt und sie gebraten.«

»Und?«

»Hör mal, können wir wann anders darüber reden?«

Klong.

»Ach, komm schon, Jemand, jetzt reicht's aber ...«

KLONG.

»Uff, na gut. Ich war zuerst dran. Ich hab die Hälfte der gebratenen Schnecke gegessen. Hab sie gekaut, runtergeschluckt, fertig. Zufrieden?«

»Wie hat sie geschmeckt?«

»Wie oller Kaugummi, der von der Straße gekratzt und in Schnodder gekocht wurde.«

Hinter mir ist ein ersticktes Prusten zu hören.

»Lachst du mich aus, Jemand?«

Klong klong.

»Ach, egal. Jedenfalls, Evan hat gekniffen. Er meinte, es wäre zuuu eklig, und wollte es nicht machen. Aber wir haben uns geschworen, es nie jemandem zu erzählen. Und dann, gleich als ich am nächsten Montag zur Schule kam, haben mich alle Schleimi gerufen. Er hatte es allen erzählt! Und dann hat er angefangen, mit diesen Flachzangen abzuhängen, Rahm und Uhu.«

»Warum hat er es allen erzählt?«

»Keine Ahnung! Ich hab ihm nichts getan, er hat einfach angefangen, sich wie ein Gestörter aufzuführen.«

»Echt ganz schön schäbig für einen besten Freund, sich ohne Grund so zu benehmen«, meint Attica. »Was meinst du, Jemand? Hat unser Pri hier eine Auszeit verdient? Wie wär's, wenn wir einfach nach Hause gehen, und du kannst zurück in den Grusel... ich meine, wo auch immer du wohnst. Ja?«

Hinter uns herrscht lange Schweigen. Ich spüre, wie mir Schweiß innen am Hosenbein runterrinnt. Zumindest hoffe ich, dass es Schweiß ist. Auf einmal fällt mir der Riss in meiner Hose wieder ein. *Oh Mann,* denke ich. *Ich werde nicht nur vom*

Knochenmann abgemurkst, obendrein kann er dabei auch noch meine Roboter-Cowboy-Unterhose sehen.

»PRI!«, ruft Attica.

Ich schlage mir die Hand vor den Mund.

Hinter uns ist ein letztes *Klong* zu hören, dann Schritte, die über die Auffahrt wegrennen.

Wir warten gefühlt Wochen, jedenfalls lange genug, dass Jemand über das Tor klettern und abhauen kann, bevor wir uns umdrehen. Da, wo Jemand gestanden hat, sind nur noch die Abdrücke von einem Paar Stiefeln im Öl übrig.

»Attica«, sage ich, »komm, sieh dir das mal an.«

»Nur, wenn du dir das hier zuerst anschaust.«

Attica steht neben Joes Ketten, wo Jemand das Ding liegen gelassen hat, mit dem er *klong* gemacht hat. Es ist ein großer Bolzenschneider, so einer, wie man ihn benutzt, um ein Vorhängeschloss an einem Spind in der Schule zu knacken, wenn der Spindbesitzer den Schlüssel verloren hat, bloß mit einem breiten, runden Aufsatz am scharfen Ende.

»Um dicke Schläuche durchzuschneiden«, murmelt Attica.

»Ich hätte diese Riesendinger niemals mit meinem kleinen Taschenmesser durchtrennen können. Jemand hat uns echt geholfen. Ich frag mich nur, warum?«

Sie kommt rüber zu der Ölpfütze. »Was gibt's?«

Ich deute auf die Schuhabdrücke. »Ich kenne diese Stiefel.«

»Wahnsinn! Wem gehören sie?«

»Das sind *Treter*. Die Sorte Stiefel, die alle Arbeiter auf den Baustellen von Dunn's Orchard bekommen. Es gibt etwa fünfzig Leute, die welche tragen.«

Plötzlich erinnere ich mich an etwas, als Attica und ich uns letzte Nacht unter dem halb umgestürzten Baum versteckt haben. Als wer auch immer an uns vorbeigegangen ist, habe ich auch seine Stiefel wiedererkannt.

»Der Knochenmann trägt *Treter!*«, stelle ich fest.

Ein seltsamer, nachdenklicher Ausdruck huscht über Atticas Gesicht. Sie guckt von den Stiefelabdrücken zu dem Bolzenschneider und wieder zurück. »Ja, vielleicht tut er das«, murmelt sie. »Und vielleicht auch nicht.«

»Was meinst du?«

»Pri«, sagt sie, »wie sieht der Knochenmann aus?«

»Hab ich dir doch schon erzählt. Man sagt, er habe große, glühende Augen, aber in Wirklichkeit weiß das niemand so genau. Aber man erzählt sich, dass er dich kriegt, wenn du ihn siehst.«

»Und dann verschwindet man?«

»Ja.«

»Und ist irgendwer im Ort je wirklich verschwunden?«

»Na ja, jetzt, wo du es sagst – nein.«

»Und wer erzählt diese Geschichte?«

»Alle. Ältere Kinder, kleine Kinder. Jeder.«

»Erwachsene auch?«

»Klar, Lehrer und Eltern erzählen sie gern. Mum und Dad stehen total drauf. Sie sagen immer ›Geh bloß nicht in die Nähe vom Gruselwald, sonst kommt er und holt dich‹, aber das meinen sie nicht ernst. Ist bloß ein albernes Märchen.«

»Was, wenn nicht?«, überlegt Attica. »Was, wenn es kein Märchen ist, wahr aber auch nicht? Die Erwachsenen erzählen einem, nicht in die Nähe des Gruselwalds zu kommen, weil es da einen Kinderschreck gibt. Aber niemand hat diesen Kinderschreck je gesehen oder gehört. Alles, was wir gesehen haben, waren Stiefel, die genau diese Erwachsenen tragen. Und es hat sich rausgestellt, dass hinter dem Gruselwald etwas Großes, Seltsames und total Irres ist und dass mindestens eine Person, die diese Stiefel trägt, davon weiß.«

Sie schnappt sich noch mal den Bolzenschneider. »Und mindestens eine Person, die diese Stiefel trägt, versucht zu verhindern, dass es entdeckt wird. Als die Geschichte vom Knochenmann nicht mehr gewirkt hat, hat sie drastischere Maßnahmen ergriffen.«

Attica sieht mich durch das Loch vorne im Bolzenschneider an.

»Pri«, meint sie, »ich glaube, eine Gruppe von Erwachsenen in dieser Stadt weiß alles darüber, was auch immer unter dem Haus der Türen vor sich geht. Und sie haben den Kinderschreck erfunden, damit es nicht auch von Kindern entdeckt wird. Ich glaube nicht, dass es den Knochenmann wirklich gibt.«

Mein von Kaffee und Panik vernebeltes Hirn versucht, hinterherzukommen. Ich starre die Stiefelabdrücke an. »Aber wer stand denn dann eben hinter uns?«

»Irgendjemand«, schlussfolgert Attica, »mit öligen *Treter*-Stiefeln. Wenn wir rausfinden wollen, wer es war, müssen wir bloß die Leute finden, von denen wir wissen, dass sie solche Stiefel haben, und sie auf Öl untersuchen. Wenn wir die öligen *Treter* finden, wissen wir, wer hinter dem Knochenmann steckt – und hinter der Höhle!«

15

TRETER

Auf dem Weg zurück in die Stadt versuche ich, eine Liste von *Treter*-Besitzern auf die Rückseite von Atticas Papierset-Stadtplan zu schreiben, doch das ist echt schwierig, weil meine Hände nicht aufhören wollen zu zittern.

Ich kriege gerade mal das hier hin:

1. *Torvald*
2. *Evans Vater Phil*
3. *Mein Dad*

Der Rest sind namenlose Bauarbeiter und Klempner und andere Leute, die auf den Baustellen arbeiten. Die alle abzuchecken würde Jahre dauern, also fangen wir mit den naheliegendsten an.

»Mein Dad ist natürlich raus«, sage ich.

Attica rubbelt ihre nackten Arme in der kühlen Brise, die gerade weht. »Was? Warum?«

»Weil mein Dad nicht der Knochenmann ist, Attica.«

»Woher willst du das wissen? Er könnte es absolut sein.«

»Ist es nur, weil ich dein Hoodie trage?« Ich habe es mir um die Hüfte gebunden, um das Loch in meiner Jeans zu verstecken. »Weil, du kannst es wiederhaben, wenn du willst.«

»Super! Gib, gib!«, meint sie und streckt die Hand aus.

»Nein!«, rufe ich. »Du kannst kein Geschenk zurückfordern. Und überhaupt, wir werden Torvalds Stiefel nicht heimlich untersuchen können, wenn ich mit bloßem Hintern im Ort rumrenne, oder?«

»Uach, meinetwegen«, stöhnt Attica. »Streich deinen Dad von der Liste, wenn du willst. Aber wenn ich seine Stiefel zu Gesicht bekomme, werde ich sie überprüfen.«

»Dann erinnere mich dran, dass ich dich nicht zu uns nach Hause einlade«, gebe ich grummelig zurück. Ich ziehe einen dicken, krakeligen Strich durch Dads Namen. Der Kaffee fängt echt an, mir auf die Nerven zu gehen.

Ja, genau, denke ich. *Als ob er der Knochenmann wäre. Wer's glaubt!*

Mein Dad hat für jede Gelegenheit einen Witz parat, aber ansonsten kriegt er nicht viel auf die Reihe. Wenn er in einer Höhle hinter dem Gruselwald über ein Monster stolpern würde, wäre sein erster Gedanke, was für eine lustige Stimme er ihm geben könnte.

Wenn es da überhaupt ein Monster in der Höhle gibt. Was haben wir dort gesehen?

»Schwer zu sagen«, meint Attica, die sich scheinbar inzwischen daran gewöhnt hat, dass ich mit mir selbst rede. »Da waren die Höhle und das Brüllen und das Licht und es ist alles so schnell gegangen. Was auch immer es ist – irgendwer will es ebenso sehr beschützen wie wir. Aber schau dir doch mal unsere Verdächtigenliste an: der Bürgermeister, der den Kahlschlag in Auftrag gegeben hat, der Typ, der die Planierraupe fährt, und die Bauarbeiter, die ihr Geld damit verdienen, das plattgemachte Gebiet zu bebauen. Warum würde einer von denen die Planierung aufhalten wollen? Das ergibt keinen Sinn. Irgendwas haben wir übersehen.«

»Wir müssen noch mal zurück zu dem Haus«, stelle ich fest. »Und diesmal nehmen wir Ausrüstung mit und erkunden es ordentlich.«

»Kannst du einen drauf lassen«, gibt Attica zurück. »Dieses Mal könntest du allerdings echt eine Taschenlampe mitbringen. Aber zuerst will ich mir noch was anderes anschauen.«

Wir kommen zum stillgelegten Bahnhof und biegen in die Frist Street ein.

»Was denn?«

»Den Turm oben auf dem Haus der Türen.«

»Ähm, sollten wir dafür nicht dort hingehen?«

»Nö«, meint Attica und zeigt auf das oberste Stockwerk von Kastell Dunn. »Wir machen es von dort aus.«

Meine kaffeegetränkten Eingeweide krampfen sich zusammen. »Was? Da können wir nicht rauf! Das ist Torvalds Wohnung! Man kann in die Gemeinderäume im Erdgeschoss, aber es gibt nur einen Fahrstuhl, der zum obersten Stockwerk rauffährt, und soweit ich weiß, hat den bislang niemand außer Torvald benutzt. Er hat nie Gäste. Und er hat Kastell Dunn von Bauarbeitern von außerhalb bauen lassen, also ist noch nicht mal mein Dad je dort gewesen. Niemand kommt da rein. Also, nie.«

»Dieser Fahrstuhl – wenn der nur zum obersten Stockwerk fährt, wie kommen die Leute denn dann in den ersten bis siebten Stock?«

»Sie nehmen die Treppe.«

»Dann hat Torvald also einen Privataufzug ganz für sich allein und alle anderen müssen sich die Treppe raufschleppen? Wow, was für ein Typ! Braucht man dafür einen Schlüssel?«

»Schätze ja, aber ...«

»Bombe! Das Haus und sein Monster können warten, jetzt wo sie vor Joe und Hopper sicher sind. Wir brechen in Torvalds Kastell ein. Finden wir raus, wie!«

Ich schaue zu Attica rüber, aber sie ist weg und die großen Glastüren von Kastell Dunn schwingen gerade hinter ihr zu. Seufzend folge ich ihr hinein.

Die Empfangshalle von Kastell Dunn ist beige und ruhig und es hängt eine seltsame Anspannung in der Luft, genau wie im Korridor vor dem Büro des Schuldirektors. Der Betonfußboden ist total zerschrammt und abgewetzt. Am hinteren Ende ist Torvalds Fahrstuhl, rechts und links davon steht je eine krank aussehende Topfpflanze in einer Nische in der Wand. Auf der linken Seite führen Treppen zu den Rathaussälen. Die rechte Seite wird komplett von einem Informationsschalter eingenommen. Dahinter lümmelt der gelangweilteste Mensch der Welt rum.

»Guten Morgen und willkommen in Dunn's Orchard«, leiert Janet, die Empfangsdame, mit einer tiefen, näselnden Stimme, ohne ihr Kinn dabei vom Tresen zu heben. »Wie kann ich euch an einem, wie ich vermute, schön sonnigen Samstagnachmittag, den ich hier drinnen eingesperrt verbringen muss, helfen?«

»Oh, hi!« Attica strahlt sie an, während sie durch die Empfangshalle auf sie zustiefelt. »Kümmern Sie sich gar nicht um mich, ich bin nur auf einen Sprung vorbeigekommen, um mir Ihren Fahrstuhl anzuschauen!«

»Der Fahrstuhl von Bürgermeister Dunn ist Privatbesitz«, stöhnt die Empfangsdame, »aber wenn du dich über die Plastikmüllabfuhr informieren oder einen Hund, eine Katze oder eine Kleine Gefleckte Bandikutratte als Haustier anmelden willst, bin ich im wahrsten Sinne den ganzen verdammten Tag da.«

»Alles gut, danke«, erwidert Attica und geht zum Aufzug.

»Unsere Öffnungszeiten sind von neun bis siebzehn Uhr oder bis ich eines natürlichen Todes sterbe – was immer davon zuerst eintritt«, murmelt Janet, die in Zeitlupe lange Streifen von einem Werbeplakat für Grippeimpfungen abreißt.

Ich folge Attica rüber zum Fahrstuhl. »Dieses Ding ist riesig«, stellt sie fest und versucht, mit zur Seite ausgestreckten Armen die Breite der Türen abzumessen. »Das ist eher ein Lastenaufzug als ein Ein-Mann-Fahrstuhl in die Dachgeschosswohnung.«

»Schätze mal, für den Bürgermeister gibt's nur das Beste vom Besten«, erwidere ich. »Vor allem, wenn der Bürgermeister das Rathaus auch noch eigens bauen lässt.«

»Schlauer Bürgermeister. Und guck mal, es gibt keine Knöpfe oder Lichter, nur einen Bildschirm auf einer Seite der Türen. Ich glaube, ich weiß, was das ist«, meint Attica. Sie kramt in der

Bauchtasche ihres Hoodies und zieht eine Kreditkarte heraus, die sie gegen den Flachbildschirm hält.

Der leuchtet auf:

UNBEKANNTE KARTE
KEIN ZUTRITT

»Das ist ein Kartenleser«, stellt sie zufrieden fest. »Mehr müssen wir nicht wissen. Lass uns abhauen!« Sie geht Richtung Tür.

»Habt einen schönen Tag, den ihr da draußen verbringen dürft, weil ihr keinen miesen Job habt«, leiert Janet.

Draußen auf der Straße tigert Attica auf und ab. Ich tigere auch auf und ab, weil die Kaffeeameisen jetzt in meinem Magen in Paaren herummarschieren, hurra, hurra.

»Wenn wir an diesem Kartenleser vorbeikommen wollen, werden wir Hilfe brauchen«, meint Attica. »Kennst du jemanden, der geschickte Finger hat? Jemanden, der gut darin ist, an Technik rumzubasteln oder sie einfach nur auseinanderzunehmen?«

Ja, tue ich, will ich sagen, aber die Ameisen lassen mich nicht zu Wort kommen.

Fünf Minuten später gehen wir alle zusammen die Tenth Street hinauf: Attica, ich und die Ameisen. Es sind jetzt sieben Millionen und sie schmeißen eine lautstarke Tanzparty in meinem Magen.

»Bist du sicher, dass es dir gut geht?«, will Attica wissen.

»Jep«, gebe ich durch zusammengebissene Zähne zurück.

»Jep. Jepjep. Jepjepjepjepepepep ...«

»Schon gut, schon gut«, sagt Attica. »Erinner mich daran, dass wir dir nächstes Mal einen entkoffeinierten bestellen.«

»Entkoffeiniert? Was ist? Was entkoffeiniert ist?«

»Das ist Kaffee, nur eben ohne Koffein.«

»WAS? ES WÄRE AUCH OHNE DAS KOFFEIN GEGANGEN?«

»Alles klar, nicht aufregen, hör auf zu schreien! So ist gut. Nummer 29, oder? Versuch, dich normal zu benehmen.«

Wir gehen die Einfahrt rauf. Ich würde am liebsten stepptanzen, fliegen und mich für immer unter meinem Bett verkriechen, alles auf einmal. Ich hab das Gefühl, als würde ich das Universum auf einer tiefen, mystischen Ebene verstehen, kann mich aber nicht dran erinnern, wie man sich die Schuhe anzieht. Ist *das* normal? Ich frage mich, wann ich zum letzten Mal geblinzelt habe. Was auch immer in meinem Leben noch passiert – ich schwöre, ich trinke nie wieder Kaffee!

»Okay«, meint Attica und bleibt an der Haustür stehen. »Genau, wie wir es besprochen haben, ja? Wir sagen, du hast was in Torvalds Wohnung liegen gelassen und willst bloß schnell raufwitschen und es holen, ohne ihn behelligen zu müssen, ja? Keine Silbe vom Gruselwald oder dem Haus.«

»Klarklarklar. Klar. Klar. Klar. Ja.«

»Bist du sicher, dass diese Person uns helfen kann?«

»Oh ja. Ja. Genau, wen wir brauchen, sicher, ja.«

Attica wirft mir einen skeptischen Blick zu und drückt auf die Klingel. »Keine Silbe über das, was wir gesehen haben«, wiederholt sie noch mal.

Die Tür geht auf und eine zerzauste Gestalt erscheint darin, die in der einen Hand eine Gartenschere und in der anderen ein paar Barbiepuppen hält.

»Hi«, meint Attica. »Ich bin Attica Stone. Bist du ...«

»WIR SIND IN DEN GRUSELWALD GEGANGEN UND DA GIBT ES EINEN GEHEIMEN ORT UND DAS HAUS VOM ECHTEN KNO-CHENMANN UND ES HAT GEATMET UND WIR SIND REINGE-GANGEN UND RUNTER UNTER DIE ERDE UND EIN MONSTER HAT UNS GEJAGT UND JEMAND HAT DIE SCHLÄUCHE DURCH-GESCHNITTEN UND VIELLEICHT GIBT ES GAR KEINEN KNO-CHENMANN, ABER WIR GLAUBEN, TORVALD DUNN WEISS WAS DARÜBER, DESWEGEN MÜSSEN WIR IN SEINE WOH-NUNG EINBRECHEN, KÖNNEN WIR ABER NICHT, WEIL ER EINEN MAGISCHEN FAHRSTUHL HAT, KANNST DU UNS HEL-FEN«, sprudelt es aus mir heraus.

Attica seufzt.

Die zerzauste Figur mustert mich einen Augenblick lang.

»Wartet kurz«, erwidert Slotcar. »Ich hole meine ferngesteu-erte Raupe.«

16

FERNGESTEUERTE RAUPE
NACH GANZ OBEN

»Guckt euch diese Raupe an«, meint Slotcar. »Die ist großartig, echt.«

Irgendwas stimmt nicht. Vor zehn Minuten sind die Ameisen und ich vor Slotcar mit allem rausgeplatzt, was Attica und ich rausgefunden haben und was wir vorhaben, und alles, wovon Slotcar redet, während wir zurück in die Innenstadt laufen, ist ihre Spielzeugraupe.

»Seht ihr«, meint sie, »sie hat diese beiden Spielzeugautos an der Unterseite ...«

Sie zieht die Raupe noch mal unter ihrer Jacke hervor, als wir auf die Frist Street zugehen. Als sie im Haus verschwunden ist, um sie zu holen, hatten Attica und ich keinen Schimmer, was mit einer ›ferngesteuerten Raupe‹ gemeint ist. War das irgendein Spionagewerkzeug wie ein biegsames Fernrohr, mit dem man um Ecken schauen konnte? Oder ein Greifer, der in enge Spalten passte? Oder eine Untertunnelungsmaschine?

Es hat sich herausgestellt, dass Slotcar mit einer ›ferngesteuerten Raupe‹ etwas meinte, das genau wie eine Raupe aussieht und ferngesteuert ist.

Sie glänzt metallisch und wenn Slotcar den Steuerhebel an der Fernbedienung betätigt, zieht sie sich zusammen, sodass sich die Mitte zu einem Bogen aufwölbt und sich ihr Hintern direkt hinter dem Kopf befindet.

»Am Kopf und am Hintern ist je ein kleines Spielzeugauto befestigt«, erklärt Slotcar und dreht die Raupe um, damit wir es sehen können. Tatsächlich, da sind die Reifen und der silberne Unterboden der Autos zu sehen. »Die beiden Autos sind durch einen steifen Draht miteinander verbunden. Wenn ich die Fernbedienung betätige, blockieren die Räder des vorderen Autos und der Draht wickelt sich auf, sodass der Hintern auf den Kopf auffährt. Betätige ich die Steuerung in die andere Richtung, blockieren die Räder hinten und der Draht wickelt sich wieder ab, sodass der Kopf vom Hintern wegfährt. Wenn man das dauerhaft macht, kriecht die Raupe sozusagen dahin.«

Sie reicht sie Attica, die schnell den Dreh raushat und die Raupe fröhlich den Valley Drive raufkriechen und in die Frist Street einbiegen lässt. Kastell Dunn ragt bedrohlich vor uns auf.

»Ich liebe sie!«, kreischt Attica. »Pri, guck doch mal, wie der kleine Kerl kriecht! Huuuiiii!«

Slotcar starrt Attica eindringlich an. »Ich mag dich. Soll ich dir vom Katzenmonster erzählen?«

»Welches Katzenmonster ...«

»Nicht jetzt, Slotcar«, grummele ich.

»Beachte ihn gar nicht«, rät Attica Slotcar. »Er ist bloß mies drauf nach seinem ersten Erwachsenenkaffee.« Sie beugt sich dicht an Slotcar heran und flüstert laut genug, dass ich es hören kann: »Erzähl mir später davon.«

»Hör mal, diese Raupe ist echt super«, sage ich, kann aber das Gefühl von Verkehrtheit nicht abschütteln, genauso wenig wie den steigenden Druck in meiner Blase, der sich anfühlt, als ob ich sehr bald jeden Pipirekord brechen würde. »Aber Slotcar, hast du gehört, was ich gesagt habe? Darüber, dass es hinter dem Gruselwald vielleicht ein richtig echtes geheimes Monster gibt?«

»Klar, aber weißte, es scheint ja so, als ob all dieses Dings da im Gruselwald schon ewig vor sich geht, deswegen wird er bestimmt nicht demnächst damit aufhören, oder? Also solltet ihr zuerst mal rausbekommen, was Torvald damit zu tun hat, und euch dann erst den Monstern stellen, die dort sind.«

Mir dämmert langsam, dass, wenn man es am wenigsten erwartet, Slotcar plötzlich ziemlich recht haben kann. Es ist, wie wenn man zusieht, wie ein Tornado seine eigene Straße verwüstet und dann ein perfektes Kinderkarussell in seinem Vorgarten aufbaut. Nett, aber nervtötend.

»Wir können nicht einfach rauf in Torvalds Wohnung gehen«, erwidere ich. »Was, wenn er zu Hause ist?«

»Ist er nicht«, meint Attica und erstarrt plötzlich. »Pri, was macht der Kaffee?«

»Ich glaube, die Ameisen können mich nicht leiden«, antworte ich. »Ich fühle mich, als würde ich gleich ausflippen. Ich muss aufs Klo. Kann man irgendwie machen, dass es besser wird?«

»Nö«, meint Attica und deutet die Straße rauf. »Aber da kommt wer, der es sogar verschlimmern wird.«

Ich drehe mich um und erkenne Bürgermeister Torvald Dunn, der aus dem Rathaus gestiefelt kommt. Er schaut mürrisch drein und trägt den riesigen, schlabberigen Jogginganzug, den er immer anhat, wenn er am Wochenende durch die Stadt walkt und Hände schüttelt und allen zeigt, wie fit er ist.

Außerdem hat er *Treter* an.

Attica packt mich am Arm, aber bevor ich irgendwas sagen kann, hat er uns schon erspäht.

»Oh, ähm, hallo, Pri, Attica ...«, meint er. Sein Blick wandert hektisch herum, so als ob er am liebsten woanders wäre. »Wie schön, dass ihr beiden euch angefreundet habt.«

Er winkt vage Slotcar zu, die ein Stück beiseitegegangen ist und mit einem kleinen Schraubenzieher an der Raupe herumschraubt. »Hallo ... ähm ... drittes Kind. Muss jetzt los, total in Eile ...«

Attica versperrt ihm den Weg, bevor er abhauen kann. »Warten Sie!«, meint sie. Während sie redet, zieht sie meinen Arm runter. »Äähm, Pri und ich wollten Ihnen nur ... gratulieren! Echt super, wie Sie immer in der Stadt rum*stiefeln*! Sie sind ja echt fit wie ein Turn*schuh*!«

Sie ruckt heftig an meinem Arm. Sie will, dass ich seine *Treter* abchecke! Ich schleiche mich hinten um Torvald rum und gehe blitzschnell in die Hocke, während Attica redet.

»Hört mal, ich hab da jetzt wirklich keine Zeit für«, meint Torvald und versucht, sich an ihr vorbeizudrängen.

»Nein, warten Sie, dauert nur eine Sekunde!«, ruft Attica und versucht, nicht zu mir runterzuschauen. »Und ist wirklich wichtig!«

Ein Blick genügt, um zu erkennen, dass seine Stiefel blitzsauber sind. Ich tauche hinter ihm wieder auf und schüttele heftig den Kopf.

»Wisst ihr was, warum wendet ihr euch mit eurem Anliegen nicht an Janet?«, schlägt Torvald vor und deutet mit dem Daumen hinter sich auf die Türen von Kastell Dunn. »Sie kann ein bisschen Abwechslung brauchen.«

Schließlich drängt er sich an uns vorbei und ist fast schon weg, als Slotcar auf einmal die Raupe unter ihre Jacke stopft, auf den alten Knaben zuspringt und ihre Arme fest um seine Taille schlingt.

Torvald schreckt zurück, als ob er grade eine lebende Qualle in seiner Tasche gefunden hätte. »Was macht Drittes Kind da?« Er spricht aus, was wir alle denken.

»Ich liebe Sie, Bürgermeister Dunn«, murmelt Slotcar in seinen Bauch. Sie justiert ihre Umarmung nach und drückt zu. »Sie sind großartig und alles. Sie sind wie ein Opa für den ganzen Ort.«

»Ja, schon gut«, meint Torvald gereizt und pflückt Slotcar von sich ab. »Ich bin sicher, du bist auch ganz reizend. Aber wenn's dir nichts ausmacht, ich hab wirklich viel zu tun.« Er schiebt Slotcar aus dem Weg und stiefelt missmutig die Straße runter.

Slotcar vergräbt die Hände tief in ihren Taschen und zieht die Nase hoch. »So toll ist er gar nicht«, meint sie. »Müffelt ein bisschen.« Sie kriegt mit, dass wir sie anstarren. »Was?«

»Nix«, gibt Attica achselzuckend zurück. »Also, Pri, Torvalds Stiefel. Sauber?«

»Sauber«, antworte ich. »Er war es nicht, der auf dem Schrottplatz von Evans Vater Phil hinter uns stand. Aber ist er dir auch komisch vorgekommen?«

»Total komisch! Er hat irgendein Geheimnis. Aber hey, gute Neuigkeiten – jetzt wissen wir ganz sicher, dass er nicht zu Hause ist! Also können wir gefahrlos rauffahren und nachschauen, ob er von da oben das Haus der Türen sehen kann«, stellt Attica fest und späht rauf zum obersten Stock von Kastell Dunn.

Ich schaue auch rauf. Diese ganze Idee, uns in Torvalds Wohnung zu schleichen, klingt total dämlich, aber die Ameisen in meinem Bauch lassen meine Beine zucken, daher bin ich leicht abgelenkt.

»Okay«, sage ich. »Aber wie? Wie kann uns Slotcars Raupe an Janet und dem bombensicher verriegelten elektronischen Fahrstuhlschloss vorbeibringen?«

»Kleinigkeit, echt«, meint Slotcar. »Ich zeig's euch.«

»Oh Mann«, sagt Attica, »ich kann's kaum erwarten!«

In der Eingangshalle ist es sogar noch ruhiger als beim letzten Mal. Janet ist immer noch da, sie ruht sich mit dem Gesicht nach unten auf dem Tresen aus. »Willkommen im Rathaus von Dunn's Orchard«, murmelt sie in das glänzend lackierte Holz. »Wenn Sie was über eine unserer vielen Dienstleistungen erfahren wollen – es dauert noch Stunden, bis ich nach Hause gehen darf.«

»Hallo, Janet«, sage ich. »Wir sind's wieder.«

Ich drehe mich zu Slotcar um, die abwesend mit der Schuhspitze in einer der tieferen Schrammen im Betonfußboden herumbohrt. »Also gut«, flüstere ich. »Wie funktioniert dein Plan? Was willst du mit der Raupe machen?«

Slotcar sieht sich in aller Ruhe in der Eingangshalle um und streichelt dabei die Raupe, als wäre sie ein kleines Kätzchen.

»Ist da ne Kamera drin?«, fragt Attica aufgeregt. »Kann sie einen Tunnel graben? Oder die Elektrik überlisten? Entsperrt sie das Schloss durch technische Magie? Lass sehen!«

Slotcar ignoriert uns, beäugt in aller Seelenruhe den Aufzug mit seinem Magnetkartenschloss, dann geht sie zu Janet rüber.

»Bisschen langweilig hier, gell?«, stellt Slotcar fest und wühlt in ihrer Tasche.

Janet blickt auf. Ein Flugblatt für Mülltonnen mit Rädern klebt an ihrer Stirn. »Ist mir noch gar nicht aufgefallen«, leiert sie.

»Schauen Sie mal, ich hab hier dieses Buch«, sagt Slotcar und zieht ein Buch mit lauter Eselsohren aus ihrer Tasche. »Da stehen alle möglichen Geschichten über Monster und UFOs drin. Ist voll spannend. Soll ich vielleicht eine halbe Stunde oder so für Sie einspringen, dann können Sie einen Spaziergang machen und was über den Yeti lesen? Hier kommt ja sowieso keiner rein, gell?«

Hinter Janets dunklen Augen geht die Sonne auf. »Oh, das würdest du tun?«, haucht sie. »Das wäre … einfach nur wunderbar!« Sie steht wackelig auf, schnappt sich das Buch und schielt zur Tür. »Sind da Leute draußen?«

»Klar, jede Menge.«

»Und … Sonne?«

»Es ist Wahnsinnswetter, Janet.«

»Und hier steht was über Yetis drin?«

»Seite 37.«

Janets Lippen beben. »Oh, du wundervolles Mädchen! Menschen! Sonnenschein! Yetis! Das hätte ich nie geglaubt! Welt, ich komme! Hier kommt Janet!«

Sie entschwindet durch die Tür.

»Scheint nett zu sein«, meint Slotcar.

»Wie hast du das gemacht?«, will ich wissen.

»Na, einer zu Tode gelangweilten Frau ein Buch und ein bisschen Sonnenschein in Aussicht gestellt, damit sie sich verzieht. Liegt auf der Hand, gell?« Sie schlendert zum Fahrstuhl rüber.

»Liegt total auf der Hand«, findet Attica.

»Absolut das, was ich auch getan hätte«, sage ich.

»Also gut«, meint Slotcar, als wir uns um den Aufzug versammelt haben. »Was wir hier haben, ist ein einfacher elektromagnetischer Kartenleser.«

»Und wie kann man den knacken?«, fragt Attica.

»Ganz einfach«, erwidert Slotcar und zieht die Nase hoch. »Kann man nicht.«

»Was zum Dingsbums?«

»Na ja«, erklärt Slotcar, »wenn man irgend so ein CIA-Superagent mit nem Computer für ne Million wäre, könnte man es vermutlich knacken. Aber die Sache ist die – wenn man ein CIA-Superagent wäre, würde man das eh nicht machen, weil man wüsste, dass es einen viel leichteren Weg da rein gibt.«

»Und der wäre?«, will ich wissen.

Slotcar zieht ein weißes Rechteck aus ihrer Tasche. Es hat einen schwarzen Streifen entlang einer Kante. »Den Schlüssel stibitzen«, meint sie.

Attica und ich kriegen ganz leicht Schnappatmung.

»Er hat echt ein bisschen gemüffelt«, sagt Slotcar.

»Du hast Torvald beklaut, als du ihn umarmt hast!«, keucht Attica.

»Meine Oma hat immer gemeint, ich hab geschickte Finger«, antwortet Slotcar. »Hab aber noch nie versucht, irgendwas zu mopsen. Nicht wirklich mein Ding.«

Sie nimmt die Schlüsselkarte, leckt sie auf einer Seite an, klebt sie der Raupe auf die Nase und richtet das Ganze auf den Kartenleser vor ihr aus. Mit der anderen Hand bewegt sie den Hebel der Fernbedienung nach vorne. Während Attica und ich völlig verblüfft zugucken, streckt sich die Raupe ganz langsam aus, bis sie mit einem sanften Stups gegen den Kartenleser stößt.

KARTE ERKANNT

WILLKOMMEN, BÜRGERMEISTER DUNN

Die Worte erlöschen auf dem Bildschirm und ein kleines weißes Quadrat taucht auf, das von oben runtergleitet, während wir hören können, wie der Fahrstuhl herunterkommt.

Es macht ein sauberes kleines *Klunk*, dann ein lautes *Ding* und die Türen gleiten mit einem leisen *Wusch* auseinander und geben den Blick frei auf eine große, saubere silberne Kabine.

»Hör zu, Slotcar«, sagt Attica, »ich verarsche dich nicht, wenn ich sage, dass du vermutlich genial bist.«

»Ich mag mich«, erwidert Slotcar.

»Kommt schon«, dränge ich und steige in den Aufzug. »Lasst uns fahren!«

Attica folgt mir, doch Slotcar drückt mir nur die Schlüsselkarte in die Hand und tritt zurück.

»Nä, ich bin raus«, meint sie. »Muss mir mein Buch von Janet
zurückholen. Außerdem backt meine Oma heute Nachmittag
Milchbrötchen. Die mag ich am liebsten.«

Attica und ich starren sie nur ungläubig an, aber sie winkt
uns mit der ferngesteuerten Raupe nur kurz zu, dreht sich um
und schlendert zum Ausgang.

»Genial«, meint Attica. »Einfach nur genial.«

17

DER OBERIRDISCHE GARTEN

In dem Aufzug gibt es die üblichen Rauf- und Runter-Knöpfe sowie einen weiteren Bildschirm mit einem kleinen weißen Quadrat in der Mitte. Ich drücke den Rauf-Knopf und das Quadrat gleitet hinauf zur Dachgeschosswohnung im achten Stock von Kastell Dunn, wo noch kein Einwohner von Dunn's Orchard je zuvor gewesen ist.

Attica sieht sich in dem Riesenfahrstuhl um. »Mein Zimmer ist kleiner«, stellt sie fest.

Das Quadrat hält am oberen Rand des Bildschirms an und die Kabine kommt mit einem *Klunk* zum Stehen. Attica wischt sich die Hände an ihrer Jeans ab. Ich bin froh, dass nicht nur meine Hände schwitzig sind. Es kommt mir vor, als wären wir im Aufzug nach Mordor.

Die Türen öffnen sich mit einem weiteren lauten *Ding*.

Dahinter befindet sich ein kleiner Raum, noch kleiner als Janets Kabuff hinter dem Empfangstresen. Wir schleichen uns auf Zehenspitzen aus dem Fahrstuhl, zwingen uns dann aber, nicht so zaghaft zu sein und normal zu laufen. Die Fahrstuhltüren schließen sich und auf einem Bildschirm an der Wand sehen wir, wie das kleine weiße Quadrat von ganz oben in die Mitte gleitet. Die Eingangstür zu Torvalds Wohnung liegt direkt gegenüber. Das Einzige, was es in dem Vorraum sonst noch gibt, ist eine Treppe neben dem Aufzug, die nach oben führt.

»Die muss rauf aufs Dach gehen«, flüstere ich.

»Hör auf zu flüstern«, flüstert Attica.

»Du zuerst«, flüstere ich zurück.

Attica denkt kurz darüber nach. »Kommando zurück«, flüstert sie dann.

Wir gehen zu Torvalds Eingangstür rüber. Attica legt die Hand auf den Türknauf. Ich bekomme wieder dringende Nachrichten von meiner Blase. Unter anderem diese: Gruselige Sachen machen mich schwach! Und: Du hast deine Jeans nicht gern trocken, oder? Ich drehe mich um, damit mir meine Blase nicht zuschauen kann.

Hinter mir höre ich das leise Quietschen des Türknaufs an Torvalds Wohnungstür, den Attica sehr langsam dreht. »Ist nicht abgeschlossen«, stellt sie fest. »Ich mach sie jetzt auf.«

Meine Blase schickt mir jetzt fast nur noch Nachrichten mit traurigen Smileys. Ich versuche, mich auf etwas anderes zu konzentrieren, um sie zum Schweigen zu bringen. Ich fixiere das kleine weiße Quadrat in der Mitte des Fahrstuhlbildschirms.

Es bewegt sich.

Rauf.

Zu uns.

»Attica«, flüstere ich, »er kommt.«

Attica wirbelt herum. »Was? Wie? Wir haben doch seine Karte!«

»Wohin jetzt?«, frage ich. »Rein?«

»Aber da können wir uns vielleicht nirgends verstecken!«, ruft Attica. Sie zieht die Tür hinter sich zu. Das Quadrat ist fast schon ganz oben. Wir können hören, wie die Kabine ankommt.

»Schnell!«, wispert Attica. »Die Treppe!«

Wir rennen die Treppe rauf. Unsere Schritte hallen wie Paukenschläge und meine Blase hüpft wie ein Basketball auf und ab. Ganz oben drücken wir uns in die Schatten und warten ab. Die Fahrstuhltüren gleiten auseinander und Torvald Dunn kommt mit Janet, die immer noch Slotcars Monsterbuch umklammert, im Schlepptau rausgestiefelt.

»Und du hast ganz sicher nicht gesehen, wie sie gegangen sind?«

»Na ja, nein«, gibt Janet zurück. »Aber ich habe auch nicht wirklich drauf geachtet. Wusstest du, dass die Füße eines Yetis eigentlich normal groß sind, also im Vergleich zu seiner Körpergröße?«

Torvald reißt ihr das Buch aus den Händen. »Konzentrier dich, Janet!«, brüllt er. Er macht seine Wohnungstür auf und späht hinein. »Haben Attica Stone und Pri Kholi das Gebäude nun verlassen, oder nicht?«

»Weißnich«, murmelt Janet. »Ich war gerade erst eine Minute draußen, da bist du aufgetaucht und dieses liebe, zerzauste Mädchen wollte mit uns reden. Glaubst du wirklich, dass es ein Katzenmonster gibt? Weil, meine DVDs liegen nämlich bloß oben auf meiner Glotze ...«

»Halt die Klappe, Janet!«, brüllt Torvald. Attica und ich werfen uns ein nervöses Lächeln zu – Slotcar hat versucht, sie so lange wie möglich aufzuhalten. Ich hoffe echt, sie begegnet eines Tages ihrem Katzenmonster.

»Ich traue dieser Rotzgöre nicht«, sagt Torvald. »Ich könnte schwören, ich hatte meine Schlüsselkarte genau bis zu dem Moment in der Tasche, in dem sie mich umarmt hat. Wie gut, dass ich dir die Ersatzkarte gegeben habe.« Irgendwas dämmert dem alten Knaben und er zieht die Tür zu seiner Wohnung wieder zu. »Du hast sie doch noch nie benutzt, oder?«

»Nein, ich schwör's dir, Torvald!«, ruft Janet.

»Also gut, du kannst jetzt gehen.« Die Fahrstuhltüren öffnen sich und Janet fährt wieder runter. Torvald schlüpft in seine Wohnung und macht mit einem letzten argwöhnischen Blick die Tür hinter sich zu. Wir hören, wie das Schloss klackt, und einige Sekunden später trauen wir uns, wieder zu sprechen.

»Und jetzt?«, flüstere ich.

Attica kaut auf ihrer Lippe rum. »Können nicht in Torvalds Wohnung, weil er da drin ist. Können nicht runterfahren, weil er den Fahrstuhl plingen hören würde und jetzt sowieso Janet bis um fünf unten ist. Bleibt uns nur ...« – sie verrenkt ihren Hals – »Flucht nach oben.«

Wir schleichen uns so leise wie irgend möglich zu der schweren Tür am oberen Ende der Treppe, die sich mit einem einzigen nervenzerreißenden Quietschen auf einen Obstgarten öffnet.

Das Dach von Kastell Dunn ist flach, quadratisch und komplett mit Obstbäumen bewachsen. Eine kühle Brise raschelt im Laub von Zitronen-, Birnen-, Kirsch- und ja, sogar Apfelbäumchen, die zu Dutzenden in riesigen Terrakottakübeln wachsen, alle säuberlich in der Mitte des Dachs versammelt, sodass sie von der Straße aus nicht zu sehen sind.

»Wir haben ihn gefunden«, haucht Attica und streicht über einen kleinen Orangenbaum, wie um zu prüfen, ob er auch echt ist. »Ein Obstgarten, hier oben.«

Ich rieche an einer Zitrone. Der Duft kribbelt in meiner Nase und könnte nicht echter sein.

Alle Bäume sind noch klein – kaum größer als Attica und ich. »Was macht ein Obstgarten hier oben?«, überlege ich.

Um die Dachkante herum läuft eine niedrige Mauer, ungefähr hüfthoch. Wir lehnen uns dagegen und hier oben auf dem Dach der Stadt, das niemand betreten darf, sind Attica und ich wohl erst der zweite und dritte Mensch, die Dunn's Orchard je von hier aus überblickt haben.

Die Stadt sieht genauso aus wie das Styropor-Modell. Ich hab keine Ahnung, warum mich das schockt, aber das tut es. Die Straßen sehen alle gleich aus. Die Häuser sehen alle gleich aus. Ich versuche, nicht daran zu denken, dass mein Dad die meisten von ihnen gebaut hat. Und Last Street Estate sieht genauso aus wie das VORHER-Stück – ein scharf abgegrenztes Viereck in Braun, umzingelt von Häusern. Die Einsame Kiefer glimmt immer noch in der Mitte.

Ich schaue hinab auf die Frist Street direkt unter uns. Die Hauptstraße von Dunn's Orchard ist breiter als die anderen und nicht mehr als hundert Meter lang. Sie endet an zwei T-Kreuzungen: dem verlassenen Bahnhofsgelände am einen Ende und der Schule am Valley Drive am anderen.

So ziemlich alles, was kein Wohnhaus ist, steht an der Frist Street. Die Wohnhäuser fangen direkt dahinter an, in der Second Street.

»Was ich dich schon immer fragen wollte«, sagt Attica, die sich schon nicht mehr die Mühe macht, mir zu sagen, wenn ich Selbstgespräche führe. »Wenn die nächsten Straßen Second Street und Third Street heißen, sollte Frist Street dann nicht ...?«

»Jep«, gebe ich zurück. »Janet hat sich auf dem Vordruck für den Schildermacher verschrieben. Jetzt weißt du auch, warum Janet den Job hat, den sie hat.«

Attica pfeift. »Oh Mann, Pri«, meint sie. »Dein Heimatort ist *echt* seltsam.«

Wir suchen den Gruselwald mit angestrengten Blicken ab. Ich hatte erwartet, dass wir die Klippe sehen könnten, aber die beiden Hügel davor schirmen sie echt gut ab, sogar von hier oben. Da ist ein etwas dunklerer, verschwommener Fleck, aber das könnte alles sein.

»Heißt das also«, überlege ich, »dass Torvald nichts von der Höhle oder dem Haus weiß?«

Attica streckt ihr Gesicht der Nachmittagssonne entgegen. »Vielleicht, vielleicht auch nicht«, meint sie. »Ich habe eine Theorie. Ist zwar weit hergeholt, könnte aber aufgehen. Wie lange darfst du abends draußen bleiben?«

Ich zucke mit den Schultern. »Zum Abendessen sollte ich zurück sein«, erwidere ich.

Attica checkt die Uhrzeit auf ihrem Handy. »Dann habe ich gute Nachrichten für dich«, meint sie. »Das wirst du wahrscheinlich schaffen.«

»Wahrscheinlich?«, hake ich nach. »Es ist erst drei! Was wird uns hier oben drei Stunden aufhalten?«

Sie zeigt auf die Hügel. »Der Sonnenuntergang«, erklärt sie. »Bei Sonnenuntergang wird es dunkel und wenn man dann etwas sehen will, muss man ...«

»Das Licht anmachen!« Mein Kopf schnellt hoch zum Horizont. »Der Turm! Wenn einer dieser verschwommenen grauen Flecken das Haus ist, werden wir es sehen, wenn die Lichter angehen!«

»Genau wie Torvald«, meint Attica. »Und dann wissen wir sicher, dass er von dem Haus weiß.«

Wir warten, bis die Sonne anfängt, sich millimeterweise dem Horizont zu nähern.

»Fühlt sich das nicht seltsam an?«, sage ich nach einer Weile.

»Fühlt sich was nicht seltsam an?«, fragt Attica.

»Alles«, gebe ich zurück, das Kinn auf meine Fäuste und meine Fäuste auf die Brüstung gestützt. »Alles in Dunn's Orchard fühlt sich seltsam an, jetzt, wo ich weiß, dass das Haus, vielleicht ein Monster, vielleicht irgendein irres Erwachsenengeheimnis da draußen sind.«

»Hattest du nicht gesagt, es gäbe hier nichts Spannendes? Bloß, dass es hier ungefähr eine Million spannende Sachen gibt, die du nur nie bemerkt hast. Ist das nicht viel besser?«

Ist es das? Ist es besser, an irgendeinem langweiligen Ort zu leben oder an einem, in den erst jemand von außen kommen muss, um dir all diese Dinge vor Augen zu führen, weil du selbst zu blöd warst, sie zu bemerken?

Von außen ...

»Warte mal, warum bist du eigentlich nach Dunn's Orchard gekommen? Wo kommst du her? Und bei wem wohnst du hier überhaupt?«

Attica wirft mir einen misstrauischen Blick zu. »Du wirst besser im Fragenstellen. Weiß nicht, ob mir das gefällt.«

»Also?«

»Ich wohne bei einer meiner Tanten. Sie ist höchstwahrscheinlich nicht wirklich meine Tante, aber das sind die meisten meiner Tanten nicht, bis auf meine Tante. So.«

»Das ergibt keinen Sinn«, sage ich.

»Kannst ja mal drüber nachdenken.«

Wir schauen noch etwas länger über die Stadt.

»Pri«, meint Attica, während sie immer noch den Horizont anstarrt. »Wie war das?«

»Wie war was?«

»Als deine Familie hergekommen ist und du geboren wurdest und es noch keine Stadt gab, niemanden in diesem ganzen menschenleeren Tal außer euch. Wie war das?«

Ich versuche, mich an meine allerersten Erinnerungen zu erinnern. Ich sehe die weiten grünen Wiesen direkt gegenüber von unserem Haus in der Second Street vor mir. Ich erinnere mich an Buschwanderungen mit Mum und Dad zum Schweinehintern-Felsen und daran, wie wir auf seiner knubbeligen Spitze kalte Kartoffel Tikki gegessen haben, die von Diwali übrig waren, und wie Mum gelacht hat, als mir der Name für den Felsen eingefallen ist. Ich erinnere mich an die Kratzer von den Brombeersträuchern, die kleine Schorfpünktchen hinterlassen haben, die wie eine Darstellung des Sonnensystems aussahen.

Ich erinnere mich an den Geruch von Kiefernharz auf meiner Haut, das ich abends im Bett noch riechen konnte, und daran, zwischen den Zwillingsfelsen Kaninchen hinterherzujagen. Ich stelle mir vor, wie ich über all dem schwebe, so riesig und grün und einladend und allein mein, in einem Helikopter von außerhalb des Universums.

»Es war das Beste auf der Welt.«

Attica nickt. »Dachte ich mir schon.« Sie schweigt wieder eine Weile. Dann: »Tut mir echt leid, dass sie deinen Baum abgefackelt haben, Pri Kholi.«

»Danke«, gebe ich zurück. Meine Stimme kratzt und meine Augen fangen an zu brennen. Es muss immer noch etwas Rauch vom Freudenfeuer in der Luft herumwabern.

Kurz darauf beginnt die Sonne unterzugehen. Attica winkt mich rüber zur Brüstung.

Unter uns hören wir, wie sich eine Schiebetür öffnet. Attica und ich lehnen uns ein wenig über die Mauer. Auf dieser Seite von Torvalds Wohnung gibt es einen schmalen Balkon. Torvald tritt hinaus, bloß ein paar Meter unter uns, und starrt genau denselben immer dunkler werdenden Fleck in der Ferne an wie wir. Hält er auch nach den Lichtern Ausschau?

Es wird dämmrig, dann noch dämmriger, schließlich dunkel. Nichts.

Und dann:

Ein Licht.

Es kommt mir vor wie eine Kerze, die weit entfernt zum Leben erweckt aufflackert, hinter den letzten Häusern des Ortes, hinter dem Gruselwald, hoch oben in den Hügeln. Das ist unbestreitbar das Haus der Türen. Es ist jemand zu Hause und der hat grade das Turmlicht eingeschaltet.

Und Torvald kann es eindeutig sehen.

Er rennt rein, kommt mit einem Fernglas zurück und starrt den Turm lange Zeit an, geht auf und ab und murmelt Dinge wie ›Es ist noch Zeit‹ und ›Das würde er nie tun‹ vor sich hin.

Dann klingelt sein Telefon und er geht rein und macht die Tür hinter sich zu.

»Er weiß es!«, zischt Attica mir zu. »Bombe! Er hat dieses Gebäude nur bauen lassen, damit er von seiner Wohnung aus das Haus der Türen sehen kann! Wer auch immer da draußen lebt – er hat eine Verbindung zu Torvald.«

Ich versuche mich auf das zu konzentrieren, was sie sagt, aber das Freudenfeuer in mir ist wieder entfacht. »Ich glaub's nicht!«, rufe ich. »Das Haus, wer auch immer darin wohnt – das alles ist sein eigenes kleines Geheimnis gewesen! Er hat es einfach für sich behalten!«

»Nicht allein sein Geheimnis«, erinnert Attica mich. »Denk dran, Torvalds Stiefel waren sauber. Aber irgendwo in der Stadt gibt es jemanden mit ölverschmierten *Tretern*, der auch von dem Haus weiß, der aber versucht, es zu retten.«

Ich will mich gerade noch mehr darüber aufregen, als die Balkontür unter uns wieder aufgeschoben wird und Torvald uns vormacht, wie man sich richtig aufregt.

»... UND DANN WERDE ICH SIE IN WINZIG KLEINE STÜCKE ZERREISSEN UND ÜBER DEM FREUDENFEUER VOM GRUSEL-WALD RÖSTEN!«

Wir treten ein Stück von der Brüstung zurück.

»Ist mir EGAL, Phil«, brüllt Torvald ins Telefon. »Es ist DEIN Job, Joe und Hopper sicher aufzubewahren. Auf deinem Schrottplatz hast du doch ne Million Sachen. Kriegst du nicht genug Schläuche zusammen, damit sie bis dahin wieder funktionieren? Kriegst du? Na, ist doch super. Mach dich an die Arbeit. Jetzt. Mir egal, ob du den Rest des Wochenendes dafür brauchst – am Montagmorgen um neun rollen Joe und Hopper diese alte Schotterstraße rauf. Sonst wird alles zerstört, wenn es nicht um exakt diese Uhrzeit passiert. Also reparier sie. JETZT.«

Er legt auf, stürmt zurück in die Wohnung und nach wenigen Minuten können wir das *Ding* des Fahrstuhls hören, mit dem Torvald nach unten fährt.

»Hast du das gehört?«, fragt Attica, während wir uns an einen der eingetopften Zitronenbäume lehnen. »Evans Vater bringt die Planierraupen rechtzeitig für den Kahlschlag am Montag wieder in Gang! Er findet doch statt! In ... neununddreißig Stunden!«

»Und was hat er damit gemeint, dass sonst ›alles zerstört‹ wird, wenn sie es nicht am Montag um neun machen?«, will ich wissen. »Wie kann einen Wald *nicht* plattzumachen irgendwas zerstören?«

»Was auch immer er gemeint hat«, sagt Attica, »er weiß vom Haus der Türen und er hat vor, es abzureißen und Orchard Heights obendrauf zu errichten. Wir müssen ihn aufhalten!« Sie wirft die Arme aufgeregt in die Luft. »Schon wieder!«

Das zu hören gefällt mir so gut, dass ich zu einem von Torvalds Zitronenbäumchen rübergehe und ganz gewaltig dranpiesele.

18

ORIGAMI-ELCH

Da Torvald abgehauen ist, können wir uns auch endlich aus dem Staub machen. Der Fahrstuhl bringt uns *ding*end zurück runter in die Empfangshalle und wir rennen raus auf die Frist Street.

»Und jetzt?«, frage ich.

»Na ja, weiß nicht, wie's dir geht«, erwidert Attica, »aber ich hab Hunger und bin zu spät zum Abendessen. Aber ich sag dir was: Während ich esse, was auch immer Tante Polly gekocht hat, mache ich mir Gedanken, wie wir Torvald davon abhalten können, den Gruselwald am Montagmorgen plattzumachen. Solltest du auch tun.«

Sie schnappt sich ihr Hoodie von meiner Hüfte und ich presse meinen entblößten Hintern gegen die nächstgelegene Wand.

»Tschüss, Pri Kholi. Pass auf Roboter-Cowboy auf.«

Während ich ihr nachschaue, spüre ich den Wind durch meine löchrigen Jeans pfeifen. »Tschüss, Attica Stone. Gib auf Evans dämliche Kumpel acht, die können dich echt nicht leiden.«

Ohne sich umzudrehen, hält Attica ihre Finger in W-Form über ihren Kopf. »Wen juckt's!«

Mit jedem Schritt, den ich näher nach Hause komme, werde ich hungriger und müder. Den ganzen Tag rumlaufen, rumrennen, Kaffee trinken, streiten, fast verprügelt werden, meine Hose aufreißen, sabotieren, beinahe umgebracht werden, einbrechen, an einen Baum pinkeln und warten, bis ein Licht angeht, ist echt anstrengend. Was ich jetzt zu gern hätte, ist eine große Portion Abendessen und eine noch größere Mütze Schlaf.

Und dann, gerade als ich bei unserer Einfahrt ankomme, sehe ich etwas, das ich nicht für möglich gehalten hätte.

Fußabdrücke führen unsere Einfahrt rauf.

Ölige Fußabdrücke.

Sie enden bei einem Paar *Treter* vor unserer Haustür, das in einem Quadrat aus warmem Wohnzimmerlicht steht. Ich stupse einen mit dem Fuß um. Die Sohle ist mit klebrigem braunem Öl überzogen, das nach Tankstelle riecht, nur viel strenger.

Auf einer Seite ist ein Name eingestickt.

Raj Kholi.

Das sind die *Treter* von meinem Dad. Er war der Jemand, der hinter uns auf dem Schrottplatz von Evans Vater Phil gestanden und *Klong* gemacht und zugehört hat, wie ich die Schleimi-Geschichte erzählt habe!

Mein Dad hat die Schläuche von Joe und Hopper durchgeschnitten. Mein Dad weiß alles über den Gruselwald. Mein Dad weiß vom Haus der Türen. Mein Dad weiß wahrscheinlich auch, was sich in der Höhle befindet. Mein Dad weiß das vermutlich schon ewig.

Und mein Dad hat es mir verheimlicht.

Tief in meiner Brust beginnt ein Feuer zu lodern.

Die Haustür klappt hinter mir.

»Bist du's, Sohn?« Dads Stimme weht auf einer wohlriechenden Wolke aus der Küche herüber. Auf einmal wird mir klar, dass ich seit dem Frühstück nichts mehr gegessen habe. Ich versuche, verletzt und wütend zu sein, aber das ist gar nicht so leicht, wenn dein Magen plötzlich anfängt, Geräusche zu machen, die genauso klingen, wie wenn eine Ziege ›Joghurt‹ sagt.

Aber das Wichtigste zuerst: Ich stehle mich in mein Zimmer, um mir eine andere Hose anzuziehen. Meine Backen danken es mir. Dann pirsche ich in die Küche und zwinge meinen Magen dazu, nichts zu sagen, was er bereuen könnte.

Mum sitzt am Esstisch und faltet Papierservietten in perfekte kleine Tiere für Sanj, der hauptsächlich darauf herumkaut. Das macht sie immer, wenn sie nervös ist. Normalerweise ist es was Einfaches wie ein Schwan oder ein Häschen, aber je nervöser sie ist, umso schwieriger das Tier.

Im Augenblick arbeitet sie an einem Elch.

Vor ihr auf dem Tisch stehen zwei Schalen, in denen sich noch die Reste von Bandnudeln schlängeln. Sieht so aus, als hätten Mum und Dad schon gegessen.

»Du bist ein bisschen spät dran«, meint Mum. »Wir haben uns schon Sorgen gemacht.«

»Wo bist du gewesen, Kleiner?«, ruft Dad vom Herd aus. Er zwinkert mir aufmunternd zu.

»Draußen«, erwidere ich kalt.

»Klingt wild«, gibt er zurück, während er einen Haufen Nudeln für mich in eine Schale schaufelt. Auf einmal erkenne ich den Duft. Es ist Dads berühmtes selbst gemachtes Pesto, mein allerliebstes Lieblingsgericht.

»Aprikose«, verkündet meine Magenziege. »Motorboot.«

»Oha!«, prustet Dad. »Habt ihr in Draußen nichts zu essen bekommen?«

»Dad«, frage ich, »wo bist du heute gewesen?«

»Ich? Hab hier nur rumgehangen. Gechillt.«

Wenn er Schuldgefühle hat, lässt er sie sich nicht anmerken. Andererseits ist er eindeutig viel besser darin, Dinge geheim zu halten, als ich gedacht hätte.

»Mum«, frage ich, »wo war Dad heute?«

»Was?« Sie zuckt zusammen und reißt ihrem Origami-Elch das Geweih ab. Sanj protestiert mit einem Quäken.

Dad runzelt die Stirn. »Sohn«, sagt er, »ist alles in Ordnung?«

»Mum?«, wiederhole ich. »Wo war Dad?«

Mum wirkt durcheinander. Ich kann es selbst nicht leiden, dass ich das tue, aber ich muss es wissen.

»Er war ... er war hier, wie er gesagt hat, Prithvi. Warum fragst du?«

»Pri«, ermahnt mich Dad, »sei netter zu deiner Mutter, bitte. Gibt es irgendwas, das du mich fragen möchtest?«

»Ich war heute im Gruselwald«, sage ich zu ihm. »Da bin ich gewesen. Was sagst du dazu?«

Mum rutscht unruhig auf ihrem Stuhl herum. Ihr ist sichtlich unwohl.

»Uuuuuh, da würde ich an deiner Stelle nicht hingehen«, gibt Dad mit einem leicht gequälten Lächeln zurück. »Nicht, dass der Knochenmann dich holt.«

»Ach ja?«, frage ich laut. »Und wie sieht der denn aus, dieser Knochenmann? Hä? Groß, oder? Indischer Typ? Hat *Treter* an, wenn er sich in öligen Autowerkstätten rumschleicht?«

»Hä?«, macht Dad. Er kann echt gut unschuldig tun. »Pri, wovon redest du?«

Mum steht auf. Sie sieht blass aus. »Ich muss nur ...«, murmelt sie. »Geh nur ein bisschen raus, um ... noch was zu nähen.« Sie stürmt durch die Schiebetür raus. Sanj fängt an zu weinen.

Dad sieht bestürzt aus. »Pri«, schimpft er, während er Sanj hochnimmt, »was zum Geier ...?«

»Tu doch nicht so, als ob du von nichts wüsstest!«, platze ich wütend raus, als würde ich Feuer spucken. »Es hat schon immer nur eine einzige Sache gegeben, die an diesem blöden Städtchen spannend war, und du hast sie mir mein ganzes Leben verheimlicht!«

»Was? Was für eine Sache?«

»Hör auf!« Das Lodern quillt aus meinen Augen und rinnt meine Wangen hinunter. Ich kann es kaum glauben, dass ich meinen Dad anschreie. »Hör auf zu lügen!«

Seinen eigenen Dad einen Lügner zu nennen, ist eine große Sache. Richtig groß. Groß genug, dass sie keine Hilfe braucht, groß zu sein, weil sie von alleine schon mehr als groß genug ist. Deswegen ist es echt ein bisschen viel, dass sich das Stromnetz von Dunn's Orchard genau in dieser Sekunde dazu entschließt, mal wieder einen Beinahe-Stromausfall zu haben.

Die Küchenlampe flackert und wird schwächer und das Surren der Dunstabzugshaube über dem Herd verlangsamt sich zu einem schleppenden Schleifen.

»Pri …«, sagt Dad sanft.

»Was?«

Er wirkt verwirrt und verloren. Er schaut von der Schiebetür zu mir und wieder zurück. »Es ist nur … Versuch bitte, dich deiner Mum zuliebe zu benehmen, ja?«

Wir starren einander an. Die Lampen fangen flackernd wieder an zu leuchten und der Dunstabzug läuft auch wieder normal. Dad schaltet ihn ab. Der Beinahe-Stromausfall ist vorbei.

»Baluubaluubaluubaluubaluubaluu«, schlägt meine Magenziege nachdenklich vor.

Ich stürme in mein Zimmer, knalle die Tür zu und mache einen Kopfsprung in mein Bett. Zumindest hier kommt all dieses Unheimliche und Geheimnistuerische nicht an mich ran.

Das VOR-VORHER-Stück vom Haus der Türen liegt auf meinem Schreibtisch. Ich drehe und wende es in meinen Händen, versuche, mir einen Reim auf dessen unmöglichen Fluss und die merkwürdigen Bäume aus Metall zu machen.

Ich schnappe mir mein Handy.

Bist du da?

Nach nicht mal 30 Sekunden ist die Antwort da.

Ich schlafe nie. Was gibt's?

Nur so, das Übliche.

Nudeln zum Abendessen.

Neue Hose angezogen.

Origami-Elch.

Beinahe-Stromausfall.

Oh, und mein Dad ist der
Knochenmann.

...

Was für Nudeln?

Seine *Treter* sind ölver-
schmiert, Attica Stone.

Heilige Scheiße, Pri. Wenn
er Jemand war, könnte er
uns helfen.

Er hat mich angelogen, Attica.
Die ganze Zeit hat er das alles
vor mir verheimlicht.

Was willst du machen?

Weißnich.

Weißte wohl.

Sie hat recht. Ich weiß, was ich tun werde. Ich wusste es nur nicht, bis Attica Stone mir gesagt hat, dass ich es weiß. Das passiert mir zu oft.

Ich schnappe mir meinen warmen Mantel und stopfe ein paar Sachen in eine Tasche, dann ziehe ich den Vorhang zurück.

Dad hat das Fliegengitter noch nicht repariert. Gut.

Ich klebe einen Zettel, auf dem steht:

ICH

WILL

ABSOLUT

100 %

SO WAS VON

NICHT

REDEN

außen an meine Zimmertür, schiebe das Fenster auf und schreibe noch eine Nachricht.

Komm zum Treffpunkt.

Hey, erinnerst du dich dran, wie ich gesagt habe, ich schlafe nie? Das waren noch Zeiten, oder?

ICH BRAUCHE SUPER-
DRINGEND SCHLAF.

Ich will schon widersprechen, aber das ist gar nicht so leicht,
weil ich plötzlich ständig gähnen muss.

Gerade gemerkt, dass du
auch hundemüde bist, oder?

Ich schiebe mein Fenster wieder zu und stopfe die Tasche un-
ters Bett.

Du hast keine Ahnung.

Hab ich wohl. Treffen wir
uns morgen nach dem
Frühstück. Wir werden
Torvald aufhalten. Es gibt
immer einen Weg.

Ich kuschle mich in mein Bett und starre die nackte Glühbirne an
meiner Zimmerdecke an. Ich wünschte, ich wäre so zuversichtlich wie Attica Stone. Ich wünschte, ich wäre so fies wie Torvald.
Ich wünschte, ich würde irgendwo leben, wo man einen Lampenschirm an seiner Lampe haben könnte, ohne dass ihn irgendwer klauen würde.

»Wiegenlied zerknautscht Ellenbogen«, sagt meine Magenziege.

Ich wünschte, ich hätte einen Teller Nudeln gegessen, bevor ich meine Familie zerstört habe.

So werde ich sicher nicht schlafen können.

★

Ich wache kurz nach sechs auf. Noch siebenundzwanzig Stunden bis zur Abholzung.

»oooooOOOOOoooooh ERZÜRNTEN guten Morgen«, sagt meine Magenziege.

Sanj gluckst im Nachbarzimmer vor sich hin. Durch die dünnen Wände kann ich die ekligen Klettverschluss-und-Kacke-abwisch-Geräusche hören, die bedeuten, dass jemand seine Windel wechselt. Wenn es Mum wäre, könnte ich sie alleine erwischen und mich entschuldigen.

Ich schlüpfe in meine Klamotten und tapse rüber in Sanjs Zimmer.

»Hör mal«, sage ich, während ich mir den Schlaf aus den Augen reibe, »tut mir echt …«

Die Person am Wickeltisch dreht sich um.

Es ist Dad.

Das Wort ›leid‹ hängt zwischen uns in der Luft. Es ist nicht das Einzige, was in der Luft hängt. Dad hat Kacke an der Hand. Sanjs Kacke. Etwas davon platscht auf ein Handtuch. Wir starren die Kacke an. Wir starren einander an. Dann starren wir wieder die Kacke an.

»Kacke«, meint Dad verlegen.

»Jep«, sage ich.

Wir beäugen die Kacke an seiner Hand, als ob sie es wäre, die uns unangenehm ist, und nicht die Tatsache, dass ich mich gerade beim falschen Elternteil entschuldigt habe, oder die Tatsache, dass wir es beide wissen.

In dem Augenblick rettet Sanj uns, indem er nach Dads kackeverschmierter Hand greift und sie zu seinem Mund zieht.

»Sanj, nein!«, schreit mein Dad zutiefst erleichtert, zieht seine Hand weg und schnappt sich die Feuchttücher. Als er sich wieder umdreht, bin ich weg, erleichtert, dass ich der peinlichsten Situation entkommen bin, die ich mir nur vorstellen kann.

Ich gehe in die Küche und stoße auf Mum, die von einem Origami-Zoo umringt am Küchentisch sitzt.

»Oh, ähm, hallo, Sohn«, sagt sie. Sie guckt wie eine Schauspielerin, die monatelang ihren Text für ein Stück auswendig gelernt hat, dann bei der Premiere auf die Bühne geht und nichts rausbringt als »pfffffffffffff«.

»Ich hab nur ...«, sagt sie. »Mit den Servietten«, sagt sie. Sie schnappt sich ein kleines Schaf. »Määäääh«, sagt sie und lächelt schief. »Ähm.«

»Ähm«, stimme ich ihr zu. Warum wirkt sie so schuldbewusst, wenn ich doch der Böse bin?

»Willst du Tee? Lass uns zusammen Masala Chai machen«, meint Mum.

Der Chai von meiner Mum ist eine der großen guten Mächte des Universums, aber durch das Küchenfenster sehe ich, wie die Sonne über den Hügeln aufgeht. Noch sechsundzwanzig Stunden.

»Ich kann nicht«, rede ich mich lahm raus. »Hab Attica versprochen, heute Morgen mit ihr abzuhängen.«

»Oh«, sagt Mum und legt das Schaf weg. »Okay. Vielleicht später.«

Auf einmal spüre ich das dringende Bedürfnis, ihr alles zu erzählen über den Gruselwald, das Haus der Türen, die Höhle, das Vielleicht-Monster, Torvald und seine Planierraupen und dass Dad der Knochenmann ist. Ich will sie um Hilfe bitten.

Aber seiner Mum zuliebe muss man sich benehmen.

Also sage ich nur: »Das wäre echt schön.«

Sie lächelt, aber es ist ein schwaches Lächeln. Bald wird sie in ihr Nähzimmer rübergehen. »Dann ab mit dir. Aber ... sieh dich vor. Erleb Abenteuer. Aber sieh dich vor.«

»Mach ich, Mum.«

In ihrem Lächeln flammt ihr früherer Übermut wieder auf, nur ein bisschen. »Aber zieh nicht die kaputte Jeans an! Und zieh saubere Unterwäsche an! Ich will diese Roboter-Cowboy-Unterhose im Wäschekorb sehen!«

Ich verdrehe die Augen wie ein braver Junge. »Trotzdem würde ich ...«, sage ich zu ihr, »... ich würde super gern bald mit dir Chai machen.«

Und das meine ich auch so. Aber als ich meine Tasche schnappe und raus auf den Valley Drive renne, fühlt sich das alles immer noch falsch an und es ist alles meine Schuld.

Zwanzig Minuten später springt Attica über den Zaun vom Fußballplatz und wir stehen wieder zusammen am Rand vom Gruselwald. Sie ist ganz in Schwarz angezogen, nur ihr Pony guckt unter einer schwarzen Mütze hervor.

Das wäre eine gute Idee gewesen. Attica starrt die Jeans an, die unter meinem Wintermantel hervorschaut.

Sie ist orange.

Sie wirft mir einen Blick zu. »Hast du keine andere?«

»Das *ist* meine andere!«

»Klasse«, meint Attica. »Wenn das Höhlenmonster uns in die Ecke drängt, kannst du immer noch super so tun, als ob du bei der Müllabfuhr arbeitest.«

»Sagt das Mädchen mit den Science-Fiction-Zuckerwatte-Haaren.«

Attica schiebt die Hand schützend in ihren aufgebauschten Pony. »Wie kannst du es wagen!«

»Selbst wenn wir orange und ... was auch immer das für eine Farbe ist, sind«, sage ich und hieve meine Tasche über die Schulter, »werden wir es diesmal richtig machen.«

»Bombe«, gibt Attica zurück. »Bis zum bitteren Ende. Dein Dad mag der Knochenmann sein, aber er hat bei dir zu Hause Nudeln gekocht, als jemand im Haus der Türen das Licht angemacht hat. Also ist dort noch jemand anderes. Lass uns rausfinden, wer.«

Und sie stiefelt voran in den Gruselwald.

19

UNTERIRDISCHER SONNENSCHEIN

Seltsame Dinge sehen bei Tageslicht noch seltsamer aus.

Mitternacht ist der natürliche Lebensraum von seltsamen Dingen. Um Mitternacht gibt es Mondschein und Schatten und Stille. Dann sind seltsame Dinge in bester Gesellschaft und sehen so aus, als ob sie genau dorthin gehören. Deswegen *erwartet* man geradezu, seltsame Dinge in der Nacht anzutreffen.

Wenn dir seltsame Dinge aber kurz nach dem Frühstück begegnen, in einem Wald bei strahlendstem Sonnenschein und fröhlichem Vogelgezwitscher, mit umherflatternden Schmetterlingen und wildem Schnittlauch, der sich in der leichten Brise hin und her wiegt wie ein Welpenschwanz, reißen sie ein riesiges Loch in die gewöhnliche, nicht-seltsame Welt drum herum. Und sobald das Loch da ist, kann man nie wissen, was von der anderen Seite daraus hervorkommen wird.

Genau das geht mir durch den Kopf, als wir den Gruselwald wieder betreten, aber ich habe beschlossen, Attica bloß zu sagen, dass ich mich beeilen möchte.

»Das solltest du ihr auf jeden Fall sagen«, meint Attica, während sie durch das Unterholz stakst. »Wird sie dir total glauben.«

Wir bleiben stehen, um uns den Motorrad-Baum anzuschauen, denn das ist genau so eine Sache, bei der man – egal, wie seltsam sie erscheint, egal, wie viel seltsamer sie bei Tageslicht wirkt – nicht anders kann, als stehen zu bleiben und sie anzugucken.

»Jemand hat es da geparkt«, murmelt Attica.

Mir ist sofort klar, was sie meint. »Ja! Und die Äste sind hindurchgewachsen und haben es mit nach oben genommen, als der Baum größer geworden ist.«

»Geheimnisse in Geheimnissen, die in andere Geheimnisse hineinwachsen, die Geheimnisse zwischen ihren Ästen versteckt haben«, raunt Attica. »Lass uns ein paar Antworten finden gehen.«

Da wir diesmal schon wissen, was uns erwartet, gehen wir zügig und erreichen die Lichtung im Nullkommanix.

Das Erste, was wir bemerken, als wir an dem halb umgestürzten Baum vorbeikommen, unter dessen Wurzeln wir uns vor ... wem eigentlich versteckt haben? Meinem Dad? Torvald? Jemand anderem mit einem Paar *Treter*? Nichts davon ergibt bis jetzt Sinn. Jetzt, wo wir wissen, dass der Knochenmann nicht echt ist, könnte jeder Erwachsene in der Stadt von diesem Ort hier wissen und Teil der Verschwörung sein, mit der er vor uns geheim gehalten wird. Sogar jetzt noch, wo Torvald seine Planierraupen losschickt, um ihn zu zerstören. Warum?

»Vielleicht finden wir es unter dem Haus der Türen raus«, meint Attica. »Aber bis dahin müssen wir noch was anderes rauskriegen, denn was ist das Erste, das wir bemerkt haben? Bevor deine Selbstgespräche vom Thema abgekommen sind? Es ist, dass all die Lampen weg sind.«

Sie hat recht. Die Lampe, an der ich mir genau hier den Kopf gestoßen habe, ist weg.

Die nächste auch und die übernächste auch. Alle, die Hunderte von Lampen, die die Schlucht bis zu der großen hölzernen Treppe am Fuß der Klippe erleuchtet haben, sind weg.

»Was hat das zu bedeuten?«, frage ich mich.

»Nichts Gutes, würde ich sagen. Torvald will diesen Ort hier plattmachen. Dein Dad will ihn retten. Ich würde sagen, wer auch immer die Lampen abgenommen hat, weiß, dass sich hier etwas verändern wird, im großen Stil.« Sie kräuselt die Nase und grunzt. »Keine Ahnung. Diese ganze Geschichte fühlt sich falsch an. Als hätten wir zwar alle Puzzleteile zusammengefügt und es sieht auch wie ein Bild aus, nur nicht das, was vorne auf der Puzzlepackung drauf ist.«

»Dann, schätze ich, brauchen wir wohl noch mehr Puzzleteile«, sage ich und schaue rauf zum Haus der Türen.

Bei Tageslicht betrachtet ist die Schlucht zwischen den Hügeln ein merkwürdiger Ort: tief und steilwandig, mit einem Teppich aus Moos und Farn und überragt von riesig hohen Bäumen.

Nur, dass manche von den Bäumen, wie wir jetzt sehen können, keine Bäume sind.

Was wir in der Dunkelheit für ein paar ungewöhnlich hohe Kiefern gehalten hatten, sind ... irgendwas anderes. Sie erheben sich in merkwürdigen Winkeln, drei auf jeder Seite des Pfads, dicker als Bäume und höher, viel höher als die Einsame Kiefer. Es sind gigantische Säulen, die weit über die Baumkronen hinausreichen und sich zu einem breiten, flachen Kegel öffnen, wie eine einzelne Blüte, die in den Himmel zeigt.

Oder eine Mischung aus einer Satellitenschüssel und einem umgedrehten Regenschirm.

»Die Türme von dem Modell!«, rufe ich. »Sind das die einzigen, die es noch gibt?«

Jede der Säulen ist vom Erdboden bis zum Kegel mit einer Art Maschendraht umwickelt, durch den bis nach ganz oben dick Efeu und andere Pflanzen wachsen. Man kann kaum durch die ganzen Blätter sehen, aber die Oberfläche der Säulen sieht dunkel aus, wie die Röhre in der riesigen Wendeltreppe im Haus der Türen.

Das gibt mir zu denken. Ich spähe zum Haus hinauf und ja, auch dort sitzt ein riesengroßer Satellitenschüssel-Regenschirm oben auf der Turmspitze. Was auch immer das hier für Dinger sind, sie sind dasselbe wie die leuchtende Wendeltreppe im Haus.

Sie sind unmöglich. Sie sind unglaublich. Sie sind ...

»Unmöglich, unglaublich schön«, haucht Attica.

»Wir müssen Joe und Hopper abhalten, diesen Ort zu zerstören«, sage ich.

Ich stecke die Hand durch das Efeu, um mit dem Daumennagel an der Oberfläche einer der Säulen zu kratzen. Sanftes, goldenes Licht schimmert hindurch.

Das Efeu raschelt in dem kühlen Luftzug, der aus dem Höhleneingang strömt, während wir die Treppen an der Klippe hinaufsteigen.

Bei Nacht war das Haus der Türen ein verrückter Traum von einem Gebäude, formlos und gespenstisch. Jetzt, im hellen Schein eines Frühlingsmorgens, fühlt es sich viel *wirklicher* an. Das unmögliche Gewirr aus Türen kauert mächtig oben auf der Klippe, sein wackeliger Turm und das Licht-Baum-Ding stehen windschief von ihm ab.

Dahinter erkennen wir die Hügelkette, die sich vor den Bergen abzeichnet. Wir können also nicht weit von der Stelle entfernt sein, wo der Fluss vor Dunn's Orchard abknickt und auf der anderen Seite in Richtung der Großstadt weiterfließt.

Heute Morgen kommt kein Atemzug von den Fenstern und Lampen sind auch keine an. Alles ist absolut ruhig und schrecklich still. Mein Drang, nach Hause zu rennen, ist heute noch viel stärker als gestern Abend. Keine Ahnung, wie ich überhaupt den Mut aufgebracht habe, da im Dunkeln reinzukriechen.

»Stimmt nicht«, meint Attica ruhig.

»Was stimmt nicht?«

»Dass seltsame Dinge bei Tageslicht betrachtet noch seltsamer sind«, erwidert sie und grinst zum Haus rauf. »Wir sind es, die dann weniger merkwürdig sind.« Sie geht näher an das Haus heran und schaut zu mir zurück. »Und ich glaube, das müssen wir bekämpfen.«

Sie wirbelt herum und guckt wieder am Haus hinauf. »EY!«, brüllt Attica Stone so laut sie nur kann. »KNOCHENMANN! BE-WEG DEINEN BLÖDEN NICHTEXISTENTEN ARSCH HIER RAUS!«

Vor Schreck springe ich fast die Klippe wieder runter. »Was zum Geier machst du?!«, schrei-flüstere ich.

Sie zuckt mit den Schultern. »Hier ist kein Kinderschreck. Den

Knochenmann gibt es nicht. Wahrscheinlich sind es nur ein paar Erwachsene, die du bereits kennst. Dein Dad oder Torvald. Mit Erwachsenen komme ich klar. Warum also rumschleichen?«

Das ist eine echt gute Frage. Ich will schon losbrüllen, aber irgendwas an diesem seltsamen Haus gibt mir das Gefühl, dass – welche Erwachsenen auch immer da drin sein mögen – *es weiß*, dass wir hier sind, und das ganz und gar nicht gut findet.

Es gibt vielleicht keinen Knochenmann, aber es gibt ein Gruselhaus mit mehr als genug Platz darunter, um dort eingekerkert zu werden.

Und dann ist da natürlich noch das, was auch immer uns da unten angebrüllt hat.

Und das will ich nicht anschreien.

Niemand reagiert auf Atticas Geschrei, deswegen schlüpfen wir wieder unter der Schiebetür hinein. Das Leuchten, das von der riesigen Wendeltreppe ausgeht, scheint ein bisschen heller zu sein und es schimmert nicht mehr silbern, sondern golden.

Die Tür im Boden steht offen und kleine Nebelfetzen wabern im Atemrhythmus des Hauses durch sie hinaus und hinein, aber dieses Mal viel sachter. Jetzt, wo das Licht viel besser ist, erkennen wir, dass die Tür auf der Unterseite meiner Haustür überhaupt nicht ähnlich ist. Außenrum hat sie eine Gummidichtung und drei schwere Metallbolzen, die aussehen, als würden sie in Vertiefungen im Stein greifen, wenn die Tür geschlossen ist.

»Was, wenn sie geschlossen wird, während wir da unten sind?«, überlege ich.

»Ich mag die Art Fragen, die du neuerdings stellst«, meint

Attica. Sie schaut sich um, entdeckt eine kleine Holzkiste und zieht sie halb über die Türöffnung. »Anti-Schließ-Vorrichtung«, erklärt sie. »ANTI-SCHLIESS-VORRICHTUNG!«, brüllt sie und es hallt im ganzen Haus wider.

»Es würde mich so wahnsinnig, wahnsinnig glücklich machen«, sage ich, »wenn du das lassen würdest.«

»OKAY!«, dröhnt Attica Stone und marschiert mit einem ihrer nervigen wilden Grinsen los, die steinernen Stufen hinunter.

Wir umrunden die Röhre in einer Abwärtsspirale, immer weiter runter und runter in Richtung Höhle. Als wir bei der hölzernen Plattform angekommen sind, scheint Attica nicht mehr in der Stimmung, rumzuschreien. Wir betreten sie sehr, sehr leise.

Das letzte Mal, als wir hier waren, ist alles ganz schnell gegangen, was die schlimmstmögliche Geschwindigkeit ist, in der alles passieren kann, wenn »alles« ein wütendes Höhlenmonster zu sein scheint.

Unsere ersten zehn kalten, hallenden Sekunden hier vergehen dieses Mal komplett monsterfrei, was uns Zeit verschafft, zu verarbeiten, was wir sehen.

Oder eher *nicht* sehen. Wie beim letzten Mal fühlt es sich so an, als ob wir in einem sehr großen Raum sind, aber er ist immer noch vollkommen dunkel. Das Licht, das vom Höhleneingang hereinsickert, wird beinahe sofort ganz von der undurchdringlichen Dunkelheit drinnen verschluckt.

»Okay«, meint Attica. »Hol deine Taschenlampe raus.«

Ah.

»Was?«

»Taschenlampe«, wiederholt Attica. »Plastikding. Ungefähr so lang. Lustig auf Partys. Hab ich neulich beschrieben als ›wichtig, beim nächsten Mal dabeizuhaben‹. Hol sie raus.«

Ich überlege, ob ich so tun soll, als ob ich in meiner Tasche wühle. Ich überlege, ob ich die Treppen wieder hoch- und den ganzen Weg nach Hause rennen soll, wo ich mich super unter meiner Patchworkdecke verkriechen könnte. Als sich Atticas Blick verfinstert, überlege ich sogar, ob ich nach dem Monster rufen soll, damit es kommt und mich beschützt.

»Hör mal«, erkläre ich, »da waren Kacke und ein Origami-Zoo und ich war *total* durcheinander ...«

»Ach, komm schon!«, stöhnt Attica und greift nach ihrem Handy.

»Dödel dummdidummdidumm«, sagt meine Magenziege.

Der gespenstische Lichtkegel von Atticas Handylampe enthüllt eine Treppe, die zu einem schwachen goldenen Leuchten hinabführt, das an einer verborgenen Stelle unterhalb von uns liegt und erst jetzt zum Vorschein kommt.

Zentimeter für Zentimeter schleichen wir uns die Treppe hinunter, auf einem Holzsteg immer an der rauen Höhlenwand zu unserer Linken entlang und auf das Licht zu, in der Hoffnung, nichts zu tun, was das Etwas in der Höhle – echt oder nicht – verärgern könnte. Der Schimmer tritt am unteren Ende einer dicken gläsernen Röhre aus, die mir bekannt vorkommt.

»Das ist die Röhre, um die sich die Wendeltreppe windet«, stelle ich fest. »Sie führt direkt rauf durchs Haus und in den Himmel.«

Dieses Ende entspringt aus dem Fels genau über unseren Köpfen. In diesem Teil der Höhle ist ein schwaches Rascheln zu hören und ein süßer Duft hängt in der Luft, den ich nicht ganz einordnen kann.

Das Ende der Röhre ist nicht angestrichen, deshalb sickert etwas Licht durch das Glas, erhellt aber kaum mehr als den Steg und unsere fragenden Gesichter.

»Ich glaube, ich weiß, was das ist«, meint Attica, steckt ihr Handy weg und blinzelt hinauf in die Röhre. »Ich glaube, das ist dazu da, Licht zurückzuwerfen. Das blütenförmige Ding ganz oben sammelt Licht und lenkt es die Röhre hinunter – ich wette, der Anstrich spiegelt es auf der Innenseite – und lässt es hier unten raus. Tageslicht unter Tage.«

Sie hält ihre Hand in den Lichtschein. »Das ist Sonnenlicht.«

»Das ist unglaublich«, finde ich.

»Es ist wunderbar«, meint Attica.

»Urgenial, gell?«, fragt Slotcar.

»Total«, erwidere ich.

Schweigen.

»Ähm«, sage ich zu Attica. »Hast du das gehört?«

»Da genau hinter uns?«, fragt Attica. »Ja. Hat es sich für dich auch angehört wie Slotcar?«

»Schwer zu sagen nach nur zwei Worten«, gebe ich zurück. »Aber um ehrlich zu sein, ich kenne niemanden sonst, der diese beiden Worte so zusammen verwenden würde.«

»Sollen wir uns umdrehen?«

»Klar, warum nicht.«

Wir drehen uns um. Slotcar steht hinter uns und sieht noch

zerrupfter aus als sonst. Sie hat eine Plastikschüssel auf dem Kopf, an der sie mit Klebeband eine Taschenlampe befestigt hat. »Bock auf eine schräge Geschichte?«, fragt sie.

20

GUCK DOCH, EIN FAULTIER

»Sie handelt von eineiigen Zwillingen.«

Wir starren Slotcar ungläubig an. Die auch hier in der Höhle ist. Irgendwie.

»Wer?«, frage ich.

»Die Geschichte«, erwidert Slotcar und dreht sich um, um die Treppe wieder rauf zur Plattform zu gehen. »Sie handelt von eineiigen Zwillingen. Siamesischen Zwillingen. Ihr wisst schon, also, die zusammenhängen.«

Attica und ich sehen uns an, zucken mit den Schultern und folgen Slotcar.

»Slotcar, wie bist du …«, setzt Attica an.

»Am Kopf«, sagt Slotcar und schaltet die Lampe an ihrem Tupperschüssel-Schutzhelm ein. »Sie waren am Kopf zusammengewachsen. Sind anno dazumal berühmt geworden, sind mit Zirkussen rumgezogen und so. In Amerika, glaub ich. Das war alles, was man damals machen konnte, wenn man so war wie die. Heute könnten sie, weißnich, Klempner werden oder so.«

»Slotcar«, sage ich ungeduldig, »hast du das Monster gesehen?«

»Also, diese Zwillinge hatten es irgendwann satt, die ganze Zeit mit Gauklern und Affen rumzuziehen. Also sagte der eine: ›Ich will Schwimmer werden.‹ Und der andere: ›Ich will Pilot werden.‹«

»Slotcar, hör zu, hast du das ... Warte mal, was?«

In Slotcars Geschichten gibt es immer irgendwas, das mich neugierig macht, und jetzt – nachdem sie mal eben wie von Zauberhand mitten in einer riesigen, finsteren Höhle aufgetaucht ist, in der es vielleicht ein Monster gibt, vielleicht auch nicht – ist dieser Augenblick gekommen.

»Aber das können sie doch gar nicht machen«, wende ich ein. »Man kann nicht schwimmen oder ein Flugzeug fliegen, wenn man mit jemandem am Kopf zusammengewachsen ist.«

»Das ist schon ein Problem, gell?«, meint Slotcar.

»Nö, ist es nicht«, sagt Attica. »Man kann sich operieren lassen, um getrennt zu werden.«

»Und genau das haben sie gemacht«, erwidert Slotcar. »Sie haben einen Arzt gefunden, der ihre Köpfe getrennt hat, und dann hat jeder sein Ding gemacht. Einer ist Schwimmer geworden und der andere Pilot. Irre, gell?«

Wir sind zurück bei der Plattform. Slotcar guckt uns zufrieden an.

»Und das ist die ganze Geschichte?«, frage ich.

»Jaha.«

»Über Zwillinge, die sich operieren lassen?«, stellt Attica fest. »Was macht sie so merkwürdig?«

»Weil«, gibt Slotcar zurück, knipst ihre Lampe aus und greift hinter sich an die Höhlenwand, »was sind denn das für Psychos, die Gaukler und Affen satt haben?«

Sie zieht an einem Hebel, die Höhle ist plötzlich lichterfüllt und wir erblicken etwas, das wir – genau wie Gaukler und Affen – nie satthaben werden.

Es ist eine Galaxie.

Oder zumindest halten unsere geblendeten Augen es zuerst dafür, denn alles, was wir sehen, sind Sterne, die sich in jede Richtung bis ins Unendliche ausdehnen. Goldene Sterne, weiße Sterne, gigantische Sternenkonstellationen, die ins Nichts davonwirbeln. Weit entfernte Sterne. Rote Sterne, überall nichts als Sterne.

Der da sieht aus wie Optimus Prime.

Meine Augen gewöhnen sich langsam daran und Details zeichnen sich vor der Dunkelheit ab. Die Sterne hängen an Kabeln von der Decke und jeder von ihnen – was ungewöhnlich ist für Sterne – hat einen Lampenschirm.

»Ich glaube, wir haben die geklauten Lampen gefunden«, stelle ich fest. »Schon wieder.«

All die Lampen und Lampenschirme von draußen, die ursprünglich mal von Nachtkästchen, Schreibtischen und Zimmerdecken in Dunn's Orchard geklaut wurden, sind hier heruntergebracht und aufgehängt worden, um dieses kosmische Mobile zu bilden. Die Kabel laufen von dem Hebel, den Slotcar betätigt hat, das raue Gestein rauf und runter und rechts und links entlang, und etwa jeden Meter oder so hängt eine Lampe daran herunter.

Hintereinander aufgereiht wirken sie wie das Universum, nur ist das hier besser als irgendein Universum, das ich bis jetzt gesehen habe.

Dieses Universum ist das Innenleben der größten Höhle, die man sich nur vorstellen kann. Unsere kleine Plattform schwebt in der Leere. Ganz hinten verengt sich die Höhle zu einem dunklen Tunnel, der im Nichts verschwindet. Rechts von uns fällt sie tief zum Grund ab und steigt dann wie eine von diesen Wasserrutschen, bei denen man am Ende in die Luft katapultiert wird, zum Höhleneingang an. Der Grund unter uns krümmt und windet sich von einem Höhlenende zum anderen, schlängelt sich um die Fundamente von riesigen steinernen Säulen, die bis zu der mit Tropfsteinen und Lampen übersäten Decke hoch oben reichen. Von unserer Plattform ausgehend, spannt sich ein Netz aus grob zusammengezimmerten Stegen und Brücken durch die Höhle, wölbt sich hoch über dem Grund zu Öffnungen in den Wänden, zu Leitern, die zu Überhängen führen, und zu Türen, die direkt in den Fels eingelassen sind.

Und wo wir auch hinschauen, erspähen wir geklaute Sachen aus Dunn's Orchard.

Abgesehen von den Lampen sind da Werkzeuge, haufenweise Holz, das zum Hausbau gedacht war, Straßenschilder, Stühle, bunte Werbeschilder und Banner, und sogar die Schaukel, auf der sich Fußball-Tony das Schlüsselbein gebrochen hat. All die Sachen, die so oft geklaut wurden, dass wir uns irgendwann nicht mehr die Mühe gemacht haben, sie neu zu kaufen, sind hier. Als hätten sie sich alle heimlich reingeschlichen, um zusammen etwas ganz Neues und Unglaubliches zu schaffen.

Die Lampen werfen ihren goldenen Schein über alles aus Dunn's Orchard, das es wert war, aufgehoben zu werden.

Hier ist alles besser aufgehoben. Hier funktioniert all das besser. Selbst wenn der ganze Kram wieder in den Ort zurückgebracht würde, wäre er dort nicht so gut wie hier.

»Das ist ...«, sage ich, aber ich finde keine Worte dafür, denn so etwas hat es noch nie gegeben. Das ist ... Das ist ...

»Das ist ... aberwitzig gigantisch«, sage ich schließlich.

»Total gut, gell?«, meint Slotcar.

»OooooOOOOOoooooohspaghetti Bauzaun«, sagt meine Magenziege.

»Hört mal, ich hab ein bisschen nachgedacht«, meint Attica. »Und von all den Dingen, die es gibt oder gab oder je geben wird«, fährt sie fort und deutet in die Höhle, »ist das hier das Beste.«

»Kommt, guckt es euch an. Ihr werdet es lieben«, sagt Slotcar und geht wieder die Treppe runter zu dem Steg mit der Lichtröhre.

Ich will ihr schon nachgehen, da packt Attica meinen Arm.

»Wer hat das hier geschaffen?«, flüstert sie. »Es ist nicht von Zauberhand entstanden, jemand hat das gemacht. Es ist riesig, das muss Jahre gedauert haben, und es wurde von jemandem erschaffen.«

Ich schiele zu Slotcar rüber. »Viele Jemande vielleicht? Torvald? Mein Dad? Hat Slotcar auch mitgemacht?«

Attica schüttelt den Kopf. »Nichts davon ergibt Sinn. Und wo ist das Monster? Was haben wir hier unten beim letzten Mal gesehen?«

Ich kann bloß mit den Schultern zucken.

Wir haben Slotcar aus den Augen verloren, also stürmen wir los, doch dann stellt sich heraus, dass dazu kein Grund besteht.

Wir können nämlich sofort sehen, wo sie hin will.

Wir können es sehen, aber glauben können wir es nicht.

Er steht neben dem Steg, etwas unterhalb und in der Nähe der Lichtröhre. Er ist groß, grün und gesund und gelegentlich raschelt er im Atemzug der Höhle, welcher seine Äste unter dem Gewicht von großen, knackigen und süßlich duftenden Früchten schaukeln lässt.

Es ist ein Apfelbaum.

»Na super«, haucht Attica. »Erst gibt es gar keinen Obstgarten, und dann sind es auf einmal zwei.«

»In Obstgärten gibt es jede Menge Bäume«, wendet Slotcar ein, »ich kann aber nur diesen einen sehen.«

Ich strecke mich so lang wie möglich, um vom äußersten Ast vorsichtig einen Apfel zu pflücken. Er riecht gut. Ich beiße rein. Er schmeckt viele Millionen Male besser als jeder Supermarkt-Apfel, den ich je gegessen habe.

»Meeeeeeeeehr«, verlangt meine Magenziege. Ich gebe ihr mehr.

»Das ergibt absolut keinen Sinn«, sage ich zwischen zwei saftigen Bissen. »Wie kann ein Apfelbaum in einer Höhle wachsen?«

»Guck doch, die Röhre da«, meint Slotcar. »Sie bringt Tageslicht hier runter, und zwar mehr als genug, um den Baum gesund zu erhalten. Hier, guck, du kannst so viel reinlassen, wie du willst.«

Sie streckt den Arm in die Röhre und zieht an einem Kabel. Irgendwo weit weg ist ein hallendes Knarzen zu hören und auf einmal strömt viel mehr Licht aus der Röhre und erstaunt uns noch einmal.

»Fantastisch«, sage ich.

»Und was ist mit Wasser?«, will Attica wissen.

»Ich hab noch nicht rausbekommen, wie er das macht«, antwortet Slotcar. »Vielleicht ist hier oben was.«

»Er?«, hakt Attica nach. »Wer ist ›er‹?«

Doch Slotcar trottet den Steg schon weiter hinunter, wo noch mehr Kabel Lichterketten, die um das hölzerne Geländer gewickelt sind, mit Strom versorgen. Sie und Attica nehmen verschiedenen Kleinkram unter die Lupe, während ich zu einem langen Sims aus Metall rüberschlendere, der an der Höhlenwand entlangläuft.

Auf dem Sims verlaufen zwei lange, parallele Rohre aus Metall, die sich in beide Richtungen erstrecken. An einer Seite des Sims ist ein Hebel. Ich ziehe dran und rechne mit allem, von Luftballons bis zu einem tödlichen Stromschlag, aber erst mal passiert gar nichts.

Dann rumpelt es in der Ferne. Ich mag entferntes Rumpeln, denn dann ist es weit weg, aber dieses hier kommt näher. Und noch näher. Und es kommt aus der Richtung, aus der wir das Monster haben brüllen hören.

Ich trete einen Schritt zurück. »Ähm«, mache ich, aber die Mädchen sind einem Kabel weiter den Steg hinunter gefolgt. Das Rumpeln wird zu einem ratternden Rumpeln, das sich zu einem besorgniserregenden Rumpeln aufbaut, welches auf einmal verstummt, als ein großes, haariges Ding auf dem Sims herangerollt und direkt vor mir zum Stehen kommt.

Haarig mit kleinen dunklen Augen. Haarig mit einer niedlichen Stupsnase und einem glücklich-schläfrigen Blick.

Haarig mit riesigen Klauen.

Es ist ein mir vertrautes haariges Ding, nur eines, das ich nie in einer Höhle erwartet hätte. Dinge wie dieses würde ich in einer Naturdoku erwarten. Ich weiß, was das ist.

Ich kann es bloß nicht glauben.

»Hier ist ein Faultier.«

»Ein was?«, fragt Attica aus der Ferne.

Das Faultier gibt eine Art metallisches Zwitschern von sich. Meine Füße weigern sich, sich zu bewegen. Ich wünschte wirklich sehr, sie würden es tun.

»Hier ist ein Faultier.«

Es wackelt. Das Faultier zwitschert und wackelt. Jetzt weigert sich mein Herz zu schlagen.

Attica und Slotcar friemeln immer noch ein Stück entfernt an irgendwelchen Sachen herum. »Ein was?«

»Attica«, sage ich so deutlich wie möglich durch fest zusammengebissene Zähne, »hier ist ein Faultier. Ein Faultier ist aufgetaucht. Es gibt hier ein Faultier und das ist genau hier.«

»Ein w...«, 'tschuldigung, aber es hört sich immer wieder so an, als würdest du ›ein Faultier‹ sagen.«

Sehr langsam – beinahe schon *bedächtig* – neigt sich das Faultier zu mir herüber.

»EIN FAULTIER, ATTICA STONE, EIN FAULTIER IST ANWESEND. GUCK DOCH, EIN FAULTIER.«

Attica kommt zu mir herübergerannt und hält mir die Hand vor den Mund.

»Großartig«, meint sie. »Jetzt weiß das gesamte Monsterreich, dass du ein kompletter und völliger ...«

»Hey«, unterbricht Slotcar sie, »was war das von einem Faultier?«

Sie schubst mich beiseite und fängt an, den Sims näher zu untersuchen. Attica kann das haarige Knäuel grade noch auffangen, als es um mehr als fünfundvierzig Grad umkippt und beinahe runterfällt.

»Hey, Schlafmütze, warum so eilig?«, fragt sie. Das Faultier lehnt an ihrer Hand, den Kopf zur Seite geneigt. Es rührt sich nicht. Und was tun Faultiere sonst? Langsame Sachen. Langsame, biegsame Sachen.

»Es ist ein wenig ... starr«, stelle ich fest. »Ist es tot?«

Slotcar beugt sich über die Stelle, an der das Faultier angehalten hat.

»Aaaah, jetzt ...«, meint sie und fummelt an irgendwas hinter dem Sims rum.

Es macht *klick* und Attica kann das Faultier vom Sims nehmen. Sie dreht sich zu mir um. »Faultier?«, sagt sie.

Wenn es einen Augenblick gibt, in dem du mit Sicherheit annehmen kannst, dass du Schwierigkeiten mit deinem Leben hast, dann ist es der Augenblick, der sich mit den Worten ›Ich nehme das Faultier‹ exakt zusammenfassen lässt.

Ich nehme das Faultier.

Es ist schwer. Echt schwer. Außerdem hat es Räder. Ich drehe an einem.

»Ungewöhnlich«, überlege ich, »für ein baumlebendes Säugetier, oder?«

»Hä?«, macht Slotcar, die jetzt nur noch aus einem Paar Beine besteht, die über dem Sims baumeln.

Ich drehe das Faultier um (Schwierigkeiten-mit-dem-Leben-Satz Nummer zwei). Es ist ausgestopft (wie hieß das noch? Präpariert?) und an einem Spielzeugeisenbahnwagen befestigt. Der Wagon hat keine Fenster oder Sitze. Er ist kaum mehr als ein Korb.

Auf Rädern. Mit einem Faultier obendrauf.

Der Rest von Slotcar taucht wieder auf.

»Das ist eine Eisenbahn«, stellt sie fest und schnappt mir das Faultier weg. »Und das hier ist der Zug.« Sie stellt den Faultier-Express vorsichtig zurück auf die Gleise.

»Der Schnellzug ist ein Faultier!«, johlt Attica. »Dieser Ort ist einfach großartig! Mann, ich würde zu gern mal den kennenlernen, der das hier geschaffen hat.«

»Wen?«, fragt Slotcar. »Ihn?«

Wir drehen uns dahin um, wohin sie deutet.

Eine Gestalt kommt die Treppe hinunter auf uns zu.

Und dieses Mal können wir uns selbst nichts vormachen.

Es ist der Knochenmann.

21

ES GIBT KEINEN KNOCHENMANN

»Nein, ist er nicht«, beharrt Attica, aber sie geht bereits rückwärts den Steg hinauf. »Es gibt keinen Knochenmann, das haben wir ja schon festgestellt. Das ist bloß dein Dad. Pri, ist das dein Dad? Bitte sag mir, dass das dein Dad ist.«

»Nein, Attica Stone«, erwidere ich, während ich die Gestalt anstarre, die da die Treppe herunterkommt. »Das ist nicht mein Dad.«

Die Gestalt ist blass, ziemlich groß, ein bisschen gebeugt, aber sie kommt sehr zuversichtlich die hölzerne Treppe herunter. Der Körper ist in einen langen, dunklen Mantel gehüllt, der fast bis zu seinen *Treter*-Stiefeln herunterreicht. Er ist gruselig und er ist hier, aber was mich am meisten davon überzeugt, dass er der Knochenmann ist, sind die riesigen glühenden Augen seitlich an seinem Kopf, die uns anstarren.

Sie sehen wie Scheinwerfer aus und ich fühle mich wie ein Wombat auf der Autobahn.

Die Gestalt bleibt kurz am Ende der Treppe stehen. Ihr Kopf neigt sich neugierig zur einen Seite, dann zurück und dann zur anderen Seite. Sie scheint den Faultier-Express bemerkt zu haben und betätigt einen Hebel, um ihn hinauf zur hölzernen Plattform zu schicken.

Dann kommt sie direkt auf mich zugestürmt.

»Tee!«, kreischt mir der Knochenmann direkt ins Gesicht.

Oje, das letzte Wort, das ich je gehört haben werde, ist Tee.

»Darf ich euch einen Tee anbieten?«, kreischt der Knochenmann.

Oje, der Knochenmann will mit mir Tee trinken.

Die riesigen glühenden Augen schweben nur einige Zentimeter von meinem Gesicht entfernt über mir. Sie neigen sich wieder zur einen Seite, dann zucken sie plötzlich über die Höhlenwand.

»Oh, warte. Tut mir leid, tut mir leid!«, kreischt der Knochenmann. »Ich vergesse immer, dass diese Dinger eingeschaltet sind. Normalerweise brauche ich die zum Sehen. Bitte wartet kurz!«

Er greift sich an seinen knolligen Kopf und plötzlich klappen die Augen zu. Er dreht sich wieder zu uns um.

»Tut mir schrecklich leid«, sagt er mit einer Stimme, die seltsam vertraut klingt. »Habe ich auch zu laut geredet? 'tschuldigung. Wartet einen Moment, dann könnt ihr wieder richtig sehen.«

Der Knochenmann tritt in den goldenen Schein der Lichtröhre. Er hat eine Mütze mit Ohrenklappen auf, an denen mit Schlaufen je eine riesige Taschenlampe festgemacht ist.

Ich würde das lustig finden, wenn ich nicht kurz davor wäre, meine orange Hose braun zu färben.

Ein Schleier aus silbernem Haar umrahmt sein Gesicht, ein Gesicht, das ...

... ein Gesicht, das ich kenne.

Es ist Torvald.

»Nein, ist es nicht«, meint Slotcar.

Und sie hat recht, ist es nicht. Dieses Gesicht hat genau dieselben Merkmale – die spitze Nase, die hohe Stirn, die glänzenden Augen –, nur irgendwie anders zusammengestellt, sodass es warm und freundlich wirkt anstatt eiskalt und berechnend.

»Wer ist das?«, überlege ich. »Wer bist du?«

»Die Frage ist vielmehr«, sagt Attica über meine Schulter, »welcher von beiden bist du? Der Schwimmer oder der Pilot?«

Der Knochenmann lächelt und plötzlich kapiere ich es.

»Zwillinge!«

Der Knochenmann klatscht fröhlich in die Hände. »Ihr seid so clever!«, sagt er mit einer Stimme, die sanft klingt statt hart wie Torvalds, gebend statt fordernd. »Ihr habt genug herausgefunden, um hier zu sein! Willkommen!«

»Erinnere mich beim nächsten Mal«, sagt Attica zu Slotcar, »wenn du mir grundlos eine total verrückte Geschichte erzählst, dass es einen Grund dafür gibt.«

»Ich mag einfach verrückte Sachen«, gibt Slotcar zurück.

»Bist du wirklich Torvalds Zwillingsbruder?«, frage ich den Knochenmann und versuche, mich nicht auf die Tatsache zu konzentrieren, dass ich mit dem Knochenmann spreche.

»Torvald!«, ruft er. »Großartiger Mann! Liebe ihn wie einen Bruder. Was er, wie du so scharfsinnig bemerkt hast, ja auch ist. Ich bin zweihundertsieben Sekunden älter als er. Das hat ihn schon immer geärgert. Aber trotzdem, wenn er in mein Alter kommt, wird er verstehen. Warte mal! Das hab ich ja total vergessen!«

Er schüttelt Atticas Hand.

»Mein Name ist übrigens nicht ›Knochenmann‹«, sagt er, »sondern Erasmus Dunn. Aber meine Freunde haben mich vor langer Zeit immer Razz genannt. Das könnt ihr auch tun. Was bedeuten würde, dass ich wieder Freunde habe! Wollt ihr meine Freunde sein? Willkommen! 'tschuldigung, das habe ich schon gesagt, oder? Betrachtet euch einfach als doppelt willkommen! Wisst ihr, in Frankreich küsst man sich zweimal auf die Backen, um Hallo zu sagen. Und das französische Wort für Backen ist ›joues‹, was auch ›ihr spielt‹ bedeutet. Wenn man sich also in Frankreich Hallo sagt, spielt man mit seinen Backen! Allerdings nicht mit denen am Hintern. Fahrt nicht nach Frankreich und fasst Leuten an den Hintern. Das mögen sie nicht. Warum auch?«

Er wirft mir einen wilden Blick zu. Ich hätte jetzt zu gern eine kleine Klappe in meinem Kopf, die ich öffnen kann, damit eine kleine weiße Fahne daraus hervorkommt und ich mich ergeben kann.

Auf einmal fangen seine Augen an zu funkeln und ein Grinsen breitet sich schlagartig über sein Gesicht aus. »Ich hab Tee!«, schreit er.

Kurzes Schweigen.

»Ähm ... juhu?«, meint Attica.

»Danke!«, ruft der Knochenmann. »Wollt ihr was? Vom Tee? 'tschuldigung, ich bin so viel allein, deswegen vergesse ich manchmal, dass man Leute Sachen fragen muss. Manchmal vergesse ich auch zu reden. Und ich vergesse auch, mit dem Reden aufzuhören. Oder wie laut ich sprechen muss. Oder ob jemand Tee mag. Kommt, trinkt etwas Tee! Mögt ihr Tee?«

Slotcar streckt ihren Kopf hinter ihm vorbei. »Ihr solltet seinen Tee probieren«, meint sie. »Er ist wirklich schmackhaft.«

»Du hast ihn bereits kennengelernt?«, frage ich.

»Jaha, vor ein paar Stunden. Netter Kerl. Bisschen seltsam. Aber ich mag Seltsames.«

Attica und ich werfen uns einen Blick zu. So hatten wir uns das nicht vorgestellt, vom Knochenmann erwischt zu werden. Ich hatte mit viel mehr Kreischen und Rennen und Lebend-begraben-werden gerechnet und absolut nicht mit Tee.

»Warte, warte, warte«, meint Attica. »Eins nach dem anderen. Was ist das hier für ein Ort? Wer bist du? Hast du das alles hier erbaut?«

»Gibt es ein Monster?«, ergänze ich.

»Ein Monster?«, wiederholt der Knochenmann und schaut sich in der Höhle um, als ob er irgendwo eins gehabt und es vergessen hätte. »Glaub nicht. Warum, hättet ihr gern eins?«

»Nein! Es ist nur … Wir waren gestern Abend schon mal hier und da war dieser Schein und ein echt lautes Gebrüll, so als ob irgendwas …« Je lauter ich es ausspreche, umso alberner klingt es. »… Du weißt schon, quasi ein … irgendwie eine … drachenmäßige Art von … von Monster.«

Der Knochenmann schaut mich aufmerksam an. »Deine Ideen gefallen mir«, erwidert er. Er kramt einen Bleistiftstummel und ein schmutziges Stück Papier aus seiner Tasche hervor und diktiert sich selbst: »›Drachenmäßige … Art … von … Monster.‹ Das muss ich bauen! Ich glaube, ihr habt gesehen, wie ich ein paar neue Sachen ausprobiert habe.« Er zeigt hinauf in die Höhle, in die Finsternis. »Ich kann noch nicht die ganze Höhle beleuchten, sonst könnte ich sie euch zeigen. Sie sind fast fertig und sie werden wundervoll, aber ich fürchte, sie machen wirklich ein furchtbar lautes Getöse ...«

»Grrrrrrrrrrrrrrrrrr«, macht meine Magenziege.

Betretenes Schweigen.

»Entschuldige«, sagt der Knochenmann, »hat dein Magen gerade gesagt ...«

»Eeeeeeeeeeemmmmuuuuuuuuuuu«, unterbricht ihn meine Magenziege.

»Macht er das immer?«, fragt der Knochenmann. »Ich hab Kekse. Möchtest du einen?«

»Vogelkunde«, erwidert meine Magenziege. »Gebrauchsanweisung Glotze Wiesel.«

Der Knochenmann geht auf der Höhe meines Magens in die Hocke.

»Keks«, sagt er zu ihm. »Tee.«

»Oogli Lego«, erklärt meine Magenziege. »Rumpeldirumpeldirum Antarktis.«

»Verstehe. Danke, dass du dir die Zeit genommen hast.« Der Knochenmann steht wieder auf und schaut mir in die Augen. »Ich weiß nicht, was ich von dir halten soll«, meint er ernsthaft. »Kann ich Tee und Kekse in dich reinstopfen und es herausfinden?«

»Sauer Orang-Utan Fandango«, wirft die Magenziege ein.

»Wie sie gesagt hat«, seufze ich kläglich.

22

DIE WORTE »SEHR«
UND »SICHER«

»Okay!«, ruft der Knochenmann und klatscht begeistert in die Hände. »Lasst uns Tee trinken gehen!«

Er dreht sich um und geht. Slotcar und ich folgen ihm ein bisschen verträumt.

»Das hier«, sagt Attica Stone.

Wir drehen uns zu ihr um. Attica steht wie angewurzelt auf dem Steg und zeigt auf den Baum, der unter der Lichtröhre vor sich hin raschelt. Ihr ›das hier‹ hallt in der Höhle herum und sie lässt es erst vollständig verklingen, bevor sie es noch mal sagt.

»Das hier«, meint sie. »Dieser Baum. Bevor ich mich auch nur einen Zentimeter wegbewege, brauche ich Antworten. Viele Antworten. Fangen wir mit diesem Apfelbaum an, der unterirdisch in einer Höhle wächst. Zwei Fragen: wie? Und warum?«

Der alte, schwarz gekleidete Mann kommt langsam zu dem Baum herüber. Als er die Hand vorsichtig nach den sanft raschelnden Blättern ausstreckt, erinnert mich sein Gesichtsausdruck an Mum, wenn sie Sanj anschaut.

»Das hier ist ein ungeheuer guter Punkt, um anzufangen«, meint er. »Wisst ihr, das hier ist mein Apfelbaum. Ich brauche ihn, um Äpfel zu machen. Ooooh, Magenkind, können wir mal schauen, was passiert, wenn du einen Apfel in deinen Magen hineinsteckst?«

»Mein Name ist Pri«, gebe ich zurück. »Und das habe ich bereits getan. Fand er gut.«

»Na dann, los!«, ruft er, rupft einen weiteren Apfel ab und wirft ihn mir zu. »Gib ihm mehr!«

Dazu sage ich nicht Nein. Er ist superlecker. »Hast du keine Angst, dass dir das Obst ausgeht?«

»Ach wo«, meint der Knochenmann. »Gar kein Problem. Weißt du, da sind ...«

»Warte!«, ruft Attica. »Du hast meine Fragen nicht beantwortet! Warum hast du einen unterirdischen Apfelbaum gepflanzt und wie ist das überhaupt möglich?«

»Oh, ganz einfach«, antwortet der Knochenmann. Oder sollten wir ihn jetzt Erasmus nennen? »Ein oberirdischer Apfelbaum ist bloß ein Apfelbaum. Aber ist das hier bloß ein Apfelbaum?«

Wir schauen noch mal an ihm hoch. Seine Zweige werfen spindeldürre, flackernde Schatten an die Höhlenwände.

»Das ist wie ein Wunder«, stelle ich fest.

»Da hast du also die Antwort auf deine Fragen«, meint Erasmus mit einem Lächeln. »Wer würde schon etwas ganz Gewöhnliches tun, wenn er auch etwas Wunderbares machen kann?«

»Dein Bruder«, erwidere ich und denke an Dunn's Orchard.

»Ja«, gibt Erasmus zurück und sein Lächeln wirkt auf einmal traurig. »Wir sind sehr verschieden, Torvald und ich. Er ... sieht die Dinge anders.«

»Erasmus«, meint Attica, »du weißt, was dein Bruder vorhat, oder? Er kommt morgen mit seinen Planierraupen her. Wir glauben, dass er all das hier zerstören wird, um seine Stadt noch weiter zu vergrößern.«

Einen Augenblick verschwindet das Lächeln ganz aus dem Gesicht des alten Knaben, aber dann springt es ruckartig wieder an. »Ach, darüber würde ich mir keine Sorgen machen! Völlig sinnlos, sich um die Zukunft zu sorgen, die ja doch bald schon wieder Vergangenheit ist.«

»Wie bewässerst du ihn?«, will Slotcar wissen, die den Baum die ganze Zeit nur angestarrt hat und dem Gespräch ein paar Minuten hinterherzuhinken scheint.

»Das funktioniert noch nicht so richtig perfekt«, antwortet der Knochenmann. Er deutet dorthin, wo die Höhle steil nach oben in die Finsternis ragt. »Wusstet ihr, dass der oberste Teil der Höhle, genau hier über uns, unter dem Hundert-Meilen-Fluss verläuft? Nur ein paar Meter unter dem Flussbett – wenn man ganz da oben ist, kann man ihn direkt über seinem Kopf rauschen hören! Es gibt winzige Risse im Höhlendach, deswegen gehe ich alle paar Tage da rauf, hole mir das Wasser, das durchsickert, und bringe es hier runter. Nicht gerade wie von Zauberhand, oder? Das ist ganz schön viel Arbeit. Aber es gibt eine viel aufregendere Art, einen Obstgarten zu bewässern. Na ja, aber wie ich schon sagte, das wird nicht viel länger ein Problem sein.«

Slotcar kratzt sich am Kopf und glotzt von dem Baum zum Ende der Höhle und wieder zurück. »Obstgarten«, meint sie. »Du hast ›Obstgarten‹ gesagt. Gibt es hier noch mehr Bäume wie diesen?«

Ein Paar silberne Augenbrauen schießen in Richtung Höhlendecke. »Aber ja, viel mehr!«, ruft Erasmus. Er gibt einen kleinen Jubelschrei von sich. »Eine ganze Obstplantage mit allen möglichen Obstsorten! Manche von ihnen existieren noch gar nicht. Aber einige schon! Das müsst ihr euch anschauen kommen, es ist wunderbar!« Er tänzelt vor Freude von einem Fuß auf den anderen.

Trotz allem kann ich nicht anders, als mich mit ihm zu freuen. »Ja, bitte!«

»Vorzüglich! Mir nach!« Er geht uns voraus wieder zur Plattform hinauf, nimmt seine Lampenmütze ab und stopft sie in den Faultier-Express. »Ich glaube, ich kann es mir erlauben, die Lampen noch ein bisschen länger an zu lassen, deswegen werde ich die hier nicht brauchen. Habt ihr übrigens meine Eisenbahn gesehen? Die ist mein absoluter Liebling! Ich benutze sie, um meine Werkzeuge und was ich sonst noch so brauche, in der Höhle herumzuschicken. Ist sie nicht toll?«

»Wo fährt sie überall hin?«, will Attica wissen.

»Die Gleise beginnen ganz oben, gleich unter dem Flussbett«, erklärt Erasmus. »Dann kommt sie hier runtergerauscht, hält unterwegs an ein paar wichtigen Stellen an, und dann kann ich sie bis ganz runter zum Grund der Höhle schicken oder noch weiter bis zum Höhleneingang.« Er zeigt zum unteren Ende der Höhle. »Da hält der Zug an. Endstation!«

»Und womit treibst du ihn an?«, fragt Slotcar.

»Ah, was für eine schlaue Frage.« Erasmus wieselt hinüber in eine Ecke der Plattform und hebt eine große Klappe im Boden an. Ungefähr einen Meter unterhalb der Plattform ragt ein flacher, breiter Felsvorsprung aus der Höhlenwand. Der größte Teil der Fläche ist mit Dutzenden rechteckigen Dingern übersät, die je etwa so groß sind wie ein Briefkasten, aus dem oben zwei Metallstifte herausschauen. Elektrische Kabel sind an den Stiften festgemacht und schlängeln sich in alle Teile der Höhle davon.

»Autobatterien«, stellt Slotcar mit einem gierigen Blick und zappelnden Fingern fest.

»So ähnlich«, erklärt Erasmus. »Es sind eigentlich Solarbatterien. Ich habe Sonnenkollektoren oben in den Hügeln. Sie bringen nicht viel Energie, aber eine von diesen Batterien reicht, um einen Faultier-Express am Laufen zu halten. Die restlichen sind für die Lampen und anderen Kleinkram. Ich muss gestehen, dass ich gelegentlich die Stromversorgung von Dunn's Orchard anzapfen muss, um die größeren Maschinen anzutreiben. Ist ein bisschen gemogelt, das geb ich zu, und bereitet euch allen Unannehmlichkeiten.«

»Die Beinahe-Stromausfälle!«, rufe ich. »Das warst du?«

»Tut mir leid«, meint Erasmus traurig. »Aber offensichtlich wird das nicht mehr länger vorkommen und ich mache es nur für die großen Maschinen, nicht für die kleinen Dinge wie meinen Faultier-Express.«

Slotcar starrt den Faultierwaggon mit einem Blick an, der mich an ihren achten Geburtstag erinnert. »Also, eine Batterie reicht, um ihn anzutreiben. Aber, na ja, was würde passieren, wenn du ihn an ganz viele anschließen würdest?«

»Oh!«, ruft Erasmus, während er die Luke schließt. »Interessante Frage! Dann hätte man eine ziemliche Achterbahn! Aber das derzeitige System kann gar nicht so viel Energie aushalten. So viel Spannung würde die Kabel sofort durchbrennen lassen. Der Strom würde ausfallen und der Zug einfach bis zum tiefsten Punkt rollen. Habt ihr schon mal Drähte zum Durchbrennen gebracht? Natürlich habt ihr. Das macht dieses befriedigende knisternde Geräusch.«

Er betätigt den Hebel neben dem Zug und der Faultier-Express rattert von dannen, einen steilen Abhang hinunter, und verschwindet aus unserem Sichtfeld. Erasmus trabt ihm auf einem Steg nach. »Hinterher!«, ruft er uns über die Schulter zu.

Aller Seltsamkeit und Angst und offenen Fragen zum Trotz rennen wir plötzlich johlend und lachend hinter ihm her.

Ich stecke, fällt mir plötzlich auf, mitten in einem Abenteuer. Einem richtigen Abenteuer! Mit Höhlen und Gefahr und unglaublichen Dingen!

Wir folgen Erasmus über wackelige Stege, Leitern, Stufen und an einer Stelle sogar eine Spielplatzrutsche hinunter, bis wir schließlich von einer kleinen Plattform springen und japsend und kichernd am tiefsten Punkt des Höhlengrunds ankommen, direkt unter dem gähnenden Mundloch.

»Hui!«, johlt Erasmus. Er ist ein bisschen außer Atem, aber für einen alten Mann, der in einer Höhle lebt, ist er weniger außer Atem, als ich gedacht hätte. Ich schätze mal, ein magisches unterirdisches Königreich zu erschaffen, hält einen ziemlich fit.

Hier unten am tiefsten Punkt ist die Höhle ziemlich leer. Es gibt keine Lampen, Stege oder geklaute Sachen aus Dunn's Orchard, bloß die Eisenbahn an einer weiteren kleinen Haltestelle. Ihre Gleise erheben sich vor uns in Richtung der riesigen Felswand und – direkt vor uns – einer weiteren Tür im Boden.

Nur ist diese hier ganz und gar nicht mit der normalen hölzernen Haustür oben im Haus zu vergleichen. Zwei gigantische Garagentore, die von selbst auseinandergenommenen und wieder zusammengebastelten automatischen Garagentoröffnern in Stellung gehalten werden, stehen aufrecht zu jeder Seite eines finsteren, einen Sog erzeugenden quadratischen Lochs im Boden der Höhle. Die Torflügel sind mit dicken Gummidichtungen umrandet und mit angeschweißten Eisenstangen verstärkt. Über dem Ganzen ragt eine gigantische Seilwinde auf. Schwere Ketten hängen daran herab und verschwinden im Nichts darunter.

Erasmus holt sich seine Taschenlampen-Mütze vom Faultier-Express zurück und setzt sie auf. »Ich glaube, das wird euch gefallen«, meint er.

Er geht rüber zu einem massiven Eisenpfahl, der in den Boden getrieben worden ist. Ein daran befestigtes Seil führt hinauf zu der Winde. »War echt kniffelig, diese Tür richtig hinzubekommen«, erklärt Erasmus, während er das Seil losbindet. »Sie muss natürlich stark genug sein, um großen Kräften standhalten zu können. Und das ist sie! Glaube ich. Schwer, das jetzt schon zu wissen.«

Slotcar runzelt die Stirn. »Warum muss sie großen Kräften ...«, setzt sie an.

»Normalerweise benutze ich die Winde, um Sachen auf eine Plattform zu heben oder herunterzulassen«, fährt Erasmus fort, der offensichtlich nicht zugehört hat. »Sie könnte uns alle zusammen locker runterbringen. Leider verbraucht sie sehr viel Strom und ich brauche allen Strom, den ich habe, um die Höhle zu beleuchten. Wir müssen also die Leiter nehmen.«

Er zieht an dem Seil und das Bündel über der Winde entwirrt sich in das tiefe Loch hinein. Es ist eine Strickleiter. »So!«, sagt er. »Ihr werdet wild begeistert sein von diesem nächsten Ort. Hoffe, ihr habt Spaß. Werdet ihr, glaube ich.«

Er knipst seine Taschenlampen an und beginnt, die Leiter runterzuklettern. »Es ist nicht weit«, hören wir Erasmus' Stimme aus dem Loch. »Und es ist sehr sicher. Kommt natürlich darauf an, was ihr euch unter den Worten ›sehr‹ und ›sicher‹ so vorstellt. Ich persönlich halte sie ja für dehnbare Begriffe.«

Hier stehen wir also, an noch einer seltsamen Tür. Ich werfe Slotcar einen Blick zu. »Was meinst du?«, frage ich sie.

Slotcar starrt hinauf in den restlichen Teil der Höhle. »Großen Kräften widerstehen«, murmelt sie. Sie lässt ihren Blick von dem weit entfernten finsteren Tunnel am oberen Ende der Höhle hinunter, an uns vorbei hinauf zur Klippe und wieder zurück schweifen. »Hab ich dir je«, meint sie gedehnt, »was über Tintenfische erzählt?«

Ich seufze. »Ja, hast du«, stöhne ich. »Aber jetzt ist nicht die Zeit, mir von Schnäbeln und Dingsbumsen zu erzählen.«

»Echt verrückt«, fährt Slotcar fort. »Die wirklich riesigen Tintenfische leben ganz unten am Meeresboden. Wissenschaftler meinen, dass sie es sich selbst ausgesucht haben müssen, dort unten zu leben, weil sie die Finsternis mögen.« Sie kratzt sich am Kopf. »Aber was, wenn es sich die Tintenfische nicht selbst ausgesucht haben? Was, wenn stattdessen der Ozean gekommen wäre und sich einfach auf sie draufgesetzt hätte? Sie könnten ganze Städte und so da unten haben und sie sind dort geblieben, weil es ihre Heimat ist, selbst wenn da jetzt ein Ozean obendrauf ist.«

»Was redest du da, Slotcar?«, blaffe ich sie an. Meine Worte donnern in der Höhle herum. »Wir stecken gerade mitten in der fantastischsten Sache, die wir je zu Gesicht bekommen werden. Wir wissen noch nicht mal, wie wir sie davor bewahren sollen, von Torvald plattgemacht zu werden, und du redest von einem Tintenfisch, auf den sich der Ozean gesetzt hat! Warum sagst du nie was, das auch Sinn ergibt?«

Darüber denkt Slotcar nach. »Ich schätze«, sagt sie nach einem Augenblick, »weil das alle anderen schon machen.« Sie streicht ihre Jacke glatt, geht zur Strickleiter und fängt an, sie hinunterzuklettern. Von Attica keine Spur.

»Keine Angst!«, ruft Atticas Stimme aus dem Loch herauf. »Es ist richtig sonnig hier unten!«

»Einfach irgendwas«, sage ich in die leere Höhle. »Wenn einfach nur mal jemand irgendwas sagen könnte, das Sinn ergibt, egal was, wäre ich echt dankbar.«

Die Höhle zwinkert mir stumm von ihrer Galaxie an der Decke zu. »Du bist echt zu nix zu gebrauchen, Höhle«, sage ich, aber das meine ich nicht so, denn sie ist das Beste, was mir je begegnet ist.

Mit einem Seufzen greife ich nach der Strickleiter, stelle einen

Fuß auf eine der schmalen Sprossen und klettere einen kurzen, dunklen Schacht hinunter, um am Ende in etwas zu stehen, was sich – entgegen all meiner Bitten nach etwas Sinn – als strahlender Sonnenschein entpuppt.

23

DER UNTERIRDISCHE GARTEN

Meine Augen brauchen einen Moment, um sich an das plötzlich helle Licht zu gewöhnen, aber als sie so weit sind, lässt mich das, was ich sehe, vor Staunen fast von der Leiter fallen.

Wir hängen mit der Leiter aus einem Loch in der Decke einer zweiten Höhle herab, die nur ungefähr zehn Meter hoch ist. Im Gegensatz zur Haupthöhle mit ihrem Mundloch in der Klippe erstreckt sich diese Höhle hier scheinbar unendlich weit unter den Hügeln hindurch. Das allerdings interessiert uns im Moment nicht die Bohne, weil uns das, was wir sehen können, schon mehr als genug beschäftigt.

Vor uns – in einer unterirdischen Höhle! – wachsen in zwei Reihen sechs große, grüne Obstbäume, und jeder von ihnen wird von einer viel größeren, helleren Version der Lichtröhre aus der oberen Höhle erleuchtet. Am Ende jeder Röhre befindet sich etwas, das wie eine große, verspiegelte umgedrehte Satellitenschüssel aussieht, die weit mehr Licht auf ihren Baum wirft als die, die wir zuerst gesehen haben.

»Also *das*«, meint Attica, die ein paar Sprossen unter mir hängt, »ist ein Obstgarten. Und guckt euch all die Röhren an! Denkt dran, wir haben nur ihre Spitzen gesehen, als wir herkamen!«

»Das ist unglaublich!«, rufe ich und höre zu, wie meine Worte an den Wänden der Höhle entlanghallen. »Ein unterirdischer Garten!«

Und auf einmal müssen Attica und ich lachen, irre, hemmungslos, unaufhaltsam lachen über die Tatsache, dass wir losgezogen waren, um einen Obstgarten zu suchen, den es nicht gab, und schließlich drei Stück gefunden zu haben.

Wir lachen so doll, dass die Strickleiter zu schaukeln beginnt.

»Ähm«, meint Slotcar zwischen uns, »ich weiß nicht, was ich davon halten soll.«

Ich gucke zu ihr hinunter und sehe, dass sie die Seile umklammert und ängstlich rauf in Richtung der großen Tür über uns schaut.

»Tut mir leid, Slotcar, wollten dir keine Angst machen«, rufe ich ihr zu.

»Nee, das ist es nicht«, gibt Slotcar zurück. »Ich meine, ich weiß nicht, was ich davon halten soll, dass die Tür so ...«

Erasmus' Stimme dringt zu uns herauf. »Kommt noch ein Stückchen weiter runter! Es ist ganz ungefährlich hier unten!«

Wir hangeln uns hinunter zum Grund der Höhle und landen auf einer stabilen Metallplattform, die an den Ketten, die von der Winde herabhängen, befestigt ist.

Erasmus hat sich an einen Tropfstein gelehnt. »Ich hätte doch den Strom für die Winde einschalten sollen«, keucht er. »Egal, zu spät. Hier, kommt und seht euch das an! Diese Tunnel verlaufen unter dem ganzen Tal, direkt unter Dunn's Orchard!«

Er humpelt in Richtung der Bäume davon, dicht gefolgt von Slotcar.

Attica tippt mich am Arm an und wir lassen uns ein wenig zurückfallen. »Er scheint es mir viel zu gut wegzustecken, dass dieser Ort zerstört werden soll«, meint sie.

»Ich weiß«, erwidere ich und ziehe das VOR-VORHER-Stück aus meiner Tasche. Das kleine Modell vom Haus der Türen und den Lichtröhren überall im Tal sieht ziemlich mitgenommen aus. »Irgendwie traurig. Das ganze Tal hat mal so ausgesehen. Erasmus hat es mit all diesen fantastischen Dingen angefüllt. Und dann hat der doppelköpfige Torvald alles niedergemacht, aufgeschüttet und seine Stadt obendrauf gebaut. Stell dir nur vor, wie es ausgesehen haben muss, Attica. Stell dir vor, Torvald hätte all das nicht zerstört und es wäre noch da. Diese Höhlen sind der letzte Rest, und den will er sich jetzt auch noch holen.«

»Wahrscheinlich«, meint sie. »Aber ich weiß nicht, irgendwas ergibt hier keinen Sinn. Welche Frage stellen wir nicht?«

»Hier ist meine Frage: Warum ist mein Dad da rausgegangen, um Joe und Hopper zu zerlegen und Torvald daran zu hindern, hierherzukommen?«

»Nicht schlecht. Du hättest ihn mitnehmen sollen, als du vor ihm weggerannt bist.«

»Gleich hier drüben«, ruft Erasmus uns über die Schulter zu. »Verlauft euch nicht, ihr zwei!«

»Ich hab das Gefühl, wir haben irgendwas falsch verstanden«, stellt Attica fest. »Als ob wir irgendwas Großes übersehen haben.«

»Haben wir«, sage ich und drehe das VOR-VORHER-Stück in meinen Händen um. »Den Knochenmann, aber den kennen wir jetzt. Guck dir diesen Ort an, Attica. Es gibt nichts Vergleichbares, nirgends. Erasmus hat ihn erschaffen und Torvald will ihn zerstören und aufschütten und noch mehr Papphäuser obendrauf stellen. Ist das in Ordnung für dich?«

Attica stiert in den unmöglichen Obstgarten und atmet tief durch. »Das ist die Frage«, meint sie. »›Ist das in Ordnung für dich?‹ Das ist die Frage, die ich nicht gestellt habe. Na ja, nein, ist es nicht. Es ist nicht in Ordnung. Danke, Pri. Für eine Sekunde hätte ich beinahe Zweifel verspürt, und das ist *so dermaßen* untypisch für mich. Also, lass uns diesen Ort hier retten und, wenn es sich ergibt, Torvald ordentlich in den Hintern treten.«

Wir traben rüber zu Slotcar und Erasmus, die unter den Bäumen stehen.

Unter ihren Ästen entlangzugehen ist, wie in einem Zauberwald zu wandeln. Sonnenschein strömt aus den sechs Licht reflektierenden Schüsseln zwischen den Blättern hindurch und wirft in sechs Richtungen gleichzeitig Schatten. Hier ist es ein bisschen wärmer und grüne, fruchtige Düfte vermischen sich mit dem mineralischen Geruch der Höhle, um unsere Nasen zu verwirren und zu erfreuen. Die Bäume sind höher und dürrer als irgendein Obstbaum, den ich je zuvor gesehen habe. Ich frage mich, warum.

»Weil sie dem Licht entgegenwachsen«, erklärt Erasmus, der hinter mir aufgetaucht ist. »Oberirdische Bäume wachsen in die

211

Breite, um das Sonnenlicht die ganze Zeit einzufangen, in der die Sonne über den Himmel wandert. Aber hier kommt das Sonnenlicht immer von oben, deswegen strecken sich die Bäume direkt danach aus. Wirkt sich aber nicht auf die Früchte aus. Hier, Magenkind, steck dir das in den Kopf.«

Er holt eine Gartenschere aus der Tasche, knipst eine frische Birne von einem niedrigen Zweig und reicht sie mir. Sie schmeckt süß und so intensiv, dass meine Wangen kribbeln. Ich hab noch nie irgendwas Ähnliches probiert.

»Ummmmmmmmmberto«, schnurrt meine Magenziege.

»Famos!«, ruft Erasmus. »Ich war zuversichtlich, aber es ist immer gut, eine Meinung von einem Außenstehenden zu bekommen. Nehmt euch noch!« Er wirft Attica und Slotcar auch je eine Birne zu und eine selige Stille legt sich über die Höhle, während wir alle unmögliche Früchte schlemmen.

»Erasmus«, meint Slotcar schließlich zwischen zwei Bissen, »dieser Ort ist genial. Wie einer meiner Träume und ich träume oft echt wüste Sachen.«

»Danke, Slotcar«, erwidert Erasmus. »Das ehrt mich!«

Slotcar beißt noch ein paarmal nachdenklich von ihrer Birne ab, bevor sie hinzufügt: »Wann ist dir aufgegangen, dass es nicht funktioniert?«

Ich verschlucke fast meinen Birnenrest. Atticas Kopf wirbelt herum, um zuerst Slotcar und dann Erasmus anzustarren, der traurig lächelt.

»Ich glaube, das wusste ich schon, als ich es entworfen habe«, erwidert er sanft. »Ehrlich, ich wollte nur sehen, ob es machbar war. Das war es wert, glaube ich.«

»Was meinst du mit ›nicht funktioniert‹?«, fragt Attica mit vollem Mund.

»Genau!«, stimme ich ihr zu und halte meinen Birnenrest hoch. »Guck doch!«

»Klar kann man hier einen Obstbaum pflanzen«, erklärt Slotcar. »Und wenn man ein Vermögen dafür ausgibt, Glasröhren anzuschaffen und Löcher für sie zu bohren und alles, kann man ihn mit Tageslicht bescheinen. Und man kann Wasser holen gehen und es hier runterbringen, obwohl ich schätze, dass das auch besser ginge, aber egal – man kann einen Baum dazu bringen, unterirdisch zu wachsen, gell?«

»Wissen wir, Slotcar«, knurre ich wütend. »Wir sitzen unter sechs solchen. Worauf willst du hinaus? Warum funktioniert es nicht?

»Wegen der Bienen und Blumen.«

»Slotcar«, sagt Attica sanft, »hat deine Oma nicht mit dir darüber gesprochen? Bäume machen keine Babys wie Menschen.«

»Nee«, gibt Slotcar zurück, »ich meine echte Bienen und echte Blumen. Obstbäume bringen nur Früchte hervor, wenn ihr Blütenstaub von einer Blüte zur nächsten getragen wird, wieder und wieder, über den ganzen Baum verteilt.«

»Genau, vom Staubgefäß auf die Narbe tief innen drin in der Blüte«, erklärt Erasmus. »Erst dann ist die Blüte bestäubt und eine Frucht kann wachsen! Du bist so schlau!«

»Aber irgendwer muss den Bestäubungsjob übernehmen«, meint Slotcar. »Nämlich die Bienen. Und das ist das Problem. Man kann Sonne und Wasser hier herunterbringen, aber keine Biene wird hier je einen Flügel hereinsetzen. Selbst wenn man sie hier unten aussetzen würde, würden sie einfach erfrieren.«

»Ja«, seufzt Erasmus betreten, »dieses Experiment ist echt in die Hose gegangen.«

»Aber es gibt Früchte!«, rufe ich. »Wir essen sie doch!«

»Und wer, glaubst du, hat den Bestäubungsjob übernommen?«, fragt Slotcar. Sie nickt in Richtung Erasmus.

»Das hat so wahnsinnig lange gedauert«, meint der Alte. »Und ich bin nicht mehr der Jüngling von einst.«

»Genau das ist dein Problem«, stellt Slotcar fest. »Du musst fix und fertig gewesen sein, wenn du jede Blüte von Hand bestäubt hast. Ein alter Knabe wie du kann das nicht jedes Jahr machen und du wirst nie Bienen in eine Höhle bekommen.«

Attica wirft Slotcar einen Blick zu. »Du bist ein totaler Spielverderber«, grummelt sie.

»Nein, sie hat recht«, meint Erasmus. »Dieser kleine unterirdische Garten ist dem Untergang geweiht. Es war ein wunderbares Experiment, aber viel zu unpraktisch, um zu überleben.«

Slotcar zuckt mit den Schultern. »Dann war's das also? Ende Gelände?«

»Es gibt immer Hoffnung!«, ruft Erasmus munter. »Wie sagt man so schön: Am Ende wird alles gut ... irgendwas, irgendwas ... noch nicht das Ende!«

Attica springt auf und stapft zu dem Alten rüber. »Erasmus«, sagt sie, »gar nichts ist gut. Torvald hat sich seinen Weg zu dir gebahnt. Er hat alles zerstört, was du erschaffen hast, und in weniger als vierundzwanzig Stunden wird er hier sein und auch diesen letzten Rest plattmachen. Und wer weiß, was er dir antun wird, und niemand wird all das hier je zu Gesicht bekommen, und du wirst nie herausfinden, wie man einen unterirdischen Garten betreiben kann und ... und ... und aaaaarrrrghh! Wie zum Geier glaubst du, dass alles gut werden soll?«

Erasmus' Torvald-nur-in-nett-Gesicht schaut fröhlich zu Attica herauf. »Oooooh!«, ruft er plötzlich und lässt Attica zusammenzucken. »Warte mal, hatte ich euch Tee angeboten? Hab ich, oder? Wir wollten doch Tee trinken gehen!«

Er springt, plötzlich wieder erstaunlich lebhaft, auf und macht sich daran, die Strickleiter wieder hinaufzuklettern.

»Kommt schon!«, ruft Erasmus uns über die Schulter zu. »Ich zeig euch, wo es den Tee gibt! Und während wir dort sind, kann ich euch auch zeigen, warum alles gut werden wird.« Er packt die Stricke der Leiter, während wir verwirrt hinter ihm herdackeln. »Aber nehmt euch in Acht«, sagt er, während er die ersten Sprossen erklimmt. »Das geht ein bisschen auf die Knie.«

24

VOR-VORHER, VORHER
UND NACHHER

Mum kocht nicht sonderlich viel, aber wenn sie Masala Chai macht, legt das Universum eine Pause ein und drückt sich die Nase an unserem Küchenfenster platt.

Als Erstes gibt sie eine Tasse Wasser in einen schweren gusseisernen Topf auf dem Herd. Während es aufkocht, öffnet sie fünf kleine Keramikdosen und nimmt eine Zimtstange, vier stachelige schokobraune Gewürznelken, fünf blassgrüne Kardamomkapseln, einen Sternanis und drei schrumpelige, spröde schwarze Pfefferkörner heraus.

Ich gebe alle Masalas – die Gewürzzutaten – in einen Mörser, eine schwere Schale aus Stein mit einer kleinen Keule, die man Stößel nennt. Mit dem Stößel zerdrücke ich sorgfältig jedes Gewürz für unser Masala. Ich spüre, wie jedes einzelne Pfefferkorn platzt, beobachte, wie die Kapseln sich öffnen, und atme tief durch die Nase ein, sobald das Masala seinen würzigen, erdigen Duft freigibt.

Sobald das Wasser kocht, gibt Mum drei Teelöffel drahtige

schwarze Teeblätter hinzu, die nach Bibliotheksbüchern und Geheimfächern riechen. Nach einer Minute fügt sie die zerstoßenen Gewürze und zwei Tassen nussige Sojamilch hinzu. Dann reibe ich noch ein bisschen hellgelbe Ingwerwurzel hinein – und ein bisschen mehr, wenn einer von uns erkältet ist.

Drei Minuten später gießt Mum den Chai in zwei hohe Gläser mit Holzgriffen und rührt in jedes einen Teelöffel Honig hinein.

Einen Augenblick lang sitzen wir nur da und genießen die Farbe des Chais und beobachten, wie der Dampf über dem Glas wirbelt und tanzt. Dann beugen wir uns vor, machen die Augen zu, schnuppern und probieren ihn schließlich.

Wenn wir ausgetrunken haben, spülen wir den Topf und unsere Gläser, trocknen sie ab und räumen alles wieder auf.

Erst dann fangen wir wieder an, miteinander zu reden.

Es gibt jede Menge Gründe, warum ich gerade jetzt daran denken muss. Einerseits, weil ich mich immer noch mies fühle, dass ich meine Mum gestern Abend vor den Kopf gestoßen habe, bevor ich abgehauen bin. Andererseits, weil dieser seltsame, wunderbare Ort, den wir entdeckt haben, genauso reichhaltig und vielschichtig ist wie der Chai.

Hauptsächlich aber, weil Erasmus Dunn Tee zubereitet, indem er muffige, alte Teebeutel mit lauwarmem Wasser aus einem rostigen Kessel aufgießt und in *Thomas, die kleine Lokomotive*-Bechern aus Plastik serviert.

Es liegt garantiert daran und nicht an der Tatsache, dass Mum und ich schon sehr lange nicht mehr zusammen Masala Chai gemacht haben, dass meine Augen plötzlich wieder zu brennen beginnen.

Erasmus bewahrt seinen grausigen Tee im Turm über dem Haus der Türen auf. Deswegen hat es allein zwanzig Minuten gedauert, bis wir die Strickleiter zurück in die Haupthöhle geklettert waren, dann die Holztreppe zur Plattform hinauf, dann die Steintreppe zur Tür im Boden (wo Erasmus kurz anhielt und sich eine große Wasserflasche aus einem Kasten schnappte), dann die Wendeltreppe um die Röhre rauf zu einer Leiter, die an einer Luke endet, durch die wir schließlich in eine kleine Kammer mit einem alten Bettgestell, einem Campingkocher und dem VOR-VORHER-Modell gelangten, das wir zuletzt ein Stock tiefer gesehen haben, als wir uns alle auf den Boden geworfen haben.

Ich habe gesagt, für eine schöne Tasse Tee würde ich töten. Die, die Erasmus uns gemacht hat, würde ich am liebsten auch umbringen, aber aus völlig anderen Gründen.

Ich versuche, meine Beine aus dem Schneidersitz zu entknoten, doch die antworten mir, dass ich keine hunderte von Stufen hinaufklettern darf, wenn sie weiter funktionieren sollen, und dass sie derzeit außer Betrieb seien.

Auf dem Platz neben mir massiert Attica sich die Beine und macht dabei ihr *Fnargh*-Gesicht. Erasmus sitzt auf seinem Bett und sieht grau, aber glücklich aus. Slotcar kniet neben der Glasschiebetür und späht konzentriert über das Tal. Weit in der Ferne ragt die Spitze von Kastell Dunn über den Baumwipfeln des Gruselwalds auf.

»Erasmus«, sage ich, »du musst mal zu mir nach Hause kommen, dann zeige ich dir, wie richtig guter Tee schmeckt.«

»Eine Einladung!«, ruft Erasmus. »Ich würde schrecklich gern, aber ... äh ... dein Zuhause, ja. Das ist natürlich ungünstig. Vielleicht kannst du deinen Tee zu mir mitbringen? Ich liebe meinen Tee, aber es soll niemand von mir sagen, dass ich mich nicht auch umstimmen lasse. Oder stimmen. Ich hatte mal ein Klavier, das musste gestimmt werden. Klang ganz schief. Was wollte ich sagen? Ach ja, Tee! Also hast du selbst welchen. Warum hast du dann gefragt?«

Attica stellt ihre unberührte Tasse mit braunem Wasser ab und schüttelt den Kopf, als würde sie versuchen, Erasmus' Gedanken zu entwirren. »Was meinst du mit ›ungünstig‹? Was ist ungünstig daran, Pri zu Hause zu besuchen?«

»Oh, na ja, weißt du, ich ... Magst du Seen? Ich schon und ...«

»Vergiss es«, seufzt Attica. »Warum erzählst du uns nicht ein bisschen mehr über dich? Hast du hier immer schon allein gelebt? Hast du das alles selbst gebaut? Und was ist zwischen dir und Torvald vorgefallen?«

Erasmus schaut raus Richtung Kastell Dunn. »Armer Torv«, meint er traurig. »Wisst ihr, wie haben hier zusammen angefangen. Als wir junge Männer waren. Lang, lang ist's her. Ihr müsst wissen, wir haben beide wahnsinnig gern Dinge erschaffen. Wir wollten dieses Tal hier gemeinsam wunderbar verwandeln. Und als ich dieses Höhlensystem entdeckt habe, waren wir so aufgeregt! Wir hatten große Pläne und es lief alles bestens! Wir sind im Tal rumgeknattert, haben meine Entwürfe gezeichnet und meine Ideen verwirklicht.«

»Im Tal rumgeknattert?«, frage ich. »Auf einem Motorrad zufällig?«

»Ja, genau!« Er kratzt sich den Kopf. »Das hab ich schon eine ganze Weile nicht mehr gesehen. Hatte es an einem Baum abgestellt und dann vergessen, an welchem. Ich frage mich, wo es abgeblieben ist.«

»Wir haben da so eine Ahnung«, meint Attica. »Aber das wird dir nicht gefallen. Was ist mit Torvald passiert? Warum ist er abgehauen?«

Erasmus legt die Hände auf die Knie und sein müdes Gesicht fällt noch ein bisschen mehr ein. »Ich weiß es ehrlich gesagt nicht«, erwidert er. »Eines Tages, das muss jetzt fünfzehn Jahre her sein, ist er auf einmal wütend geworden, einfach so. Er meinte, er wolle seinen eigenen Obstgarten und würde ihn um jeden Preis erschaffen und dass seiner besser wäre als meiner, weil seiner echt wäre und man damit Geld machen könne. Er hat die Planierraupen und die Bauarbeiter angeschleppt und angefangen, seinen Obstgarten auf meinem zu bauen.«

Er hebt mit großen Augen den Blick. »Ich glaube … seiner ist wirklich besser geworden als meiner.«

Auf einmal sieht er sehr alt und zerbrechlich aus. Ich kann nicht beschreiben, was ich gerade über Torvald denke, aber ich kann es an Atticas Gesicht ablesen. Dasselbe wie beim Freudenfeuer.

Slotcar regt sich am Modell. »Wofür ist das Ding also?«, will sie wissen.

Erasmus schaut hinüber zu dem Styropor-Tal mit seinem See, den Schluchten und Wasserfällen und dem Fluss, und auf einmal erhellt sich seine Miene wieder. »Ah, ja, ein echter Augenöffner, oder? Sich nicht über die Vergangenheit zu grämen, sondern an die Zukunft zu denken! Stellt euch nur vor, wie wundervoll die Zukunft sein wird!«

Slotcar beißt sich auf die Zunge. »Jau«, meint sie und lässt den Blick noch mal über das Modell schweifen. »Nur ...«

Sie wirbelt herum, schnappt sich ihren Tee und stürzt ihn hinunter. »Ähm, Razz«, fängt sie an. »Der Tee ist spitzenmäßig, echt. Wir lieben ihn alle, nicht wahr?« Sie wirft Attica und mir einen bedeutungsvollen Blick zu.

»Lieben ihn«, sagt Attica mit Nachdruck, »trifft es absolut – nicht.«

Slotcar reißt mir den *Thomas, die kleine Lokomotive*-Becher aus der Hand, trinkt ihn in einem Zug aus und macht dasselbe mit Atticas Tee.

»Wir haben alle ausgetrunken«, rülpst sie. »Meinst du, du kannst uns noch einen Tee machen, Razz?«

»Oh, ähm, na ja«, stottert Erasmus und reibt sich die Knie, »wenn ihr sicher seid, dass ihr noch welchen möchtet, dann natürlich! Ich muss nur schnell runter ins Haus gehen und noch eine Flasche Wasser holen. Bin gleich zurück!« Er verschwindet ein bisschen wackelig die Leiter runter.

»Was machst du denn, Slotcar?«, will ich wissen.

»Hier ist irgendwas faul«, gibt sie zurück. »Warum ist er so glücklich darüber, dass alles, woran er ewig gearbeitet hat, morgen von seinem Bruder zerstört wird? Warum unternimmt er nichts dagegen?«

»Red weiter«, fordert Attica und steht vorsichtig auf.

»Was auch immer er da unten in den Höhlen macht«, meint Slotcar, »ist noch nicht fertig. Er will selbst Strom erzeugen können, damit er unseren nicht mehr anzapfen muss. Er will seine Bäume bewässern können, ohne dass er immer mit Eimern unter den Fluss gehen und es holen muss. Und er will auf jeden Fall einen weiteren Versuch unternehmen, einen Obstgarten anzupflanzen. Würde ich auch. Warum also ist er bereit, aufzugeben und all das zerstören zu lassen?«

Attica ist zu ihr rüber ans Modell getreten. »Was«, sagt sie langsam, »wenn er *nicht* aufgegeben hat?«

Gegen den Willen meiner empörten Knie springe ich auf. »Was meinst du damit?«

»Weiß ich noch nicht«, erwidert Attica. »Aber es würde viel mehr Sinn ergeben, wenn Erasmus so gut drauf ist, weil er weiß, dass er vor Torvald sicher ist. Aber wie kann er sicher sein«, überlegt sie weiter und wedelt mit der Hand über dem VOR-VORHER-Modell, »wenn er Torvald nicht davon abhalten kann, all das hier zu zerstören? Was übersehen wir?«

Ich hole mein VOR-VORHER-Stück raus und schiebe es zurück an seinen Platz im Modell. Der kleine blau aufgemalte Fluss ergießt sich aus dem kleinen Höhleneingang aus Pappe.

»So«, sage ich. »Alles wieder zusammengesetzt.«

»Bombe!«, meint Attica.

Slotcar erstarrt. »Was?«, fragt sie.

»Hä?«, fragt Attica.

»Hast du grad ›Bombe‹ gesagt?«

»Äh, ja?«

Slotcar stürzt rüber zur Glastür. »Bombe«, sagt sie zum Tal.

Sie kehrt zum Modell zurück. »Bombe«, sagt sie zum Modell.

Sie blickt zu uns auf. »Bombe«, sagt sie zu uns. »Habt ihr es nicht bemerkt? Ich kann kaum glauben, dass es mir nicht aufgefallen ist. Ich bin so ein Vollpfosten!«

»Haben wir *was* nicht bemerkt?«, hake ich nach.

»Dass es hier kein Dynamit gibt.«

»Slotcar«, frage ich, »hast du's mit dem Tee übertrieben? Weil, ich hatte gestern einen echt riesen Kaffee und ...«

»Nee, halt die Klappe«, meint Attica. »Sie hat recht. Warum hab ich das nicht auf dem Schirm gehabt? Slotcar, du bist ein Genie. Hab ich immer schon gesagt. Wo ist das ganze Dynamit?«

»Was für ein Dynamit?«, schreie ich.

»Hör zu«, sagt Attica. »Wo sind all die geklauten Sachen aus Dunn's Orchard?«

»Na hier«, antworte ich. »In den Höhlen.«

»Alles?«

»Jahaaaaa. Das ganze Baumaterial, all die Werkzeuge, der Haushaltskram. Sogar die Spielsachen und so. Erasmus hat das alles geklaut und hierhergebracht.«

»Richtig. Na also. Und warum gibt es in eurer Stadt keinen Bahnhof?«, fragt Attica.

Ich blinzele sie an. »Was? Das hab ich dir doch schon erzählt. Weil die Eisenbahnlinie nie gebaut wurde.«

»Und warum nicht?«

»Weil sie den Durchgang durch die Hügel nicht bauen konnten.«

»Und warum nicht?«

»Weil jemand das Dynam...«

Ich erstarre zur Salzsäule.

»Wo ist das Dynamit?«, frage ich.

»Sehr gute Frage«, meint Attica.

»Ich glaube, ich weiß es«, flüstert Slotcar, während sie das

Modell anstarrt. »Ihr wisst doch, dass Torvalds Modell VORHER-
und NACHHER-Stücke hat, oder?«

»Jaaa«, erwidere ich.

»Na ja, ich denke, du hast einen Denkfehler gemacht«, erklärt
Slotcar. »Ich glaube, das Dynamit ist ganz oben in der Höhle, genau unter dem Flussbett. Und es wird hochgehen, bevor die Planierraupen hier ankommen. Erasmus braucht etwas, das all seine verrückten Apparate mit Strom und Wasser versorgen kann.
Stellt euch die Haupthöhle mit all ihren Stegen und Brücken, die
ins Nichts führen, mal wie eine riesige Wasserrutsche vor. Wenn
man ein Loch unter dem Fluss sprengt, fließt das Wasser mitten
hindurch.«

»Und damit kann man Strom erzeugen«, überlege ich weiter.
»Das habe ich mal im Urlaub in den Bergen gesehen. Das Was-
ser treibt gigantische Turbinen an, die den Strom erzeugen. Hat
Erasmus Turbinen?«

»Ich wette, das ist, was das Monstergebrüll von sich gegeben
hat, das wir gehört haben«, meint Attica. »Die sind weiter oben
in der Höhle!«

»Er hat ja davon geredet, dass er größere Maschinen hat, die
Strom brauchen, gell«, sagt Slotcar.

»Und von irgendwelchen wunderbaren neuen Dingen, die er
gerade weiter oben in der Höhle testet«, füge ich hinzu.

»Und dann, wenn er das Wasser nicht mehr braucht«, fährt
Slotcar fort, »lässt er den Fluss durch den Höhleneingang wieder rausfließen, damit sein unterirdischer Garten nicht überflutet wird. Diese massive Tür zur unteren Höhle ist so verstärkt,
dass sie dem Wasser standhält.«

Ich folge dem Wasser im Geist. »Aber dann wird der Fluss raus in den Gruselwald fließen und dann ...«

»Jep.« Slotcar zeigt auf das Modell. »Der Fluss ist nie durch das Tal geflossen, aber er wird es bald.«

»Und wenn er in der Mitte angekommen ist«, sage ich, »wird er einen See bilden. Einen echt schönen See. Über unseren Häusern.«

»Wie ein Ozean, der auf einem Tintenfisch sitzt«, murmelt Slotcar.

Wir starren Erasmus' Modell an.

»Wir haben es genau anders herum verstanden«, meint Attica. »Nichts davon gab es hier bisher, aber wenn es nach Erasmus geht, wird es das bald. Torvald wird Erasmus' Obstgarten nicht zerstören. Er wird gar nicht die Gelegenheit dazu bekommen, weil Erasmus Dunn's Orchard zuerst zerstören wird. Das hier ist nicht das VOR-VORHER-Modell«, stellt sie fest.

»Und es ist auch nicht das VORHER-Modell«, meint Slotcar.

Ich atme tief durch. »Es ist das NACHHER-Modell.«

25

DAS PARALLELUNIVERSUM

Wir starren Erasmus' NACHHER-Modell stumm an, versuchen zu begreifen, was das bedeutet.

Oder zumindest ich tue das. Ich kann mich kaum auf Attica und Slotcar konzentrieren, weil ich im Geist in meinem Weltraumhubschrauber bin und das erste Mal, seit ich klein war, wieder über das Styroporuniversum fliege.

Nur dass es diesmal ein umgekehrtes Universum ist.

Man kann kaum noch erkennen, wo die Häuser mal standen. Kleine Bäumchen sprießen in die Höhe, Tiere treten Trampelpfade zwischen den liegen gelassenen Haufen zusammengeschobener Felsbrocken aus und auf halber Höhe der Lichtröhren hängen Vogelnester, in denen sich die kühle Brise fängt, die vom See, der die Stadtmitte bedeckt, herüberweht.

Ich zische über die Wasseroberfläche, folge dem goldenen Glitzern reflektierter Sonnenstrahlen zum hinteren Ufer des Sees, wo er sich über diesige Wasserfälle in die Schluchten ergießt. Nicht die Schluchten eines früheren Tals, die hat es nie gegeben, sondern neue, märchenhafte Schluchten einer möglichen Zukunft. Welche erstaunlichen Dinge wird Erasmus in diesen breiten, oben offenen Tunneln erschaffen?

Ich tauche in einen ein, stelle mir das Licht und das Wasser und die warme Luft vor, die hereinströmen, und mit einem Mal ist es ganz offensichtlich, was hier geschehen muss. Es ist nichts, was erbaut werden kann, sondern mit Hilfe von Bienen und Blumen wachsen muss.

Hier wird Erasmus seinen lebensgroßen, funktionierenden unterirdischen Garten errichten.

Ich ziehe wieder nach oben und hocke mich auf eine der Lichtröhren, um die ganze Szenerie zu bestaunen. Erasmus' Worte kommen mir wieder in den Sinn.

Warum etwas Gewöhnliches machen, wenn man etwas Wunderbares tun kann?

Was, wenn man die Gelegenheit hätte, etwas Gewöhnliches durch etwas Wunderbares zu ersetzen?

Aber das Gewöhnliche dein Zuhause wäre?

So viele Fragen. Was ist die Antwort?

»Heiliger Strohsack!«, sagt Attica Stone wieder und wieder. »Heiliger Strohsack!« Sie greift sich an den Kopf und geht rüber zur Glastür. »Absolut heiliger echter Strohsack! Wo bin ich denn da reingeraten?«

Sie kommt entschlossen zu mir rübergestampft. »Ich dachte, du hättest gesagt, dein Städtchen sei ruhig!«, brüllt sie mich entrüstet an.

»Ist es auch«, erwidere ich und deute auf das Modell. »Das hier ist nicht mein Städtchen.« Ich berühre das Styropor. »Aber es könnte es sein«, murmele ich.

Attica fallen fast die Augen raus. »Was?! Du schlägst nicht im Ernst vor ...«

»Natürlich«, murmelt Slotcar, die das Modell die ganze Zeit fix angestarrt hat, »müsste man das Ganze fernzünden. Das heißt ...« Sie schlendert rüber zur Glastür und starrt auf die Klippe und das geheime Tal runter.

»Pri«, fährt Attica fort, als es so scheint, als ob sich Slotcar nicht weiter äußern würde, »du denkst nicht darüber nach, Erasmus das tun zu lassen, oder?«

»Falsche Frage, Attica Stone«, gebe ich zurück. »Du solltest besser fragen: Wenn wir Erasmus aufhalten, wird Torvald mit Joe und Hopper herkommen und diesen Ort zerstören. Die Höhlen, das Haus, den Obstgarten, Erasmus und all seine Arbeit – futsch. Willst du *das* zulassen?«

Attica funkelt mich wütend an.

»Wir haben eine Wahl, verstehst du?«, erkläre ich. »Dunn's Orchard oder Erasmus' Obstgarten. Das eine zu retten heißt, das andere zu zerstören.«

Die Leiter knarzt, Erasmus taucht in der Luke auf und lässt die Wasserflaschen mit einem tiefen Seufzen auf den Boden knallen. Wir wirbeln alle drei herum und starren ihn erschrocken an.

»'tschuldigung«, meint er, »ich weiß, ich habe Ewigkeiten gebraucht, aber der Tee ist so gut angekommen, da dachte ich, ich bringe gleich mehr Wasser mit, dann können wir den Kessel auf dem Feuer lassen und den ganzen Tag Tee trinken.«

Er schaut in unsere verblüfften Gesichter.

»Hat ja keinen Zweck, Teebeutel zu hamstern, wisst ihr«, fügt er fröhlich hinzu, »wenn man bedenkt, dass ich morgen ohnehin Dunn's Orchard überflute.«

★

»Ja!«, zwitschert Erasmus. »Ziemlich genau so wird es laufen!«

Wir haben den alten Knaben zwanzig Minuten lang über seine geheimen Pläne ausgefragt, was nur dadurch erschwert wurde, dass er überrascht war, uns das nicht schon alles erzählt zu haben.

»Ich bin sicher, ich hab das schon erwähnt«, meint er und reibt sich verwirrt das Kinn. »Hab ich nicht gesagt, dass meine Wasser- und Energieengpässe bald vorbei sein würden?«

»Na ja, schon«, erwidere ich.

»Und hab ich erwähnt, dass ich mir wegen Torvald und seinen Planierraupen keine Sorgen mache, weil ich der Zukunft freudig entgegenblicke?«

»Ja, aber ...«, meint Attica.

»Und was ist mit meinem Obstgarten? Hab ich gesagt, dass ich mir darum keine Sorgen mache und alles gut werden wird?«

»Irgendwie schon«, gibt Slotcar zurück.

»Hmmm. Und was ist mit dem Teil, in dem ich den Hundert-Meilen-Fluss durch die große Höhle umleite, um Wasserkraft zu erzeugen, und im Tal einen See und einen groß angelegten unterirdischen Garten unter freiem Himmel entstehen lasse?«

Ich strecke den Zeigefinger in die Luft. »Da haben wir's! Das ist der Teil, den du definitiv vergessen hast.«

»Oh!«, ruft Erasmus. »Aber das ist doch der beste Teil! Seht ihr, der Tunnel mit meinem Versuchsgarten, den ihr gesehen

229

habt, ist nur der Anfang eines viel längeren Systems aus natürlichen Höhlen und Tunneln, das sich genau unter dem Tal erstreckt! Knapp unter der Oberfläche. Sobald ich das mit der Elektrizität und dem See hinbekommen habe, muss ich nur noch vorsichtig graben, um die richtigen Tunnel freizulegen, die gerade nahe genug am See sind, um die passende Menge Wasser durchzulassen. Zu viel und sie werden überflutet! Die Bäume bekommen dann genug Wasser und dank ein paar zusätzlicher Lichtröhren auch Tageslicht, das Bestäubungsproblem löst sich und alles sollte mehr oder weniger von selbst laufen!«

»Und was ist mit der Stadt, die schon da ist?«, will Attica wissen. »Dreitausend Menschen leben in diesem Tal!«

Erasmus blinzelt kaum merklich, als ob diese Frage so naheliegend wäre, dass er nie über die Antwort nachgedacht hat. »Wird denen mein Tal denn nicht besser gefallen?«, fragt er.

»Du wirst ihre Häuser zerstören!«, ruft Attica.

»Aber sie sind doch versichert, oder?«, meint Erasmus. »Ich bin sicher, dass Torvald auf Versicherungen bestanden hat. Die Versicherungen werden dafür bezahlen, dass sie sich neue Häuser kaufen können, vielleicht in der Großstadt oder irgendwo anders. Ich glaub nicht, dass es ihnen etwas ausmacht – schließlich sind sie ja gerade mal ein paar Jahre hier, aber ich arbeite schon sehr viel länger an all dem hier. Wenn sie nur mal gefragt hätten, hätte ich es ihnen gesagt.«

»Aber die Überschwemmung! Du könntest sie umbringen!«

»Oh nein!«, ruft Erasmus außer sich. »Ich habe Torvald am Freitagabend doch gesagt, dass es jetzt so weit ist, und er hat alle

Einwohner für Montagmorgen zu einem Treffen auf dem Fußballfeld bestellt. Hat er doch? Den Fußballplatz hat er erhöht anlegen lassen, wisst ihr, nur für den Fall, dass er die Einwohner mal über Wasser halten müsste. Alle werden dort sein, es wird niemandem etwas geschehen. Nicht mal Haustieren oder so. Torvald wird schon dafür sorgen. Er will mich aufhalten, aber er weiß, dass er es wahrscheinlich nicht kann. Er ist ein guter Mensch. Ich würde nie jemandem schaden wollen. Ich will nur alles besser machen.«

Er legt eine Hand auf das Modell. »Auf der ganzen Welt gibt es graue Pappkartonstädte. Aber mein Obstgarten wird einzigartig sein. Ist das nicht viel besser?«

Attica schlägt die Hände über ihrem Kopf zusammen, als ob sie Angst hätte, dass dieser davonfliegen könnte. »Ich will nicht ... Es muss einen Weg geben ... Fnargh!«

Ich kann nicht anders, als das Modell anzustarren. Ein Paralleluniversum. Eine letzte Gelegenheit, es besser zu machen oder es für immer zu verlieren.

Ich spüre, wie Attica mich anstarrt, aber ich gucke nicht zurück.

Aus einer ruhigen Ecke meldet sich Slotcar zu Wort. »Kann ich mir das ganze Wasserkraftgedöns mal anschauen?«, fragt sie. »Ich wüsste nur zu gern, wie das alles funktioniert.«

»Ja, natürlich!«, ruft Erasmus. »Schnappt euch eure Jacken, dann zeige ich euch alles!«

»Ich hol sie«, meint Slotcar. Sie klaubt unsere Jacken zusammen und reicht sie uns, während wir die Wendeltreppe zum Erdgeschoss runtergehen.

Während wir neben der Tür im Boden stehen und unsere Jacken anziehen, stelle ich mir meine Haustür vor, die ganz genauso aussieht wie diese hier. Ich muss an mein Haus denken und alle Häuser drum herum. An die Schule und Kastell Dunn und Grays Werkstatt und Slotcars Haus und an *Echt Mega Kaffee*.

Dann denke ich an die Zwillinge und den Schweinehintern-Felsen und an eine Million Brombeerbüsche, die über und über Früchte tragen für jeden, der den Dornen trotzt.

Ich denke an Werbebanner mit meinem Gesicht drauf, das von Evan Gray, Rahm und Uhu in eine Schnecke verwandelt wurde.

Ich denke an die Einsame Kiefer. Ich denke an das Freudenfeuer und die Flammen, die die letzte magische Sache, die ich noch hatte, verschlungen haben und in Torvalds Augen flackerten, als er mich fragte: »Warum denkst du nicht an die Stadt?«

Ich denke an die Stadt.

»Erasmus«, sage ich.

»Ja?«

Ich frage mich, ob ich das wirklich sagen werde.

»Bist du sicher, dass niemandem etwas geschehen wird?«

Der alte Knabe lächelt. Hinter ihm wirft Attica mir einen langen, nachdenklichen Blick zu.

»Keiner Menschenseele«, erwidert Erasmus ernst. »Versprochen.«

»Dann glaube ich ... vielleicht ...«

»He, Pri!« Attica drängt sich zwischen Erasmus und mich. »Ich glaube, ich habe mein Handy oben liegen lassen. Muss mir aus der Jackentasche gefallen sein oder so und ich hab's nicht mitgekriegt. Tut mir leid, Gedächtnis wie'n Sieb manchmal. Tust du mir den Gefallen und holst es?«

»Oh«, stammele ich. »Klar, schätze schon, aber warum kannst du nicht ...«

»Super! Mein Held! Ab mit dir!«

Noch bevor ich schnalle, was ich mache, klettere ich schon wieder die schiefe Wendeltreppe zum Turm hinauf. Erst als ich schon halb oben bin, kommen mir drei sehr wichtige Gedanken:

Wozu braucht Attica ihr Handy, wenn die Lampen in der Höhle an sind und sie sowieso keinen Empfang hat?

Seit wann braucht Attica Stone einen Helden?

Was war das für ein Knallen?

Ich linse über die Kante einer schiefen Treppenstufe und sehe, dass die Tür im Boden zu ist und niemand drum herum steht.

»Ey!«, brülle ich. »Eeeeeey, ey, ey!«

Ich rase die wacklige Treppe so schnell, wie ich mich traue, runter und sehe mich verzweifelt im Haus um. Hier ist niemand. Hier ist niemand und die Tür ist zu. Ist sie hinter ihnen zugefallen?

»Ey!«, brülle ich noch mal und rüttele am Türknauf. »Wartet auf mich!«

Der Knauf bewegt sich, ich ziehe und – nichts. Sie gibt keinen Millimeter nach. Ich kann hören, wie mein Atem in dem riesigen, leeren Haus widerhallt. Es klingt unglücklich. Ich weiß, dass die Tür nicht abgeschlossen ist, denn es ist dieselbe Haustür wie bei uns daheim, und ich weiß, wie es sich anfühlt, wenn sie abgeschlossen ist. Aber warum lässt sie sich dann nicht öffnen? Es ist dieselbe Tür, es ist meine Tür, sie ist genau gleich …

Wartet mal, nein, ist sie ja gar nicht! Jetzt erinnere ich mich wieder an die großen Stahlbolzen an ihrer Seite und die Vertiefungen im Stein, in die die Riegel greifen.

»EY!«, brülle ich. Meine Stimme überschlägt sich. »Attica! Erasmus! Slotcar! Ihr habt mich hier vergessen! Ich krieg die Tür nicht auf!«

Durch das Holz der Tür hindurch höre ich ein heiseres, nachdrückliches Wispern: »Tut mir leid, Pri. Kann dich hier unten nicht brauchen. Keine Zeit zum Erklären. Ich kümmere mich um Erasmus, du dich um Torvald. *Halt die Planierraupen auf!*«

»Attica!«, rufe ich. »Mach die Tür auf! Schließ mich nicht aus, ich brauche das hier! Hör mir zu! Lass mich rein!«

Aber ich rufe es Schritten hinterher, die sich immer weiter unter die Erde entfernen.

Dann Stille.

Ich bin allein.

Das ist nicht fair. Was ist passiert? Warum hat Attica mich ausgesperrt? Ich versuche, die Tür auf sechs verschiedene Arten anzuheben, einschließlich dem Versuch, sie mit irgendwelchen Holzstücken aufzuhebeln, meine Finger in den Türspalt zu krallen und wie ein Irrer am Türknauf zu zerren, bis meine Schultern streiken, aber es ist aussichtslos. Ich wurde ausgesperrt. Im Haus hallt ein abgehackter Atem wider, der von der seltsamen Architektur verzerrt sein muss. Das ist die einzig mögliche Erklärung dafür, warum es sich wie enttäuschte Schluchzer anhört.

Im Turm gibt es auch nichts, das mir weiterhelfen würde. Ich hole mir das NACHHER-Stück zurück, das ich tagelang mit mir rumgeschleppt habe, als ich Vollidiot geglaubt habe, es sei das VOR-VORHER-Stück.

Ein verirrter Spätnachmittagssonnenstrahl fällt sanft durch die Glasschiebetür herein. Eine Weile sitze ich in seinem Schein und schaue über die Spitzen der sechs Lichtröhren und den Gruselwald hinüber zu der weit entfernten Dachgeschosswohnung von Kastell Dunn, wo – vermute ich mal – Torvald sitzt und zu mir herüberschaut und glaubt, ich wäre sein Zwillingsbruder.

Ich frage mich, wie er sich darüber klar wird, was er machen soll, wenn es niemanden gibt, den er fragen kann.

Schatten senken sich über das Tal. Wenn ich noch länger hier sitzen bleibe, werde ich auf dem Heimweg nicht nur allein, sondern auch noch im Dunkeln durch den Gruselwald stapfen.

Ich stopfe alles, das irgendwie nützlich aussieht, in meine Tasche. Wie ein Idiot ertappe ich mich dabei, wie ich echt eine Minute nach einem verlorenen Handy Ausschau halte. Aber hier gibt es nichts mehr für mich, also mache ich mich auf den langen Weg runter zum Gruselwald und nach Hause.

Unterwegs passiert nichts Gruseliges. Es ist bloß ein Wald.

Zurück in der Stadt, mache ich noch einen Umweg zu Grays Werkstatt. Der Hinterhof besteht nur aus Flutlicht und Elektrowerkzeug-Geräuschen und es hängen lauter bullige Typen um das Tor herum ab. Keine Chance, dass ich überhaupt in die Nähe von Joe und Hopper komme. Aber wie soll ich sie aufhalten? Warum will Attica, dass ich sie aufhalte? Will ich das überhaupt? Welchen Ort will ich retten?

Mit diesen Gedanken gehe ich heim. Auf der Frist Street bleibe ich stehen und schaue mich um. Morgen Mittag wird all das entweder immer noch hier sein oder unter einem See liegen.

Was wäre schlimmer?

So oder so, ich kann daran nichts ändern.

Ich hab schon wieder versagt.

26

AUSGESPERRT

Ich mache mir nicht mal mehr die Mühe, mich durch mein Fenster reinzuschleichen. Die Haustür fällt krachend hinter mir zu. Ich rupfe den Zettel, auf dem steht:

ICH

WILL

ABSOLUT

100 %

SO WAS VON

NICHT

REDEN

von meiner Zimmertür und klebe ihn mir fest an die Stirn.

»Verstehe«, meint Dad, als ich ins Wohnzimmer geschlurft komme und mich in meinen Sitzsack plumpsen lasse. »Immer noch sauer, weil ich der Knochenmann bin?« Er macht große, runde Augen und fuchtelt rechts und links von seinem Kopf mit den Händen rum. »Du weißt aber schon, dass ich dich jetzt leider unter dem Haus verscharren muss, oder? Ich will nicht, weil es da drunter total steinig ist und ich meine Schaufel mag, aber weißt du, als Kinderschreck muss man tun, was man tun muss.«

Armer Dad. Glaubt immer noch, die Welt hätte sich seit heute Morgen nicht verändert.

Er zwinkert erst mir mit seinen aufgesetzten Knochenmann-Augen zu, dann Sanj. Der findet das lustig, aber hey, er hätte heute früh auch beinahe seine eigene Kacke gegessen, also ist auf sein Urteil wohl kaum Verlass.

Wird Sanj traurig sein, wenn das Tal überflutet und unser Haus zerstört wird? Was ist mit seinem Spielzeug? Ob die Versicherung auch für neue Spielsachen zahlt?

Andererseits, wenn Attica Erasmus aufhält und Torvald die Höhlen auffüllt, um noch mehr von seinen langweiligen Einheitshäusern zu bauen, was soll ich Sanj dann sagen, wenn er älter ist? Dass es hier mal etwas Wunderbares gab, aber er es nie zu Gesicht bekommen wird, weil ich es nicht bewahrt habe?

Alles fühlt sich unmöglich an. Ich kringele mich noch fester in meinem Sitzsack ein.

Dads Handy plingt. »Uäh«, macht er. »Und noch eine Facebook-Erinnerung von Torvald, morgen früh zum Fußballplatz zu kommen. Er schickt sie jetzt stündlich raus. Wir wissen es, alter Knabe!«

Mum kommt aus ihrem Nähzimmer herein und wir essen schweigend. Jeder von uns scheint über etwas zu brüten und der Einzige, der etwas mitteilen möchte, ist Sanj. Er bricht das Schweigen, indem er halbgekaute Nudeln mit Brokkolisoße über den ganzen Tisch kotzt.

Nach dem Abendessen gibt es einen Beinahe-Stromausfall. Ich beobachte, wie die nackte Glühbirne an meiner Zimmerdecke flackert und schwächer wird. Irgendetwas passiert da oben in der Höhle und was immer es auch ist, es macht es nötig, unser Stromnetz anzuzapfen. Ich wünschte, ich wüsste, was Attica und Slotcar im Schilde führen. Ich wünschte, ich könnte was tun, einfach irgendwas.

Erst als die Lampe wieder aufleuchtet, merke ich, dass ich meine Hände ganz fest zu Fäusten geballt habe.

> Wo bist du, Attica Stone?

> Was ist da los?

> WARUM HAST DU MICH
> AUSGESPERRT?

Es ist zwecklos, ich weiß. In den Höhlen gibt es keinen Empfang. Aber ich habe das dringende Bedürfnis, rumzubrüllen, und ich hab niemanden sonst, den ich anbrüllen kann.

Ich starre das Display so lange an, bis die Buchstaben zu Farben verschwimmen und die Farben zu Dunkelheit verschwimmen und die Dunkelheit zu einem Traum verschmilzt, in dem es an der Tür klopft, und als ich sie öffne, sind da noch eine Million Türen, und hinter der letzten Tür liegt ein dunkler, wütender Ozean und ich kriege die Tür nicht wieder zu, weil meine Tintenfischtentakel immerzu vom Türknauf abrutschen.

★

Pling

Mhm ...

Pling

Mhmmmmichwillnich ...

Pling, pling

Mhmpfmhwa?

Ich öffne meine Augen einen Spalt. Mein Wecker sagt 02:07.
Mein Handy sagt:

> Wach auf!

> PRI, WACH AUF!

> Wehe, dein Handy ist aus!

> PRI!

Meine Augen gehen auf. Mein Herz hämmert so laut, dass ich es
hören kann.

> Was? Wie?

> BOMBE DU BIST DA BRAUCHE
> HILFE KEINE ZEIT 1 % AKKU
> HANDY GEHT AUS

> HOL MICH HIER RAUS

Was? Wo bist du? Wieso hast
du Empfang? Was für Hilfe?

Im Badezimmer fangen die Wasserrohre an zu klopfen. Jemand muss die Klospülung betätigt haben.

Klonk, klonk, klonk.

Attica, wo bist du?

Klonk, klonk.

Wie kann ich helfen?
Was soll ich machen?

Keine Antwort. Ich wünschte, diese blöden Rohre würden aufhören zu klopfen.

Klonk, klonk.

Es ist, als hätten wir unser eigenes Monster, das uns Nachrichten von unter der Erde schickt.

Klonk.

Von unter der Erde!

Ich schieße kerzengrade im Bett hoch. Erasmus hat gesagt, die Tunnel verlaufen direkt unter dem Tal. Attica hat deswegen Empfang, weil sie unter Dunn's Orchard ist!

Attica!

ATTICA!

»Attica! Attica!«

»Ich glaube, ihr Akku ist leer«, sagt eine Stimme hinter mir.

Mum steht in meiner Tür und reibt sich den Schlaf aus den Augen. »Was auch immer hier los ist«, meint sie, »es wird Sanj und deinen Dad wecken.«

Sie schaut mich lange mit ernstem Blick an. »Also los. Du kommst am besten mit mir raus in mein Nähzimmer.«

27

DAS NÄHZIMMER

Mum schaut nur noch mal schnell nach Sanj, der so supertief schläft, wie nur Babys es können, und legt das Babyphon neben Dad, der immer mit dem Kopf unter dem Kissen schläft, weil er ein Spinner ist.

Mit dem Finger auf den Lippen geht sie durch unser Haus voran zu der Terrassenschiebetür, die genau wie die Glasschiebetür im Haus der Türen aussieht, und raus in unseren Garten. Der Schotterweg führt uns an der Wäscheleine vorbei in die hinterste Ecke des Gartens, in der ein kleiner Schuppen steht.

Das ist Mums Nähzimmer.

Warum ist ihr Nähzimmer eigentlich draußen in einem Gartenschuppen? Das habe ich mich bis jetzt noch nie gefragt. Dad braucht den Schuppen nicht, und obwohl ich sogar angeboten habe, mir ein Zimmer mit Sanj zu teilen, damit sie einen Raum im Haus haben kann, hat Mum gemeint, das wäre schon in Ordnung und sie habe nichts dagegen, sich hier draußen einzurichten, wo sie ihre Ruhe hat und ihr Ding machen kann.

Ich bin noch nie in ihrem Nähzimmer gewesen. Niemand hat

es mir verboten, aber ... Ich weiß nicht. Ist Mums Schlupfloch, schätze ich. Und Nähen ist echt nicht meins.

Mum schiebt den Riegel an der Tür zurück, nachts um halb drei an dem Tag, der der letzte sein könnte, an dem es unser Haus noch gibt, und winkt mich herein. Dann macht sie die Tür sanft hinter uns zu und zieht an einer dünnen Schnur, die eine Lampe anschaltet, und zum ersten Mal werfe ich einen Blick in das Nähzimmer.

Es ist hübsch und geräumiger, als ich gedacht hätte. Es gibt einen kleinen Schreibtisch mit einem Stuhl, ein paar Kartons voller Scheren und bunter Garnrollen und einige hölzerne Ringe und Quadrate – leere Bilderrahmen, die an der Wand lehnen. Es hängt auch ein schwacher, scharfer Geruch in der Luft, auf den ich mich aber nicht konzentrieren kann, weil der Rest des Nähzimmers voller Häuser ist.

Die Wände sind übersät mit Bilderrahmen, die wie Fliesen dicht an dicht hängen, und in jedem Rahmen ist ein Bild von einem Haus – aus dickem, farbigem Garn auf Stoff aufgestickt. Aber die Häuser sehen überhaupt nicht so aus wie die, die man in Dunn's Orchard findet: Das hier sind Häuser wie aus deinen wildesten Träumen. Es gibt Häuser in Form von Muschelschalen, Baumhäuser, Häuser mit Dächern wie Ozeanwellen, unwirkliche Glockenhäuser, Windmühlen, Wohnblocks, die aussehen wie Lego-Burgen, Häuser mit Wendeltreppen und Wänden aus Flaschen und Zimmern auf Stelzen, die ich nicht mal verstehe, aber sofort erkunden möchte.

Alle nur mit Nadel und Faden erschaffen. Alle von meiner Mum erschaffen.

Attica Stone hat recht: Das hier ist kein Ort ohne Geheimnisse. Absolut alles an diesem Städtchen ist ein Geheimnis. Warum ist mir das nie aufgefallen?

»Es ist nicht wirklich ein Geheimnis«, sagt Mum, während sie sich auf den Schreibtisch setzt. »Nur nicht öffentlich. Gefallen sie dir?«

Mir ist ein bisschen schummrig von diesem scharfen Geruch. »Sie sind ...«, erwidere ich. »Sie sind, wie es sein sollte. Da draußen.«

Mum schenkt mir ein blasses, müdes Lächeln. »Das ist das schönste Kompliment, das ich mir vorstellen kann, Prithvi. Du bist so ein lieber Junge.«

»Warum erzählst du niemandem davon? Du könntest sie auf dem Markt verkaufen oder im Internet.«

»Sie sind nicht dafür gemacht, verkauft zu werden. Sie sind dafür gemacht, gebaut zu werden.«

»Aber sie wirken unvorstellbar. Könnte man sie echt so bauen?«

»Sie sind alle machbar«, antwortet Mum. »Ich habe für jedes richtige Pläne gezeichnet. Sie sind nachhaltig, energieneutral und ...« Sie seufzt. »Schau dich doch da draußen um«, sagt sie und nickt Richtung Tür. »Niemand will solche Häuser, Prithvi. Dunn's Orchard ist nicht der richtige Ort für so was. Also bleiben sie hier.«

Ich erinnere mich an den Ausblick vom Dach von Kastell Dunn. Reihenweise Pappkartonhäuser, die einander gleichen wie ein Ei dem anderen und sich in Richtung der Hügel ausbreiten. Sie hat nicht ganz unrecht.

»Aber deswegen sind wir nicht hier«, meint Mum. »Warum schreibst du Attica Stone um zwei Uhr nachts Nachrichten?«

Auf einmal habe ich das Gefühl, ich hätte eine ganze Woche oder vielleicht sogar ganze zehn Jahre lang die Luft angehalten. Was soll ich den Leuten sagen? Was soll ich den Leuten nicht sagen? Was soll ich tun?

Mum schaut mich fürsorglich an. »Vielleicht«, sagt sie sanft, »würde es helfen, wenn ich dir das hier zeige.« Sie holt einen Rahmen, der größer ist als alle anderen, aus der Ecke, bringt ihn herüber und lehnt ihn an den Schreibtisch, damit ich ihn mir anschauen kann.

Das Bild ist gestickt wie die anderen. Es ist ein Haus. Aber da ist noch was.

Es steht auf einem Würfel aus Erde, wie eines der Tortenstücke vom Styropor-Modell. Man kann den Fels unter dem Haus erkennen, der tief hinunterreicht, und darin befindet sich eindeutig eine große, schwach erleuchtete Höhle.

In der Höhle steht ein Apfelbaum.

Und das Haus besteht nur aus Türen.

In der Zimmerecke, an der Stelle, vor der der Bilderrahmen stand, liegen ein langarmiges Werkzeug, mit dem man Hydraulikschläuche durchschneiden kann, und ein Haufen schmutziger Klamotten, die – jetzt wird es mir erst klar – wie eine Tankstelle stinken, nur viel stärker.

Mum erhascht meinen fragenden Blick. »Weißt du, Pri, manchmal«, sagt sie ruhig, »borge ich mir die *Treter* von deinem Vater aus.«

Mir fallen fast die Augen raus.

»Aber nur«, fährt sie fort, »wenn Drecksarbeit zu erledigen ist.«

Mir fällt der Unterkiefer runter. »*Du* bist Jemand?«, frage ich.

Ein leichter Anflug eines Lächelns huscht über Mums Gesicht. »Du *musst*«, sagt sie, »*unbedingt* diese Roboter-Cowboy-Unterhose wegschmeißen.«

»Warum hast du die Schläuche von Joe und Hopper durchgeschnitten?«

»Ich erzähl's dir. Aber zuerst musst du mir von Attica erzählen.«

Ich seufze tief. »Attica Stone und Slotcar sind in den Tunneln unter Dunn's Orchard eingeschlossen und der Knochenmann wird morgen die ganze Stadt überfluten und ich bin der Einzige, der das verhindern kann, aber ich kann es nicht, weil ich nicht weiß, was LIFT heißen soll.«

Mum verzieht sehr lange keine Miene.

»Lift?«, fragt sie schließlich.

»Lift.«

»Ich glaube«, meint Mum, »dass man über so eine knifflige Frage sehr lange nachdenken muss. Da gibt es nur eins: Wir machen besser Chai.«

Ich werde meine Mum jetzt umarmen und ganz kurz flennen. Nicht gucken!

Wir gehen zurück ins Haus und machen wortlos Masala Chai, wie wir es immer tun. Als wir uns schließlich hinsetzen, erzähle ich ihr alles. Ich lasse mir Zeit und frage mich, wie viel Mum davon bereits weiß, und spüre, wie toll es ist, mit all dem nicht mehr alleine dazustehen. Ich erzähle ihr vom Gruselwald, davon, wie Attica und ich das Haus der Türen und die Höhlen entdeckt haben, von Torvalds Dachterrasse und Slotcars ferngesteuerter Raupe und dem Knochenmann und dem unterirdischen Garten und schließlich von seinen Plänen, das Tal zu überfluten.

»Wenn Torvald mit seinen Planierraupen zuerst dort ankommt«, sage ich, »werden Erasmus' Höhlen zerstört. Wenn Erasmus zuerst den Fluss sprengt, wird aus Dunn's Orchard ein See. Morgen. Nee, heute. In wenigen Stunden!«

Mum sieht mich durch eine Wolke duftenden Dampfs an. Lange sagt sie nichts. Aber als sie es tut, ist das nicht, was ich erwartet hatte.

»Ich habe Erasmus, gleich nachdem wir hergezogen waren, kennengelernt«, sagt sie. »Es war schön damals, als Dunn's Orchard noch verwildert war und wir es für uns hatten. Eines Tages, als dein Dad mit dir in der Großstadt war, habe ich einen Waldspaziergang gemacht, ohne Ziel, und … da war es. Eine Höhle und ein Haus aus Türen. Aber damals gab es noch keins von diesen Wunderdingen, von denen du mir erzählt hast. Den Faultier-Express hätte ich zu gern gesehen.«

Ihre Augen blitzen auf. »Und Erasmus! Was für ein Schock. So ein netter Mann. Wunderbar verschroben. Er hat mich herumgeführt, mir gesagt, dass alles gut werden würde. Ich konnte es kaum erwarten, bis du nach Hause kommst und ich dir alles erzählen konnte!« Sie seufzt.

»Aber stattdessen bin ich zu Torvald gegangen. Ich dachte, es würde ihn freuen zu hören, dass ich seinen Bruder kennengelernt hatte, aber er fing nur an, irgendwas von Privatsphäre zu brüllen und wie ich es wagen konnte, dorthin zu gehen, und dass das alles kaputt machen würde. Ich hab nicht mal die Hälfte davon kapiert, Prithvi, aber ich erkenne einen Tyrannen, wenn mir einer über den Weg läuft, und er hat erkannt, dass ich ihm das nicht durchgehen lassen würde«, erklärt sie.

»Also hat er sich beruhigt und mir gesagt, dass es sehr wichtig wäre, dass sein Bruder nicht behelligt wird, dass er nicht gut mit Leuten könne und beschützt werden müsse. Er meinte, wenn ich all das geheim halten würde – Erasmus und die Höhlen und das Tal –, würde er dafür sorgen, dass Raj und ich versorgt wären, selbst wenn der arme Raj nicht der geborene Bauarbeiter wäre. Und er hat versprochen, dich zum Maskottchen von Dunn's Orchard zu machen, damit du immer das Gefühl hättest, für die Stadt wichtig und besonders zu sein. Aber dafür müsse ich das Geheimnis sogar vor dir und deinem Vater bewahren. Also habe ich das getan. Ich wollte es dir so gerne erzählen, Prithvi, aber es schien dir so viel daran zu liegen, das Maskottchen von Dunn's Orchard zu sein, und ich wollte dir das nicht kaputt machen.«

Ich würde am liebsten wütend werden wie bei Dad, aber dann sehe ich, was Mum für ein Gesicht macht. Sie hat das alles über zehn Jahre lang für sich behalten, damit ich etwas hatte, von dem sie dachte, dass ich es liebe.

»Als ich diese Ankündigung auf Facebook gesehen habe, wusste ich sofort, dass unsere Abmachung geplatzt war«, erzählt Mum. »Und ich hatte genau dieselbe Idee wie du, um ihn zu stoppen. Zwei Dumme, ein Gedanke! Ich hab mich versteckt gehalten, als Attica und du kamt, weil ich gehofft hatte, dass der Knochenmann euch beide von Gefahren fernhalten würde. Tut mir leid, dass ich euch Angst gemacht habe.«

»Schon in Ordnung«, gebe ich zurück.

»Und es tut mir leid, dass Evan dich mit der Schnecke so fies reingelegt hat.«

»Danke.«

»Du isst doch nicht immer noch Schnecken, oder?«

»Was? Nein! Mum!«

»Als Mutter muss man fragen!« Mum starrt eine Weile in ihren Tee. »Du hast dich noch nicht entschieden, oder?«, fragt sie schließlich.

»Was entschieden?«

»Welchen Garten du retten willst.«

Jetzt muss ich in den Tee starren, weil ich Mum nicht in die Augen schauen kann.

»Bei der Einsamen Kiefer habe ich es vermasselt«, sage ich zu meinem Tee. »Vielleicht kann ich das hier retten.«

»Ich werde dir nicht sagen, was du tun sollst«, meint Mum sanft. »Sobald sie wach sind, werde ich Dad und Sanj in die Großstadt schicken. Ich lasse mir irgendeinen Grund einfallen. Dann gehe ich mit allen anderen zum Fußballplatz, und du kannst entscheiden, was du tun willst. Hoch oben auf dem Spielfeld werden wir in Sicherheit sein. Oh! Außer Attica und Slotcar! Wir müssen sie da rausholen! Was war das noch mal, das du nicht rausbekommen hast?«

»Attica hat immerzu LIFT geschrieben«, erwidere ich. »Sie meinte, sie braucht meine Hilfe, um rauszukommen.«

»Und du hast gesagt, dass du die Tür im Fußboden nicht aufbekommen hast? Wo sonst könnte sie sein?«

»Keine Ahnung!«, rufe ich. »Warum kann sie nicht einfach durch den Höhleneingang abhauen?«

»Vielleicht hält sie jemand davon ab?«, überlegt Mum. Sie runzelt die Stirn. »All diese großen Maschinen und Sachen in der Höhle, von denen du mir erzählt hast – wie ist das alles da hinuntergekommen?«

»Ich schätze, über den Feldweg und die Höhle?«

»Aber du hast gesagt, der Weg war überwuchert. Nur Leute, die zu Fuß gegangen sind, haben ihn benutzt.«

Auf einmal geht mir ein Licht auf. Natürlich! »Es muss einen weiteren Zugang geben!«, rufe ich.

»Einen großen Zugang«, ergänzt Mum, »groß genug, um riesige Dinge reinzubekommen.«

Auf einmal taucht vor meinem inneren Auge ein kleines weißes Quadrat auf.

Woher kommt mir das bekannt vor? Es ist auf einem Bildschirm, genau in der Mitte. Zuerst schwebt es ganz hinauf, dann sinkt es zurück in die Mitte. Das macht es, wenn man die Schaltflächen auf dem Bildschirm drückt, aber nur, wenn man die Magnetstreifenkarte hat.

Torvalds Aufzug! Sein aberwitzig überdimensionierter Fahrstuhl!

Plötzlich denke ich ganz viele Dinge auf einmal. Warum gab es in Torvalds Fahrstuhl Rauf- und Runter-Knöpfe, wenn er bloß vom Erdgeschoss zum Dachgeschoss und zurück fahren kann? Wenn man unten ist, geht es bloß rauf, und wenn man oben ist, geht es nur runter. Man braucht keine zwei Knöpfe, wenn es bloß eine Möglichkeit gibt.

Es sei denn, er kann noch woandershin fahren. Es sei denn, das kleine weiße Quadrat kann auf dem Bildschirm auch nach unten schweben.

Unter die Erde.

»LIFT!«, rufe ich. »LIFT! Lift wie Aufzug! Der Fahrstuhl in Kastell Dunn! Er muss runter zu den Tunneln führen! Deswegen stehen all diese kleinen Bäume auf dem Dach von Kastell Dunn! Sie bringen die Sachen mit dem Fahrstuhl runter, durch die Tunnel, und mit Erasmus' großer Winde rauf in die Höhlen am anderen Ende! Attica und Slotcar brauchen mich, um Torvalds Fahrstuhl zu ihnen runterzuschicken und sie dort rauszuholen!«

Ich renne in mein Zimmer, wühle in meiner kaputten Jeans herum und sause mit einem kleinen weißen Rechteck mit einem schwarzen Streifen auf einer Seite in der Hand zurück.

»Tadaaaa!«, sage ich. »Torvalds Schlüsselkarte!«

Mum lacht. Dieses Geräusch habe ich schon viel zu lange nicht mehr gehört.

»Gut gemacht, Prithvi!«, sagt sie, während sie mit irgendwas am Tresen rumhantiert.

»Mum, du bist ein Genie«, stelle ich fest und gehe Richtung Haustür.

»Warte!«, ruft Mum mir nach. Ich drehe mich um und sehe, wie ein Teller voll Toast über den Esstisch in meine Richtung geschlittert kommt. Ich muss mit einem Hechtsprung verhindern, dass er auf den Boden kracht.

»Jetzt iss erst mal dein Frühstück«, meint Mum. »Deine Freunde können noch eine Viertelstunde warten. Nicht, dass du später beim Weltretten zusammenklappst.«

28

LIFT

Um sieben Uhr stürze ich aus dem Haus und wische mir gerade noch mit dem Ärmel Erdnussbutter von der Backe, als Evan Gray sein Rad in meinem Vorgarten fallen lässt.

Wir gucken einander an. Lange schweigen wir uns an. Evan hüstelt.

»Rahm und Uhu suchen deine Freundin Attica«, sagt er und blickt die Straße hinauf. »Meinten, sie würden sie so richtig aufmischen. Meinten, sie hätten neulich gesehen, wie ihr in den Gruselwald gegangen seid, also wollen sie dahin. Jedenfalls, dachte, du solltest das wissen.«

Ich gucke die Straße in die andere Richtung rauf. »Warum bist du nicht mitgegangen?«

»Ich hab keinen Bock, irgendwen zu vermöbeln«, erwidert er. »Außerdem sind die zwei irgendwie Flachzangen.«

»Mega-Flachzangen«, stelle ich fest.

»Jau«, stimmt Evan zu.

»Also«, sage ich.

Wieder Schweigen.

»Du hast echt keinen Schimmer, warum ich allen von der Schnecke erzählt habe, oder?«, meint Evan plötzlich.

»Nee«, murmele ich. »Warum hast du?«

»Erinnerst du dich nicht? An dem Abend sollten beim Freudenfeuer Fotos gemacht werden und Torvald ist zu uns rübergekommen und du und ich standen da zusammen und kurz bevor das Foto gemacht wurde, hat Torvald mich aus dem Bild geschubst, sodass nur du und er drauf wart.«

Stimmt, daran erinnere ich mich. Ich dachte mir noch, was für ein Glück er hat, nicht mit drauf zu müssen. »Aber das war doch bloß für Torvalds blöde Werbeseite im Internet. Wen juckt's?«

»Mich!«, gibt Evan zurück. »Das war ungefähr das hundertste Mal, dass mir so was passiert ist! Du kriegst immer alles, Pri! Du bist der Star der Stadt, dein Gesicht ist überall, du hast immer alle Aufmerksamkeit und Vorteile. Ich meine, du durftest die Namen für unsere Sportmannschaften aussuchen! Und ich bin bloß der Sohn vom Autoschrauber. Ich bin ein Niemand! Hast du eine Ahnung, wie schwer es ist, der beste Freund vom Maskottchen von Dunn's Orchard zu sein, wenn man immer aus dem Bild geschubst wird?«

»Aber ...«, stammele ich. Ich könnte antworten, dass ich nie gefragt wurde, ob ich das Maskottchen der Stadt sein will, dass das bloß eine Abmachung zwischen meiner Mum und Torvald war, aber alles, an das ich denken kann, ist, wie es gewesen sein muss, aus dem Weg geschubst zu werden, damit ich der Star sein konnte. Ich hab keine Ahnung, wie es ist, der beste Freund vom Maskottchen der Stadt zu sein, und ich hab da noch nicht mal drüber nachgedacht.

»Du hattest versprochen, auch eine Schnecke zu essen«, gebe ich lahm zurück.

»Ja, na ja«, meint Evan. »Aber du hättest nicht so blöd ausgesehen, wenn ich das zugegeben hätte.«

Ich schnaube. »Ich seh echt gut aus als Schnecke auf diesen Bannern, oder?«

Evan seufzt. »Oh Mann«, stöhnt er. »Ich hasse Rahm und Uhu.«

»Ich auch«, gebe ich zurück.

»Aber Attica hasse ich irgendwie auch«, meint Evan.

Ich zucke mit den Schultern. »Sie ist ziemlich cool, wenn man sie besser kennenlernt. Glaube ich.«

»Okay.« Evan schnappt sich sein Rad. »Also«, sagt er. »Wieder Freunde?«

»Ja, abgemacht«, erwidere ich.

Evan schiebt sein Rad auf den Fußweg.

»Hey, Kumpel!«, rufe ich ihm nach.

»Was?«

»Soll ich dir was Abgefahrenes zeigen?«

»Was denn?«

Ich grinse. »Komm schon«, sage ich. »Nimm mich auf dem Rad mit, dann erzähle ich es dir unterwegs.«

★

»Und dann wird der Fluss hier durchfließen und über der Stadt einen See bilden.«

Wir halten vor Kastell Dunn an. Das ist bloß eine Straße entfernt, aber sobald ich angefangen hatte, Evan die ganze Geschichte zu erzählen, ist er immer langsamer geworden.

Ich springe vom Gepäckträger. Evan starrt ins Nichts.

»Falls nicht Torvald zuerst dort ankommt und Erasmus aufhält«, füge ich hinzu. »Falls wir nicht zuerst ankommen und Torvald davon abhalten, Erasmus aufzuhalten.«

»Das«, meint Evan, »ist echt *viel!*«

»Ich weiß, okay?«, gebe ich zurück. »Komm schon, guck's dir an!«

»Das ... das ist echt *viel!*«

Ich springe die Stufen zur Tür von Kastell Dunn hoch. *Das ist echt viel einfacher*, denke ich, *wenn man einen Kumpel dabeihat.* Kein Wunder, dass Attica immer so selbstsicher ist.

Janet kommt auf mein Hämmern an der Tür herangeschlurft. Sie hat Hausschuhe und einen Bademantel an und ein Handtuch über der Schulter. Wohnt sie etwa hier?

»Guten Morgen und willkommen im Rathaus von Dunn's Orchard«, leiert sie durch den Türspalt. Ihr Atem riecht nach Zahnpasta und Kaffee. »Der Informationsschalter, dem ich – wie es mittlerweile scheint – nie wieder entkommen werde, bleibt bis nach der Einwohnerversammlung heute Morgen geschlossen.«

Der Türspalt wird schmaler, also schiebe ich schnell meinen Fuß dazwischen.

»Janet«, sage ich, »wie würde es dir gefallen, es Torvald so heimzuzahlen, dass er sich so richtig drüber aufregt, du aber keinen Ärger dafür bekommst?«

Der Spalt wird wieder breiter.

»Ich habe Träume«, meint Janet, »in denen jemand das zu mir sagt.«

Ich führe Evan durch die Eingangshalle mit ihrem verschrammten Boden, der plötzlich absolut Sinn ergibt, zu der riesigen Fahrstuhltür. Torvalds Schlüsselkarte erweckt den Bildschirm zum Leben, das kleine Quadrat in der Mitte blinkt auf und die Türen gleiten zischend auseinander.

»Aber wir fahren nicht rauf in Torvalds Wohnung, oder?«, will Evan wissen.

»Nö«, erwidere ich und steige ein. »Das ist der langweiligste Ort, an den man mit diesem Aufzug fahren kann. Guck dir das an.«

Ich drücke den Runter-Knopf. Während ich das tue, kommt mir in den Sinn, dass ich wie der letzte Vollidiot aussehen werde, wenn ich mich wegen des Fahrstuhls geirrt habe.

Die Türen schließen sich.

Der Aufzug setzt sich in Bewegung.

Runter.

»Ich wusste es!«, rufe ich.

»Was zum Geier?«

»Erinnerst du dich an die Tunnel, die ich erwähnt habe?«, frage ich. »Wir holen bloß eine Freundin ab, die ich dort unten gelassen habe.«

Also, sagt eine Stimme aus dem hintersten Winkel meines Gehirns, *streng genommen hat sie dich da oben gelassen und dich ausgesperrt, ohne dir zu erklären, warum, und selbst jetzt machst du immer noch genau das, was sie dir sagt.*

Der Fahrstuhl ruckt und bleibt dann stehen.

Die Türen gleiten auseinander und geben ein Rechteck aus perfekter schwarzer Finsternis preis. Die Luft ist so kalt, dass sie sich feucht auf unseren Gesichtern anfühlt. Wir können hören, wie unser Atem im Raum da draußen widerhallt. Es klingt nicht so, als wäre er glücklich darüber, dort zu sein.

»Pri«, wispert Evan. »Was ist das hier?«

»Ich schätze, das, was eben unter der Frist Street liegt«, antworte ich. Ich lehne mich ein winziges Stückchen raus in die Finsternis. »Attica?«, flüstere ich. »Attica?«

Stille.

Dann ...

... Schritte, die in der Dunkelheit auf uns zugerannt kommen. Die Luft beginnt zu wirbeln, die Dunkelheit bricht auf und eine Gestalt stürzt daraus auf Evan und mich zu. Wir purzeln alle zu Boden und ich kämpfe mit ihr. Sie ist schmutzig, zottelig und so in uns verknotet, dass ich erst kapiere, welcher Teil oben ist, als ich eine staubige schwarze Mütze erkenne, unter der ein Science-Fiction-Zuckerwatte-Schopf hervorquillt.

Attica Stone springt auf ihre Füße.

»Das hat gut geklappt!«, meint sie und schirmt ihre Augen vor dem Licht im Fahrstuhl ab. Sie zieht ihre Lederjacke zurecht und drückt mit halb geschlossenen Augen auf den Rauf-Knopf. »Bombe! Danke für die Mitfahrgelegenheit! Hocherfreut, dich wiederzusehen, Pri. Gut! Klasse! Wie lange haben wir noch? Super! Legen wir los!«

Während der ganzen Fahrt nach oben schaut Attica die Fahrstuhltür an, blinzelt und streckt sich und sagt hin und wieder ein kleines bisschen zu laut Sachen wie »Eins a!« und »Bombe!«.

Wir rennen raus auf die Straße und überlassen es Janet, voller Genugtuung jede Spur unseres Eindringens zu beseitigen.

Massen an Menschen strömen jetzt die Frist Street rauf, auf dem Weg zu Torvalds großer Zeremonie.

»Neunzig Minuten«, stelle ich fest.

»Gut!«, erwidert Attica. »Alles klar!« Sie guckt mich immer noch nicht an.

»Also«, sage ich. »›LIFT‹? Du hättest nicht vielleicht ›Fahrstuhl‹ ausschreiben können?«

»Akku war fast leer, hab das kürzeste Wort genommen«, erwidert sie. Es entsteht eine kurze Pause, dann wirbelt Attica herum und schaut mich an. »Hör mal, ich hab dich ausgesperrt, ist halt passiert, und das tut mir leid, in Ordnung? Du hast Geräusche von dir gegeben, als ob du Erasmus helfen wolltest, die Stadt zu überfluten. Ich konnte dich nicht im Weg gebrauchen, damit ich einen Plan aushecken konnte, ohne mich auch noch um dich kümmern zu müssen.«

Sie zuckt mit den Schultern. »Obendrein habe ich auch noch den Falschen ausgesperrt, denn während ich an meinem Plan getüftelt habe, ist Slotcar mit Erasmus abgedampft, um ihm zu helfen, alles aufzubauen, und deshalb haben wir das jetzt auch noch an der Backe. Dann musste ich irgendwie da rauskommen, ohne dass die zwei es mitkriegen, damit sie die Sache nicht beschleunigen und den Fluss nicht vor der Zeremonie sprengen. Also, tut mir echt leid, ich hab einen Griff ins Klo gemacht und dafür habe ich bezahlt, indem ich mit einem toten Handy eine haarsträubend Furcht erregende Nacht in einem eiskalten, pechschwarzen Tunnel verbracht und darauf gewartet habe, dass du rauskriegst, was LIFT bedeutet, weil du die Schlüsselkarte hast, die den Lift in Bewegung setzen kann. Okay? In Ordnung?«

Sie wirft die Hände in die Luft. »Ich verspreche, dass ich von jetzt an nichts mehr vermassele, okay?«

Dann bemerkt sie zum ersten Mal Evan.

»Oh, hallo«, sagt Attica Stone. »Warum hast du Arschgesicht Flachzange im Schlepptau?«

29

DIE FLACHZANGEN-BANDE

Nach etwas diplomatischer Vermittlung schaffe ich es, die Sache zwischen Attica und Evan zu klären, dann zerre ich das dreckverkrustete, aufgedrehte Großstadtmädchen durch die Menschenmenge zu *Echt Mega Kaffee,* in der Annahme, dass das der einzige und beste Weg ist, sie davon abzuhalten, jemanden umzubringen.

Als der Kaffee-Affe sie – bleich und mit finsterem Blick – reingestürmt kommen sieht, schüttet er einfach den ganzen heißen schwarzen Kaffee, den er finden kann, in den allergrößten Becher, den er finden kann, schiebt ihn blitzschnell über den Tresen und rennt panisch raus zu den anderen, ohne den Laden abzuschließen.

Attica Stone zieht einen Tisch zu sich heran, setzt sich und atmet den übelriechenden Dampf ein. Ein Beinahe-Lächeln wagt einen kurzen Ausflug über ihr Gesicht. Sie bietet Evan und mir einen Schluck Kaffee an. Evan verzieht das Gesicht und ich mache diesen Fehler garantiert nicht noch mal.

»Okay«, sagt sie. »Pläne, um die Planierraupen aufzuhalten,

damit wir zwischen Torvald und Erasmus vermitteln können. An welchem Punkt bist du?«

»Ich glaub, ich nehm besser einen Schluck«, sage ich und strecke die Hand nach einem Mundvoll Tod auf Socken aus.

Attica zieht eine Augenbraue hoch. »Hast du wenigstens die Planierraupen wieder außer Gefecht gesetzt?«

Ich kippe den Becher noch etwas höher.

»Du hast nicht mal das hinbekommen? Aber was *hast* du denn gemacht?«

»Ich hab's meiner Mum erzählt«, sage ich und kippe den Becher noch weiter, aber Attica reißt ihn mir aus der Hand.

»Und dann?«

»Haben wir Tee gemacht.«

»Was?!«

»Meine Mum ist nicht einfach irgendwer! Sie hatte Dads *Treter* an! Sie war Jemand! Sie war es, da draußen auf dem Schrottplatz von Evans Vater Phil!«

»Nicht WAHR!«, ruft Attica. »Deine Mum ist echt voll cool.«

»Wartet mal«, meint Evan. »Wollt ihr damit sagen, dass ihr zwei die Schläuche von Joe und Hopper durchgeschnitten habt?«

»Das hatten wir vor«, antworte ich, »aber bevor wir überhaupt die Chance dazu hatten, hat meine Mum es schon getan.«

»Was?«, ruft Evan. »Mein Dad hat das ganze Wochenende damit verbracht, sie zu reparieren!«

»Willst du damit sagen«, fragt Attica, während sie noch einen großen Schluck Kaffee nimmt und ihren Kopf zusammendrückt, als ob er gleich explodieren würde, »dass Joe und Hopper, während wir hier reden, repariert und bereit sind, sich ihren Weg rauf zu Erasmus zu bahnen?«

»Jau«, gibt Evan zurück.

»Und wie spät ist es?«

Evan schaut auf seine Uhr. »In ziemlich genau einer Stunde legen sie los.«

Attica schlägt sich mit der flachen Hand gegen die Stirn. »Tja, da hast du ja richtig viel auf die Reihe gekriegt, Kholi.«

»Ach ja?«, schieße ich zurück. »Dann sag doch mal – was hast du getan, um Erasmus aufzuhalten? Ich meine, abgesehen davon, mich aus den Höhlen auszusperren, ihm Slotcar als Gehilfin zu überlassen, dich in einem Tunnel zu verstecken und wegzulaufen?«

»Ey, ich mach mir nicht mal was aus eurem blöden Städtchen!«, schnauzt Attica mich an. »Aber trotzdem hätte ich schon vor Ewigkeiten eine Lösung gefunden, wenn du mir mit deinen doofen orangen Jeans und deinen Selbstgesprächen nicht so ein Klotz am Bein gewesen wärst!«

»Blödine!«, brülle ich.

»Hohle Nuss!«

»Möchtegern!«

»Verlierer!«

»Tyrannin!«

»Baby!«

Ich schnappe nach Luft. Attica schmeißt ihren Stuhl um und stampft ein Stück in eine zufällige Richtung, um eine Wand anzustarren.

»Na, da bin ich ja echt froh, dass ich nicht mehr mit Rahm und Uhu befreundet bin«, meldet sich Evan zu Wort. »Das hier ist echt besser, als mit ein paar kindischen Idioten abzuhängen.«

Attica und ich werfen ihm wütende Blicke zu.

»Guckt *mich* nicht so an!«, ruft er und springt auf. »Hast du dir selbst nicht zugehört, als du mir eben die Geschichte erzählt hast? In den paar Tagen, seit ihr euch kennt, habt ihr zwei nachts den Gruselwald erkundet, ungefähr neun verschiedene Geheimnisse aufgedeckt, die kein Kind in diesem Ort je auch nur in Gedanken hinterfragt hat, den echten Knochenmann kennengelernt, euch auf Torvalds Dachterrasse geschlichen und rausbekommen, was genau heute Morgen passieren soll. Ich meine, das ist doch unglaublich!«

Er reißt Attica den Kaffeebecher aus der Hand. »Und dann teilt ihr euch auf und sofort stolpert ihr blind herum wie die getrennten Hälften eines Pferdekostüms, kocht Tee und versteckt euch in Tunneln.«

Er kippt den letzten Schluck Kaffee runter. »Macht euch doch nichts vor«, schimpft Evan. »Wenn ihr Dunn's Orchard und dieses magische Höhlenreich, das ihr da oben gefunden habt, retten wollt, müsst ihr zwei Flachzangen euch schon zusammentun.«

Attica und ich schauen uns an.

»Meinst du?«, fragt Attica.

»Wir könnten«, erwidere ich.

»Wir müssen!«, findet Attica.

»Dann tun wir es!«, beschließe ich.

»Ähm«, meint Evan. »Was jetzt?«

»Keine Ahnung!«, rufe ich.

Attica springt auf. »Aber wir haben nur noch eine Stunde, um es zu tun!«

»Der Kaffee fängt an zu wirken, oder?«, fragt Evan.

»Ja!«, rufen Attica und ich wie aus einem Mund.

Draußen auf der Frist Street rauscht die ganze Stadt vorbei wie ein wilder Fluss. Babys werden vorbeigetragen, Hunde, Katzen, Vögel in Käfigen und in einem Fall sogar ein großes Aquarium voller total verwirrter Goldfische. Der Strom von Leuten wälzt sich um den verlassenen Bahnhof am oberen Ende der Straße herum, fließt im Vorbeigehen mit kleineren Bächen aus den Seitenstraßen zusammen, mitten durch Dunn's Orchard hindurch, bis er schließlich in die weite Bucht des Dunn's Orchard Spidermans Fußball-, Basketball- und Cricket-Platzes mündet. Eine Bühne zwischen den Torpfosten zeigt an, wo Torvald seine Zeremonie abhalten wird. Das Styropor-Modell wartet unter einem Tuch auf seinem angestammten Tisch auf der Bühne.

Wir lassen uns mittreiben, sprechen leise miteinander, versuchen, einen Plan auszuhecken. Alles, was wir jetzt noch tun können, ist Torvald ausbremsen, sodass wir noch rechtzeitig zu Erasmus kommen, um ... tja, was? Ihn davon abzuhalten, den Fluss zu sprengen? Wie? Und dann was? Wir haben keine Zeit, so weit vorauszudenken. Für den Augenblick sieht der Plan so aus:

1. *die Planierraupen lahmlegen*
2. *zu den Höhlen rennen*
3. *???*
4. *GESCHAFFT!*

Was wie ein ziemlich guter Plan klingt, wenn man den Bauch voller Tod auf Socken hat. Die Ameisen wirken jedenfalls ziemlich zufrieden.

Schritt eins wird jedenfalls sehr viel einfacher, jetzt, wo wir Evan auf unserer Seite haben. Er hat seinem Vater bei der Arbeit an Joe und Hopper geholfen und kennt ein paar einfachere, weniger gewaltsame Arten, sie lahmzulegen.

»Ich kann ein paar Drähte lockern, die schwer zu finden sind«, sagt er, als wir uns aus der Menschenmenge lösen und uns hinter einer Reihe niedriger Büsche durchschlängeln, die an der Auffahrt entlang zum Clubhaus führen. »Ich brauche dafür bloß«, erklärt er, »ein paar ruhige Minuten alleine mit ihnen.«

Wir spähen um die Büsche herum in die Auffahrt und genau in dem Moment schaltet Schritt eins von ›einfach‹ auf ›unmöglich‹ um.

Joe und Hopper stehen direkt vor uns in der Auffahrt, riesig, gelb, mit nagelneuen Schläuchen und bereit, ihre haushohen Stahlschilde den Trampelpfad durch den Gruselwald zu den Höhlen zu schieben. Sie sind abgeschaltet, was es leicht macht. Sie sind nur fünf Meter von uns weg, was es sehr leicht macht. Und sie sind dicht umringt von den Profimannschaften des Dunn's Orchard Spidermanns Fußball-, Basketball- und Cricket-Clubs, was es unmöglich macht.

»Was ich schon immer fragen wollte«, sagt Attica. »Warum heißen eure Sportmannschaften die Spidermans?«

Evan wirft mir einen vielsagenden Blick zu. Ich zwirbele etwas Gras zu einem Knoten.

»Weil ich das Maskottchen von Dunn's Orchard bin und Torvald mich den Namen hat aussuchen lassen«, murmele ich.

»Und du hast die Spidermans genommen?«

»Ich war fünf!«

»Selbst für die Frauenmannschaften?«

»FÜ-HÜNF, Attica Stone!«

Attica schielt zu Evan rüber. »Ich glaube, du könntest recht gehabt haben mit ihm«, meint sie. »Ich denke, ich hätte ihn auch eine Schnecke essen lassen.«

»Hey!«, beschwere ich mich.

Evan schnaubt.

Wir ducken uns wieder hinter die Büsche. »Was machen wir jetzt?«, frage ich.

»Wir überspringen Schritt eins«, meint Attica. »Wenn wir die Planierraupen nicht lahmlegen können, müssen wir einfach als Erste bei den Höhlen sein.«

»Ich hab eine Idee, wie wir das schaffen können«, sage ich. »Es müsste eigentlich ganz einfach sein, wenn wir uns in den Gruselwald schleichen können, ohne dass Torvald Dunn uns bemerkt.«

»Hi«, sagt Torvald Dunn.

Alle drei zucken wir zusammen wie aufgeschreckte Eidechsen. Der Bürgermeister grinst uns über die Hecke an. Janet steht neben ihm und wirkt schuldbewusst und elend.

»Ich hab gehört, dass ihr an meinem Fahrstuhl rumgespielt habt«, sagt er. Janet schrumpft sichtbar unter unseren Blicken. »Daher hat es mich nur wenig Fantasie gekostet«, fährt Torvald fort, »mir vorzustellen, dass ihr vielleicht auch an meinen Planierraupen rummachen wollt. Schon wieder.«

Er nickt hinüber zu einem Schatten, der hinter einem Gummibaum hervorkommt. »Evan«, sagt er.

»Oh Mist«, meint Evan. »Mein Dad.«

Die Spidermans umringen uns.

»Das war ne Falle«, stelle ich fest.

30

NEUE GESICHTER

Evans Vater führt ihn ab, während Torvald mit Janet, Attica und mir im Schlepptau auf den Fußballplatz und durch die Menschenmenge zu der Bühne zwischen den Torpfosten marschiert. Dahinter, abgeschirmt von der Menge, dreht er sich zu uns um. Der Zorn, der aus seinen Augen sprüht, fesselt uns an die Einzäunung aus Maschendraht.

»Dreizehn«, sagt er. »So alt waren Erasmus und ich, als wir zum ersten Mal hierherkamen. Unser Dad dachte, das Landleben würde zwei traurigen Jungen guttun, die gerade ihre Mutter verloren hatten. Er hat uns beigebracht, wie wir uns selbst versorgen können, wie man Sachen baut, wie man Pflanzen anbaut. Er hat uns beigebracht, dass wir auf niemand anderen angewiesen sind, nur auf uns beide.«

»Und als er gestorben ist, haben Razz und ich uns gemeinsam um das Tal gekümmert. Es ist kaum jemals jemand hier durchgekommen. Die Großstadt war meilenweit entfernt. Das hier war unser Spielplatz. Er hat uns ganz allein gehört.«

Attica und ich werfen uns einen Blick zu.

Torvald seufzt. »Und dann hat Razz angefangen, von großen Plänen zu reden – wilde, unmögliche Dinge. Er hat die Höhlen entdeckt und wie dicht sie unter dem Fluss verlaufen. Er hat beschlossen, den Fluss umzuleiten und eine Art Öko-Paradies voller Obstbäume zu erschaffen.« Er fährt sich grob mit der Hand durchs Gesicht. »Ihr wisst, dass das nicht funktionieren kann, oder? Ich meine, ich nehme an, er hat euch alles darüber erzählt? Selbst hundert Leute würden Jahrzehnte brauchen, um all das, was er sich vorstellt, umzusetzen, und er will es ganz alleine machen.«

Er streckt seine runzligen, altersfleckigen Hände aus. »Sehen wir so aus, als hätten wir noch Jahrzehnte Zeit?«

Aus dem Augenwinkel bemerke ich, wie Evan zusammen mit Mum am Rand der Menschenmenge auftaucht. Sie kommen so nahe ran, wie sie sich trauen, um zu lauschen. Mum wirkt nicht sehr glücklich, in so einer Menschenmenge zu stecken, aber sie nickt mir kaum merklich zu.

»Als er für immer in den Höhlen verschwunden war«, sagt Torvald, »habe ich beschlossen, mit meinem eigenen Garten zu beginnen. Keinen mit Bäumen, sondern einen mit Familien, Häusern, Schulen und Menschen. Ich hab lange Zeit versucht, ihn dafür zu begeistern – es heißt Dunn's Orchard, nicht Torvald's Orchard, weil ich wollte, dass wir das zusammen aufbauen –, aber er hat nicht mal richtig mitbekommen, was ich überhaupt mache. Ich hab eine Stadt genau auf seinem Kopf gebaut, mitten in seinem Weg, um seine Aufmerksamkeit zu wecken. Aber er betrachtet sie nur als eine billige Quelle an Türen und Elektrizität.«

Er lässt den Kopf ein bisschen hängen, sodass sein Klappscheitel traurig wippt. »Und dann habe ich gemerkt, dass ich es liebe, eine Stadt aufzubauen. Ich bin gut darin. Die Leute mögen mich und ich mag sie. Ich will das alles nicht verlieren.«

Er beäugt mich. »Du bist nicht das erste Kind in Dunn's Orchard, Prithviraj Kholi. Du bist nicht mal unter den ersten zwei. Und auf gar keinen Fall werde ich dich das letzte Kind hier sein lassen, Attica Stone. Erasmus wird meinen Paradiesgarten nicht zerstören, um seinen zu verwirklichen. Joe und Hopper werden heute Morgen diesen Weg rauffahren, um dieses Haus in Schutt und Asche zu legen, und ihr zwei werdet mich nicht davon abhalten.«

Er rückt seinen Jogginganzug zurecht, bereit, die Bühne zu erklimmen. »Ihr kommt jetzt sofort mit mir auf die Bühne, wo ich euch im Blick habe und ihr den Planierraupen zusehen könnt, wie sie diesen Weg hinauffahren. Ihr könnt beide die Maskottchen von Dunn's Orchard sein. Nach dem, was du beim Freudenfeuer angerichtet hast, könntest du ein bisschen Unterstützung gut gebrauchen, Pri.«

Er stellt einen Fuß auf die Bühne.

»Warum hast du das nicht schon vor zehn Jahren gemacht?«, will Attica wissen.

»Was?«

»Du hättest nicht bis zur letzten Sekunde warten müssen, um das zu machen. Du weißt seit Jahren, was Erasmus vorhat. Du hättest ihn jederzeit plattmachen können, aber du hast den Gruselwald unberührt gelassen, hast die Geschichte über einen Kinderschreck in die Welt gesetzt, um die Leute davon fernzuhalten, und jetzt stehen die Chancen gut, dass Erasmus dir zuvorkommen wird.«

»Stimmt!«, rufe ich. »Du hast ihm dabei mehr geholfen als irgendwer sonst. Du hast einen Fahrstuhl von Kastell Dunn zu den Tunneln gebaut, damit er heimlich Gerätschaften und Vorräte dort hinaufschaffen konnte. Du hast dafür gesorgt, dass er nie dabei erwischt wurde. *Deinetwegen* ist dieser Ort jetzt in Gefahr. Warum hast du Erasmus nicht schon vor Jahren aufgehalten?«

Torvald kommt von der Bühne runter und sieht uns an. Sein Blick ist tief und klar und traurig.

»Weil er mein Bruder ist«, sagt er leise. »Und seinem Bruder muss man alle Chancen geben, das Richtige zu tun. Und jetzt bleibt da stehen.«

Er erklimmt die Bühne und schnappt sich das Mikrofon. »Hallo, Orcharder!«

Die Menge tobt und Torvald setzt zu seiner üblichen Rede an.

Hinter der Bühne kommen Mum und Evan herübergeeilt.

»Ich hab Dad abgeschüttelt!«, zischt Evan. »Hab schon gedacht, ich bin geliefert, als deine Mum mich geschnappt hat, aber es stellte sich raus, dass sie voll cool ist.«

»Cooler als cool!«, meint Mum mit einem erwartungsvollen Lächeln.

Wir zucken alle zusammen.

»Uach, okay«, sagt Mum. »Dann bin ich eben nicht cool. Was brauchst du, Prithvi?«

»Torvald will Pri und mich auf die Bühne zerren, um Joe und Hopper loszuschicken«, erwidert Attica, »aber wir müssen vor ihnen bei den Höhlen sein. Wenn wir auf diese Bühne gehen, ist Erasmus geliefert. Was können wir tun?«

Attica und ich gucken Mum und Evan an.

»Wenn ihr nicht auf die Bühne geht«, sagt Evan, »weiß er, dass ihr abgehauen seid.«

»Wir brauchen nur etwas Vorsprung«, erwidere ich. »Ich habe einen Plan, aber ich brauche ein paar Minuten Vorsprung vor Torvald.«

Attica kratzt sich durch ihre staubige Mütze am Kopf.

Ihre Mütze und Jacke.

Ihre Mütze und Jacke und mein Mantel.

Ich gucke an Attica und mir runter. Ich gucke an Mum und Evan rauf. Mum ist nur ein kleines bisschen größer als Evan.

»Mum«, sage ich sanft. »Hast du dich je gefragt, wie es ist, ein Rockstar zu sein? Oder sagen wir ... das Maskottchen von Dunn's Orchard?«

Mum schaut erst mich fragend an, dann die Bühne, dann Attica, dann Atticas Mütze und Jacke.

Dann weicht alle Farbe aus ihrem Gesicht.

»Oh, nein, nein, nein, nein«, sagt sie.

Auf einmal schnallt Attica es. »Oh, das ist genial!« Sie fängt an, sich aus ihrer höhlenverdreckten Jacke und Mütze zu pellen.

Ich ziehe meinen Mantel aus und werfe ihn Evan zu. »Hey, Ev«, sage ich. »Was meinst du, wie indisch kannst du aussehen?«

Er grinst. »Indisch genug, um dreitausend Leute ungefähr zwei Sekunden lang reinzulegen«, gibt er zurück.

»Nein, nein, nein, nein, nein«, stöhnt Mum, während sie die Mütze über den Kopf gestülpt bekommt.

★

»Ich liebe diesen Ort«, dröhnt Torvalds Stimme über den brechend vollen Fußballplatz. »Ich liebe, was wir gemeinsam aufgebaut haben«, sagt er, »und ich liebe, wo wir noch hinwollen. Jetzt, wo Last Street Estate gerodet ist, können Joe und Hopper mit der Arbeit am nächsten spannenden Kapitel in der Geschichte von Dunn's Orchard beginnen. Wer würde das nicht wollen?«

Er wirft einen vielsagenden Blick zu den beiden Gestalten hinter der Bühne, aber die stehen mit abgewandten Gesichtern an den Zaun gedrängt wie schmollende Kinder.

»Ihr werdet heute noch keine großen Veränderungen sehen können. Wir schicken die Planierraupen tief in den Wald, um ein paar ... kniffelige Arbeiten zu erledigen, den Boden zu bereiten für weitere Aufräumarbeiten. Aber wenn es dann richtig losgeht, wird der Unterschied riesengroß sein!«

Torvald zerrt das Laken vom Styropor-Modell, begleitet von vereinzeltem Applaus, der immerhin sehr beeindruckend ist dafür, dass so wenige das Modell tatsächlich sehen können.

»Und heute haben wir sogar zwei Maskottchen der Stadt, um uns zur Hand zu gehen. Soll ich sie heraufbitten?«

Der Beifall breitet sich ein bisschen weiter aus. Jemand ziemlich weit hinten ruft etwas, das sehr nach »Jetzt mach schon!« klingt.

»Also gut!«, ruft Torvald. »Herauf mit euch, Attica Stone und Pri Kholi!«

Die beiden Gestalten hinter der Bühne tasten sich rückwärts auf die Bühne rauf, ihre Gesichter immer noch verborgen. Dann wirbeln sie herum, teilen sich auf und rasen in entgegengesetzter Richtung zum Bühnenrand. Die Gestalt mit der Mütze rennt zum Styropor-Modell, während das eindeutig nicht indische Kind mit dem Mantel dem verdutzten Bürgermeister das Mikrofon aus der Hand reißt, die Faust in die Luft stößt und seinen ersten Auftritt als Maskottchen von Dunn's Orchard hinlegt.

»HAAAALLOOOOO, DUNN'S ORCHAAAAAAAAARD!«, schreit Evan Gray.

Mum reißt sich Atticas Mütze und Jacke runter und schnappt sich die Teile des Styropor-Modells. Evan rast mit dem Mikrofon zu ihr rüber.

»Schnell, Leute!«, ruft sie und beginnt, die Teile des Modells so weit wie möglich in die Menge zu werfen. »Das ist ein Wettbewerb! Wer von euch es schafft, ein Stück des Modells auf eine der beiden Planierraupen zu bringen, darf sie in den Gruselwald fahren!«

Das, was dann passiert, ist einfach nur genial. Die Menge tost, Styroporstücke hüpfen über grabschende Hände und innerhalb von zehn Sekunden wird aus einer ordentlichen Einwohnerversammlung die Raubtierfütterung im Zoo. Hunderte Leute schieben sich zerbrochene, zertrampelte Stücke des Modells unter ihre Pullis und rennen auf Joe und Hopper zu, bis andere Leute sie zu Boden ringen und ihren wertvollen Styroporschatz klauen. Ich beobachte den Kaffee-Affen dabei, wie er einen Cocker Spaniel jagt, der sich ein Stück schnappen konnte, bis dieser auf spektakuläre Art durch ein winziges Loch im

Zaun schlüpft und der Kaffee-Affe auf spektakuläre Art stecken bleibt.

Torvald wirft sich auf Mum und Evan und ringt ihnen das Mikrofon ab. »Stopp! Alle aufhören! Hört zu! Es gibt keinen Wettbewerb! Simrita, hör auf! Jetzt beruhigt euch doch alle mal! Verdammt noch mal, Stone und Kholi, wo seid ihr?«

Doch seine Stimme geht wie ein Laubblatt in einem Wirbelsturm unter. Er wirft das Mikro hin, rennt zu den Planierraupen, die jedoch schon nur so wimmeln vor aufgeregten Mitbürgern, die ihren Preis von Evans total verdattertem Vater Phil einfordern.

»Das ist die fantastischste Aktion aller Zeiten«, sage ich in unserem Versteck am Rand des Gruselwaldes.

Torvald ändert die Richtung und rennt zum Parkplatz.

»Hat Torvald ein Auto?«, will Attica wissen.

»Jep, Riesending mit Allradantrieb.«

»Dann ist es gerade sehr viel weniger fantastisch geworden. Jetzt müssen wir zu Fuß schneller da sein als er mit dem Auto.«

»Nicht, wenn mein Plan aufgeht.«

»Hä?«

Ich grinse. »Komm mit. Ich kenne da so einen Baum ...«

Ich werfe einen langen Blick über den total außer Rand und Band geratenen Fußballplatz von Dunn's Orchard. Das Letzte, was ich sehe, ist, wie Mum mir Kusshände zuwirft, bevor Attica Stone mich ein letztes Mal in den Gruselwald zerrt.

31

CHAIN LIGHTNING

»Komm schon!«, brüllt Attica über ihre Schulter, während sie durch das Unterholz stürmt. »Wir schaffen es nie, vor ihm da zu sein!«.

»Mir nach!«, brülle ich zurück und renne geduckt nach rechts. »Ich weiß, was wir tun müssen!«

Ausnahmsweise weiß ich es wirklich mal. Vor mir ragt ein Baum wie kein anderer im Gruselwald auf, weil nämlich Erasmus' altes Motorrad in seinem Geäst hängt.

»Nicht dein Ernst«, meint Attica.

»Hilf mir mal«, fordere ich.

Attica macht eine Räuberleiter. Oben im Baum fange ich an, fest an dem Ast zu rütteln, an dem das Motorrad hängt.

»Also gut«, sagt Attica. »Wenn das dein Plan ist, dann los!«

Sie kommt zu mir hochgeklettert und hilft mir beim Rütteln. Der Ast fängt an zu knacken und ich verkeile mich mit dem Baumstamm, um noch fester drücken zu können.

»Gleich ... haben ... wir's ... Nur ... noch ... ein ... bisschen! Argh!«

Mit einem letzten wütenden *Knack* bricht der Ast ab und Attica, ich plus hundert Kilo Motorrad krachen in den Dreck. Ich krieg zwar erst mal keine Luft, aber ich triumphiere. Endlich hab ich auch mal einen Plan ausgeheckt, der aufgegangen ist, und jetzt werde ich auf meinem neuen Motorrad losbrausen, um meine Welt zu retten.

»Schnell!«, ruft Attica und spuckt ein paar Blätter aus. »Hilf mir, es auf den Weg zu bekommen!«

Wir hieven die rostige Maschine auf ihre platten Reifen und schieben sie auf den Trampelpfad, der in das geheime Tal führt.

»Bombe!«, ruft Attica. »Los geht's!«

Attica schwingt sich auf mein Motorrad, greift nach meinem Lenker und setzt ihren Fuß auf mein Pedal. »Spring auf«, meint sie und zeigt auf meinen Soziussitz. »Kannst bei mir mitfahren.«

Und das bringt das Fass zum Überlaufen. Ich bin elf Jahre und dreihundertneun Tage alt. Ich bin beim Freudenfeuer mit einer Schnecke beworfen worden. Meine Mum ist immer traurig und mein Dad ist immer fröhlich und wir tun alle so, als ob nichts wäre. Ich bin das erste Kind, das in einem Städtchen lebt, das mit ihm gewachsen ist, ohne vorher gefragt worden zu sein. Alle meine Lieblingsplätze sind zerstört worden und mich hat vorher keiner gefragt. Sie haben den Schweinehintern-Felsen ausgebuddelt, die Einsame Kiefer umgehauen und Häuser auf jeden Fleck gebaut, der vorher mir gehört hat, und ich kann mich nicht daran erinnern, dass mich jemand angerufen und gefragt hätte, ob ich damit einverstanden bin. Man hat mich zum Maskottchen von Dunn's Orchard gemacht, als ich noch zu klein war, um überhaupt zu verstehen, was passiert. Man hat mich ohne meine Erlaubnis zu einer örtlichen Berühmtheit gemacht, hat mich benutzt, um für die Stadt Werbung zu machen, und jetzt wird jemand sie überfluten.

Und dann bietet mir Attica Stone eine Mitfahrgelegenheit auf *meinem* Motorrad an, obwohl es *meine* Idee war, es zu benutzen?

Und das ist der Tropfen, der nach elf Jahren und dreihundertneun Tagen das Fass zum Überlaufen bring.

»Steig.«

»Von.«

»*Meinem*.«

»Motorrad.«

»Ab.«

Atticas Augenbrauen schießen in die Höhe und ihre Mundwinkel verziehen sich zu einem merkwürdigen Grinsen, aber sie steigt von meinem Motorrad ab und lehnt es gegen einen Baum.

»Okaaaaay«, sagt sie. »Aber Torvald wird jetzt schon in seinem Auto sitzen. Und der Fluss kommt hier in ungefähr einer halben Stunde an. Haben wir echt die Zeit, darüber zu streiten, wer ...«

»Halt die Klappe«, sage ich. »Halt die Klappe, halt die Klappe. HALT. DIE. KLAPPE. Wer bist du, Attica Stone? Warum bist du nicht wie alle anderen Kinder? Du trinkst vierfache schwarze Kaffees und das macht dir gar nichts aus. Du redest wie eine Comic-Figur. Du betrittst jeden Raum, als wärst du die Queen. Als ob du ein Alien wärst, der aus dem Weltraum gefallen ist, um mit uns herumzuexperimentieren. Oder noch schlimmer, du bist wie eine Erwachsene. Du machst, was du willst. Tja, aber jetzt wirst du ein paar Fragen beantworten müssen. Wer zum Geier bist du, Attica Stone? Woher kommst du? Warum bist du hier? Warum bist du so? Und was zum Geier ist das für eine Haarfarbe?«

Als ich fertig bin, bin ich echt außer Atem. Attica starrt mich lange einfach nur an. Dann, nach einem kurzen Blick zurück Richtung Fußballplatz, streckt sie mir die Hand entgegen.

»Hi«, sagt sie. »Attica Amy Stone. Zwölf-und-ein-bisschen. Abenteurerin. Nerd. Mädchen. Nicht von hier. Ich komme aus einer kleinen Wohngegend in der Großstadt, voller Straßenbahnen und Buchhandlungen und Cafés, die guten Kaffee in Tassen servieren, die kleiner als dein eigener Kopf sind. Ich bin bei einem Kreis von Tanten aufgewachsen.«

»Was ist das denn?«

»Das ist, wenn deine Eltern sterben, wenn du noch winzig klein bist, und du bei all ihren Freunden und Nachbarn und Familienmitgliedern in einem ganzen Häuserblock aufwächst, in dem die Zäune hinterm Haus alle niedergemacht wurden, damit ein großer Garten entsteht.«

»Oh. Tut mir leid. Warum bist du da abgehauen?«

»Weil ich eine Wahnsinnsabenteurerin bin.«

»Sag die Wahrheit, Attica Stone.«

Sie schaut mich finster an. »Ich hätte dich wohl nicht so gut im Fragenstellen trainieren sollen, Pri Kholi. Na gut. Eines Tages in der Schule – hattest du je diese Sache, wo jemand vom Zoo mit einer Menge Tiere kommt, die man streicheln darf?«

»Ja.«

»Das hatten wir vor ein paar Monaten. War das Übliche – ein paar Frösche in einer Kiste und einem Kind aus der Zweiten haben sie einen Python um die Schultern gelegt. Dann mussten wir uns alle in einen Kreis setzen, und sie haben ein Chamäleon hervorgeholt, das dann rumgegeben wurde.«

»Oh, cool.«

»Für dich vielleicht, aber nicht für das kleine Chamäleon. Alle haben es gedrückt und an ihm gezerrt und sich darum gestritten und der Zoo-Typ hat nix gemacht, um sie davon abzuhalten. Das arme kleine Ding ist echt ausgeflippt. Na ja, und als es bei mir angekommen ist ...«

Auf einmal weiß ich, was sie getan hat. Genau das, was ich immer machen will, aber doch nie tue. »Bist du mit ihm abgehauen.«

Attica pfriemelt an ihren Haaren herum. »Es war einfach nicht richtig, es so herumzuschubsen.«

»Bist du von der Schule geflogen?«

»Nicht wirklich. Die Tanten haben beschlossen, dass ich einen Tapetenwechsel brauche, also haben sie mich zu Tante Polly geschickt, die vor Jahren hierhergezogen ist.«

Darüber muss ich nachdenken. »Attica Stone«, frage ich, »bist du etwa nach Dunn's Orchard verbannt worden, weil du eine Echse gekidnappt hast?«

»Ja«, erwidert Attica sehr ernst. »Mein Name ist Attica Stone und ich bin eine verurteilte Chamäleonnapperin.«

Unsere Blicke treffen sich und wir prusten los.

Ich schüttele die Hand, die sie mir die ganze Zeit hingehalten hat. Sie zieht mich nahe zu sich ran.

»PS«, flüstert sie und zeigt auf ihren superheldenfarbigen Pony, »das hier nennt sich Chain Lightning. Glaube ich. Ist es immer noch Chain Lightning oder habe ich zu She-Hulk gewechselt?« Sie schnappt sich eine Ponysträhne und beäugt sie. »Nö, eindeutig Chain Lightning. Der Punkt ist, Chain Lightning ist krass. Niemand schubst Chain Lightning herum.«

»Attica Stone«, sage ich. »Chain Lightning sieht aus, als ob ein Alien auf deinen Kopf gekotzt hätte. Und jetzt steig auf mein Motorrad. Ich nehm dich mit.«

»Uach«, macht Attica Stone. »Also gut, du fährst.«

Ich springe auf das Motorrad und Attica klemmt sich hinter mich. Ich umfasse den Lenker, starre knallhart entschlossen voraus und werde dann von einer kosmologisch wichtigen Erkenntnis getroffen.

»Ich hab keine Ahnung, wie man ein Motorrad fährt«, stelle ich fest. »Und wir haben keinen Schlüssel, um es anzulassen.«

»Och, verflixt und zugenäht – runter mit dir, du Hirn!«, ruft Attica.

»Weißt du, wie man es fährt?«, frage ich.

Attica rutscht nach vorne. »Na klar!«

Sie untersucht die Hebel und Griffe und die kleinen rostigen Pedaldinger.

»Na ja«, meint sie. »Ich bin jedenfalls schon ein paarmal hinten drauf mitgefahren. Na gut, einmal. Tante Carita hatte eins. Auch wenn wir ihres immer einen Hügel runterrollen mussten, um es anzulassen. Ich glaube, man macht das so.«

Sie legt ein paar Schalter um, zieht einen der Hebel am Lenker, drückt einen kleinen Hebel mit dem Fuß runter und springt

dann mit einem triumphierenden »HA!« fest auf den Kick-
starter.

Brmfff, grunzt das Motorrad. Es springt nicht an.

»Ich sagte ›Ha!‹«, ruft Attica und tritt noch einmal runter.

Hrnnff.

Nichts.

Und in diesem Moment sehen wir Torvalds riesiges Allrad-
fahrzeug am anderen Ende des Pfads um die Ecke gebrettert
und direkt auf uns zugerast kommen.

32

ZWEI DINGE,
GENAU GENOMMEN

Torvald Dunns Karre holpert und hüpft durch das Unterholz, während sie an Fahrt aufnimmt und mit hoher Geschwindigkeit auf uns zurast.

»Schieb!«, schreit Attica Stone. Sie rutscht von dem uralten Motorrad, tritt das Schaltpedal, zieht einen Hebel am Lenker und fängt an, es verzweifelt den Pfad in Richtung geheimes Tal entlangzuschieben.

Ich schließe zu ihr auf, packe einen der Griffe und mache mit.

»Was tun wir?«, will ich wissen. »Warum werfen wir es nicht einfach hin und rennen?«

»Hör auf zu quatschen. Ich glaube, ich kriege einen Anrollstart hin! Los, schieb!«

Ich schätze, in jedem Abenteuer gibt es einen Punkt, an dem der Held das Gefühl hat, er ist total verloren. Genau jetzt, wo ich ein totes Motorrad in einem Wettlauf mit einem heranrasenden Geländewagen vor mir herschiebe, um zu einem Kinderschreck zu fahren, der wer weiß was vorhat, würde ich mich sehr viel lieber verloren fühlen, wenn ich mich überhaupt je wie der Held gefühlt hätte.

In den Scherben eines der Rückspiegel des Motorrads sehe ich, wie Torvalds Stoßstange immer näher auf uns zugerast kommt.

Ich ziehe den Kopf ein und schiebe. Der Wagen ist jetzt nur noch ein paar Meter hinter uns. Sein Motor heult in meinen Ohren. Gerade als ich sicher bin, dass er uns mit der Stoßstange gleich in die Hacken fährt, führt der Pfad durch eine kleine Senke, wir gewinnen an Geschwindigkeit und plötzlich springt Attica auf das Motorrad, lässt den Hebel am Lenker los, gibt mit der anderen Hand Gas und das Motorrad macht:

heckita bucketabucketabucketa heck PENG *buckita*
herrrrrrmmmmm

und springt an! Es macht einen Satz von mir weg und ich falle kopfüber in den Dreck.

»Yes!«, schreit Attica. »Danke, Tante Carita!«

Torvald weicht mir aus, um Attica zu verfolgen, die unsicher voranruckelt, während sich das plötzlich untote Motorrad zurück ins Leben hustet. Sie wirft mir über die Schulter einen Blick zu.

»Fahr!«, kann ich durch Torvalds Staubwolke keuchen. »Warte nicht auf mich!«

Attica schaut zu mir, dann zu Torvald, der schon fast auf gleicher Höhe mit ihr ist, und dann den Pfad hinauf zu den Höhlen und Erasmus.

Zurück zu mir, zurück zu Torvald. Zurück den Pfad hinauf.
Zurück zu mir.

Und dann reißt sie das Motorrad herum.

Torvalds Geländewagen prescht weiter den Pfad hinauf, während Attica zu mir zurückgefahren kommt.

»Danke«, sage ich und rappele mich auf. »Weißt du, du bist eine echt gute Fr...«

»MANN, HALT GEFÄLLIGST DIE KLAPPE!«, ruft Attica. »Steig auf, sonst ist er noch zuerst da!«

Ich springe hinten drauf und schlinge die Arme um Atticas Taille. Sie gibt Vollgas und unter jeder Menge Röcheln, Ruckeln und was sich wie kleine Explosionen anhört, schlingern wir hinter Torvald her.

Der Pfad wird holpriger, je tiefer er in den Gruselwald hineinführt. Torvald muss abbremsen, um Baumstämmen und Schlaglöchern auszuweichen, um die Attica virtuos herumzuzischen scheint.

»Gut gesteuert!«, brülle ich über das Stottern des Motors hinweg.

»Ich will dich nicht anlügen«, ruft Attica über ihre Schulter. »Ich drehe diese Griffe mehr oder weniger zufällig.«

»Oh, gut«, gebe ich zurück.

Als der Pfad in Richtung des halb umgestürzten Baums und des Passes, der in Erasmus' Tal hineinführt, ansteigt, überholen wir Torvalds Wagen. Einen Moment halte ich mit ihm Blickkontakt. Ich hatte das Gesicht eines Comic-Schurken erwartet, aber er sieht verzweifelt aus. Heult er? Kann nicht sein.

Dann sind wir an ihm vorbei und Attica fährt jetzt noch waghalsiger, schaltet schnell hoch und bringt den Motor, der etwas runder läuft, jetzt wo er warm geworden ist, auf Touren.

Hinter uns ist ein schleifendes Knirschen zu hören. Ich drehe mich um. Torvalds Wagen ist auf der Beifahrerseite seitlich in eine tiefe Rille gerutscht. Er lässt die Reifen durchdrehen, aber sie haben keinen Bodenkontakt und fahren nirgendwohin.

Jetzt muss er zu Fuß weiter, denke ich. Noch ein Problem gelöst. Alles, was wir jetzt noch tun müssen, ist, uns zu überlegen, was wir wegen Erasmus unternehmen. Im Augenblick habe ich absolut keine Ahnung, aber wenigstens lauert da draußen nichts weiter, was die Sache verkomplizieren könnte.

Ich will mich gerade rumdrehen und Attica erzählen, was passiert ist, da biegen wir um eine letzte Kurve und erreichen die Lichtung. Als wir an dem halb umgestürzten Baum vorbeifahren, schießt ein langer, dünner Ast aus der Kuhle unter den Wurzeln hervor und verkeilt sich sauber zwischen den Speichen unseres Vorderrads.

Das Vorderrad kommt zum Stehen, aber wir fliegen weiter, über den Lenker, durch die Luft, und landen hart im Dreck.

Ich fuchtele mit den Händen in der Luft herum und lande fachmännisch auf dem Kopf. Alles strudelt einen gigantischen Abfluss hinunter. Das Letzte, was ich sehe, bevor ich das Abflussrohr in die Finsternis hinuntertrudele, ist ein mir entsetzlich bekannt vorkommendes Paar schmutziger Turnschuhe, die sagen:

»Gut gezielt, Uhu.«

★

Wach auf, Pri.

Mum?

Wach auf, Pri.

Dad?

Wach auf, Pri.

Attica?

»Wach auf, Schleimi!«

Ah.

»Hallo, Rahm.«

Ich öffne die Augen. Rahms Gesicht schwebt über mir, mit einem Knie auf meiner Brust und einem Spuckefaden, der von seiner Lippe hängt. Bevor ich die Chance habe zu reagieren, lässt er ihn auf mein Gesicht tropfen.

»Argh, iiiiiih, das ist eklig, du Flachzange!« Ich kann mich mit einiger Anstrengung unter ihm hervorwinden und wische mir die Spucke vom Gesicht.

Ganz in der Nähe steckt das Motorrad kopfüber in ein paar Farnen fest und tickt ganz leise, während es abkühlt. Uhu kommt aus der Grube unter dem halb umgestürzten Baum hervorgekrabbelt, in der Attica und ich uns vorletzte Nacht auch versteckt haben. Ich kann nur ein paar Sekunden bewusstlos gewesen sein.

Uhu holt sich den Stock zurück, den er in unsere Speichen gesteckt hat, und benutzt ihn, um in einem wirren Knäuel aus Jeansstoff, Armen und Beinen herumzustochern, das leise stöhnt und zuckt.

»Aaaaaarrggh«, macht Attica. »Also, das war eine Enttäuschung. Über den Lenker eines rasenden Motorrads nen Abgang zu machen, kriegt echt ne sehr schlechte Bewertung. Null Sterne.«

»Du bist ne Null!«

»Guter Konter, Uhu«, meint Rahm.

Attica rollt sich auf den Rücken und guckt in die dämliche Visage, die über ihr schwebt. »Weißt du was, Uhu?«, fragt sie. »Du siehst aus wie ein Mädchen, das dich vermöbeln und dir deinen Stock wegnehmen kann.«

Uhu glotzt verwirrt drein, kann aber nicht anders. »Du bist ein Mädchen, das mich vermöbeln und mir meinen Stock wegnehmen kann!«

»Richtig, Uhu!«, erwidert Attica und tritt ihm in den Schritt.

Uhu macht ein Geräusch wie eine überraschte große Pumpe und kippt um. Attica fängt seinen Stock, als er ihn fallenlässt.

»Bingo!«, meint sie. »Lasst uns von der Lichtung verschwinden, bevor sie zum Fluss wird!«

Wir rappeln uns auf, werden aber von zwei Hindernissen aufgehalten: Rahm und dem Baseballschläger in seiner Hand.

»Ihr geht nirgendwohin«, sagt er finster.

»Oh ja, aber so was von«, erwidert Attica.

»Rahm, hör zu«, sage ich. »Gleich passiert was Schreckliches. Es ist keine Zeit, es zu erklären, aber wir müssen zu diesem Haus auf der Klippe und ...«

Der Baseballschläger saust wenige Millimeter an meiner Nase vorbei.

»Deine kleinen Abenteuer interessieren mich nicht«, gibt Rahm zurück und kommt auf uns zu. »Mich interessiert nicht, was das hier für ein Ort ist, oder der Knochenmann oder was auch immer. Alles, was mich interessiert, sind eure dämlichen Fressen. Besonders deine, Stone. Dieses Mal falle ich nicht auf deine schmutzigen Fingerfoltertricks rein. Alle werden sehen, was wir mit euren Fressen machen.«

Attica setzt ein begeistertes Gesicht auf. »Uuuuuh, eine Rundum-Gesichtsbehandlung? Ich hoffe, es ist eine Rundum-Gesichtsbehandlung! Nur, ich war in einer Höhle und jetzt ist es echt schmutzig ...«

»Klappe, Stone.« Rahm schwingt seinen Baseballschläger in Schlagreichweite von Attica. Die hält Uhus Stock hoch und der Schläger zertrümmert ihn zu Splittern.

Rahm kommt näher und holt noch mal aus. Die Spitze des Schlägers zischt an unseren Nasenspitzen vorbei.

»Weißt du, was mir echt Sorgen macht, Pri?«, fragt Attica.

Rahm schwingt ihn noch mal. Ich muss mich ducken.

»Ich hab keine Ahnung, Attica«, erwidere ich.

Wir weichen immer weiter vor Rahm zurück, der immer weiter auf uns zukommt.

»Was mir Sorgen macht, ist, dass Torvald hier noch nicht vorbeigerannt gekommen ist«, erklärt Attica. »Er hatte mehr als genug Zeit, diesen Hügel zu Fuß zu erklimmen.«

Der Schläger saust noch mal an uns vorbei.

»Du meinst, er ist zurückgegangen, um Joe und Hopper zu holen?«, frage ich.

»Jap«, gibt Attica zurück.

»Also sind wir gefangen zwischen den Planierraupen, die aus einer Richtung kommen, und dem Fluss, der aus der anderen Richtung kommt?«

»Und einem Schwachkopf mit Baseballschläger in der Mitte. Wenn wir nicht sofort etwas unternehmen, wird uns eins davon niederwalzen.«

»Stimmt. An was denkst du?«

Ich kann die Wurzeln des halb umgestürzten Baums in meinem Rücken spüren. Rahm hat uns festgenagelt.

»Na ja«, erwidert Attica, »zwei Dinge, genau genommen.« Rahms Schläger steht hoch über uns.

Attica stemmt ihren Fuß gegen die dickste Wurzel hinter uns.

»Erst mal das«, sagt sie und wirft sich waagerecht gegen Rahms Bauch. Die beiden taumeln rückwärts, stolpern über den sich immer noch windenden Uhu und fallen in einem chaotischen Haufen zu Boden. Attica schnappt sich je einen Arm der beiden Jungs und verdreht sie, um die zwei am Aufstehen zu hindern.

»Und das Zweite«, ruft sie mir zu, »ist, dass du losrennst. Los!«

Rahm und Uhu umringen Attica und sie verschwindet unter ihrem fäusteschwingenden Gewicht. *Nicht mal Attica Stone kann so einen Kampf gewinnen,* denke ich, aber ich kann sie auch nicht vor diesen beiden Monstern retten. Wenn sie sich schon entschieden hat, für mich eine Tracht Prügel einzustecken, erweise ich mich besser als dessen würdig.

Ich drehe Attica Stone den Rücken zu und spurte zum Haus der Türen, in der Hoffnung, dass es noch nicht zu spät ist, etwas zu unternehmen. Was auch immer dieses Etwas dann sein wird.

33

TINTENFISCHTINTE

Das Haus der Türen liegt still und leer da. Die Tür im Boden steht sperrangelweit offen. Ich schleiche mich auf Zehenspitzen die Wendeltreppe um die Glasröhre hinunter, bis mir klar wird, dass ich hier bin, um meine Welt zu retten, also nehme ich den Rest des Weges immer zwei Stufen auf einmal. Mein Atem hallt die steinernen Stufen rauf und runter.

Während ich hinunterrenne, steigt noch ein anderes Geräusch von unten herauf, übertönt meine Schritte, donnert über alles hinweg. Es ist das Drachengebrüll, das Attica und ich bei unserem ersten Besuch hier gehört haben. Was hat Erasmus noch mal gesagt, was das ist? Er testet irgendwas? Maschinen? Seine Wasserkraftturbinen?

Ach du Schreck, es ist doch wohl nicht alles schon gelaufen, oder?

Nein, kann es nicht, sonst hätte ich die Explosionen unter dem Fluss gehört. Und ein Fluss, der plötzlich in eine Höhle strömt, muss auch ganz schön Krach machen. Erasmus muss bei seinen letzten Tests sein. Was bedeutet, dass es jede Sekunde so weit sein kann. Ich fange an, drei Stufen auf einmal hinunterzuspringen.

Ich erreiche die hölzerne Plattform und was ich da sehe, lässt mich erstarren.

Endlich erhalte ich einen vollständigen Überblick über Erasmus' Werk. Die Milchstraße aus Lampen ist in der ganzen Höhle hell erleuchtet, lässt die Wände, die Stalagmiten und Stalaktiten und jedes Stück Diebesgut aus Dunn's Orchard in ihrem Schein funkeln. Jedes Mal, wenn ich diesen Ort sehe, wird er irgendwie noch wundervoller.

Der Faultier-Express steht vergnügt an seiner Haltestelle neben mir. Seine glasigen Augen sind viel zu gleichgültig für das, was gleich um ihn herum geschehen wird. Ich lasse meinen Blick durch die Höhle schweifen. Die Riesentür, die zum unterirdischen Garten hinunterführt, ist versiegelt, bereit dafür, dass der Fluss auf seinem Weg nach Dunn's Orchard über sie hinwegspült.

Am anderen Ende der Höhle kann ich schließlich erkennen, was Attica und ich bei unserem ersten Besuch für ein Monster gehalten haben. Weit oben an der Steigung des Höhlenbodens, unmittelbar bevor er sich aus dem Sichtfeld erhebt, hat Erasmus reihenweise lange Stahlwalzen, aus denen riesige, metallene Flossen herausstehen, eingebaut, die sich von einer Seite der Höhle zur anderen erstrecken. Jetzt gerade drehen sie sich wild, während Erasmus sie testet, und brüllen furchteinflößend wie Drachen im gleißenden Licht von unzähligen leistungsstarken Scheinwerfern.

Nicht, dass unten in der Stadt irgendjemand zu Hause wäre

und bemerken würde, dass Dunn's Orchard den schwärzesten Stromausfall aller Zeiten erlebt.

Jetzt, wo ich weiß, wonach ich suche, ist es unglaublich offensichtlich. Die gesamte Höhle ist eine lange Wasserrutsche! Sobald Erasmus ein Loch ins Höhlendach gesprengt hat, wird der Fluss über die Turbinen hinabstürzen, die die Elektrizität erzeugen, die Erasmus braucht, dann zum Höhlengrund hinabdonnern, auf der anderen Seite wieder hinauf und aus dem Mundloch der Höhle hinausschießen.

Danach ist er mit dem Fluss fertig, aber der Fluss ist noch nicht mit Dunn's Orchard fertig.

Es sei denn, ich finde einen Weg, ihn aufzuhalten.

Es sei denn, ich entscheide mich nicht dagegen.

Es sei denn.

Es sei denn was überhaupt? Im Augenblick sehe ich nicht, was ich überhaupt tun könnte, um irgendwas zu ändern.

Während ich ziellos in der Höhle herumschaue, drehen sich die Turbinen immer langsamer und bleiben schließlich stehen. Die Scheinwerfer flackern aus, die Milchstraße über mir verblasst und der Krach verstummt, sodass ich jetzt erst eine fröhliche kleine Melodie höre, die unter der Plattform, auf der ich stehe, zu mir heraufdringt. Irgendwo direkt unter mir pfeift jemand.

Ich hebe die Klappe in der Ecke an und finde den Felsvorsprung darunter vollgestopft mit Solarbatterien, einem Dschungel aus Stromkabeln und Slotcar vor.

Sie liegt auf dem Rücken auf dem Vorsprung und pfeift fröhlich vor sich hin, während sie – eins nach dem anderen – weitere dünne Kabel mit den Polen oben an den Batterien verdrahtet.

Die Lampen an ihrem Tupperschüssel-Schutzhelm beleuchten ihre Hände und die ferngesteuerte Raupe liegt zusammengerollt auf ihrer Brust wie ein glückliches kleines Kätzchen. Also hilft sie wirklich Erasmus dabei, seinen Flussplan in die Tat umzusetzen. Irgendwie beneide ich sie darum, dass sie so genau weiß, was sie will.

Ich lege mich auf den Bauch und stecke den Kopf durch die Klappe. »Slotcar!«

Sie dreht den Kopf in meine Richtung, während sie weiter Drähte miteinander verzwirbelt. So, wie ich Slotcar kenne, rechne ich mit allem, von »Hallo« über »Versuch nicht, mich aufzuhalten« bis hin zu »Diese ferngesteuerte Raupe, Ian, ist mein bester Freund, und wir werden im Sommer heiraten«. Aber was sie dann wirklich sagt, beweist nur, wie sehr ich den Grad von Slotcars Verrücktheit unterschätzt habe.

»Weißt du, warum Tintenfische besser sind als Vögel?«

»Slotcar, wo ist Erasmus? Ist der ganze Sprengstoff schon angebracht? Ist das Sprengstoff, den du an die Batterien anschließt? Wie lange noch, bis der Fluss explodiert?«

»Ja, aber«, erwidert Slotcar und zwirbelt einen weiteren Draht mit einer Kneifzange um eine Anschlussklemme, »Tintenfische sind besser, also, weil ...«

»Aaaargh!«, erkläre ich. Auf welchem Planeten sie auch sein mag, es ist zu spät, eine Rettungsmission zu starten. Ich knalle die Klappe zu und sehe mich verzweifelt in der Höhle um. Zwei Lichter pendeln ganz oben bei den Turbinen hin und her. Bis vor vierundzwanzig Stunden hätte ich mir mein ganzes Leben lang bei diesem Anblick vor Schiss in die Hose gemacht, aber jetzt weiß ich, wessen Gesicht sich zwischen diesen batteriebetriebenen Monsteraugen verbirgt.

Ich bahne mir meinen Weg über Stege und wackelige Brücken darauf zu, dann hinunter auf den Höhlengrund und komme mir vor wie eine Ameise auf einer riesigen Spielplatzrutsche. Als ich mich nähere, blickt die in einen langen Mantel gehüllte Gestalt bei den Turbinen von einem in ein Laken gewickelten Bündel auf und blendet mich vorübergehend.

»Magenkind! Hallo!«

»Hallo, Erasmus«, sage ich und schirme meine Augen mit dem Arm ab. »Mein Name ist Pri. Könntest du bitte die Lampen ausschalten?«

»Oh, natürlich! Ich würde meinen eigenen Kopf vergessen, wenn er nicht ... dings ... wäre.«

Die Monsteraugen knipsen aus und ich versuche, meine Sehkraft zurückzublinzeln. »Erasmus ...«, fange ich an.

»Hast du gesehen, wie alle Lichter an waren?«

»Ja. Das war echt wunderschön, Erasmus.«

»Das war mein letzter Generator-Testlauf mit dem Strom aus dem Ort! So wird es die ganze Zeit aussehen, sobald ich anfange, die Wasserkraft zu nutzen! Aus der ganzen Welt werden die Leute herkommen, um all das anzuschauen! Stell dir nur vor, wie glücklich dieser Ort alle machen wird!«

Das kann ich mir vorstellen. Nur sehe ich auf dem Bild in meinem Kopf nicht die ganze Welt herkommen und es sich anschauen. Es bin bloß ich mit meinem kleinen Bruder Sanj, wenn er etwas älter ist. Ich führe ihn zum ersten Mal auf die große

Holzplattform, und das Gesicht, das er macht, als er diesen wunderbaren Ort zum ersten Mal sieht ...

Aber wo würden wir wohnen? Wenn ich zulasse, dass Erasmus Dunn's Orchard überflutet, wird dieser Ort hier sein – aber wir werden kein Zuhause mehr haben. Wenn ich Torvald diesen Ort hier zerstören lasse, haben wir ein Zuhause – aber alles, was wir dann noch hier oben anschauen können, ist eine neue, piekfeine Wohngegend und eine *Echt Mega Kaffee*-Filiale mit Ausblick.

Was soll ich tun?

»Warte noch neun Minuten und zweiundvierzig Sekunden«, meint Erasmus.

»Was?«

Der alte Knabe schnappt sich sein Bündel, klemmt es unter den Arm, linst unter das Laken und zockelt fröhlich in Richtung des nächsten Stegs los.

»Warte einfach neun Minuten und achtunddreißig Sekunden!«, ruft er über seine Schulter. »Das kannst du tun. Nein, warte neun Minuten und einunddreißig Sekunden. Neunundzwanzig. Tut mir leid, die Zeit vergeht so schnell. Bis ich es gesagt habe, ist es schon wieder vorbei.«

Ich haste hinter ihm her. »Neun Minuten bis was?«

Er bleibt stehen, dreht sich um und gibt mir gut gelaunt das Daumen-hoch-Zeichen. »Na ja, bis er losgeht, natürlich! Der Sprengstoff!«

Und schon zieht er wieder los.

Sprengstoff. Neun Minuten. Ich renne zu ihm hinauf auf die Plattform.

Vorsichtig wickelt er das Bündel aus und setzt es auf den Faultier-Express. Es mag zwar aussehen wie eine Sammlung von Tonröhren anstelle der roten Stangen, auf denen in den Comics immer TNT steht, aber die kleine Digitaluhr, auf der die Zeit abläuft, ist ein todsicheres Zeichen.

Es ist eine Bombe.

»Der ganze Rest vom Sprengstoff ist schon unter dem Flussbett angebracht«, erklärt er. »Natürlich wäre es besser, wenn ich diese letzte Ladung selbst anbringen könnte, aber die ganze Angelegenheit ist ein bisschen ... dringlich geworden, fürchte ich.«

Ich höre zwar zu, aber ich kann den Blick nicht von der Digitaluhr abwenden.

Darauf steht 8:22.

8:21

8:20 ...

Erasmus tätschelt das Faultier liebevoll. »Armer kleiner Kerl. Aber andererseits, wenn er in diesem Zustand ist, hat er wohl schon Schlimmeres erlebt.«

Er streckt die Hand nach dem Stromschalter für die Eisenbahn aus und ich mache einen Schritt auf ihn zu.

»Warte«, sage ich heiser.

Erasmus schaut mich traurig an. »Du wirst mich doch nicht bitten aufzuhören, oder? Torvald hat das schon von mir verlangt. Ich habe ihn gehört, weißt du, selbst wenn ich so tue, als täte ich es nicht.«

»Ich weiß nicht«, gebe ich zurück.

Er lächelt mich hoffnungsvoll an. »Es sollte schon wundersame Dinge geben, nicht wahr? Die Welt scheint so mit gewöhnlichen Alltagsdingen vollgestopft zu sein. Ich will doch nur etwas Magisches schaffen. Etwas Besonderes. Das verstehst du doch, oder? Ist nicht eine magische Sache wichtiger als dreitausend gewöhnliche Dinge?«

Im Geiste rieche ich Kiefernharz und Rauch. »Ich weiß nicht«, antworte ich ehrlich.

In diesem Augenblick geht die Klappe in der Ecke der Plattform noch mal auf und Slotcar mit ihrem Tupperschüssel-Schutzhelm taucht daraus auf.

»Also gut, Jungs«, sagt sie langsam und beäugt die Situation. »Du bringst jetzt wohl deine Bombe auf den Weg, Erasmus, hmm?« Sie drängt sich zu mir durch. »Jetzt ist es wohl an der Zeit für eine kleine Unterhaltung«, flüstert sie geheimnisvoll. »Über Tintenfische.«

»Slotcar ...«

»Hör einfach nur zu. Die Sache mit Tintenfischen ist die ... Warte, wo ist dein Mantel?«

»Hä?«

»Dein Mantel!«, ruft Slotcar sehr viel aufgewühlter, als ich sie je zuvor erlebt habe. »Als du das letzte Mal hier warst, habe ich dir deinen Mantel zurückgegeben. Warum hast du ihn jetzt nicht an? Du musst deinen Mantel anziehen, Pri! Wo ist dein Mantel?«

»Der ist hier«, sagt eine Stimme von der Holztreppe aus. »Er hat ihn einer Flachzange geliehen.«

Evan Gray betritt die Plattform. Er hat eine lange, schmutzige Schramme auf einer Wange und seine Knöchel sind aufgeschürft. Er hat meinen Mantel an, den ich ihm vorhin auf dem

Fußballplatz gegeben habe, aber jetzt hat der einen zickzack-förmigen Riss an einer Seite.

»Tut mir leid, dass er ein bisschen mitgenommen aussieht«, meint er, während er die Wunderdinge hinter mir bestaunt. »Tja, dieser Ort ist ... dieser Ort ist eine Menge.«

»Was ist mit dir passiert?«, frage ich.

»Bin zufällig mit ein paar alten Freunden zusammengestoßen«, gibt er zurück und deutet mit dem Daumen über seine Schulter.

Rahm und Uhu tauchen im Höhleneingang auf und glotzen ungläubig vor sich hin. Rahm schmollt über einer blutigen Lippe und in Uhus Haaren hängen lauter Zweige.

»Was ganz praktisch war«, fährt Evan fort, »denn als ich sie entdeckt habe, stießen sie gerade mit jemand anderem zusammen.«

Rahm und Uhu stolpern plötzlich ruckartig in die Höhle und hinter ihnen taucht das spitze Ende eines abgebrochenen Baseballschlägers auf, den Attica Stone schwingt.

»Zum letzten Mal«, sagt sie. »Ich hatte sie voll unter Kontrolle.«

So sieht es wirklich nicht aus. Ihr linkes Auge ist zugeschwollen und ein Rinnsal aus Blut ist unter ihrem Science-Fiction-Zuckerwatte-Pony geronnen.

»Okay«, sagt sie erschöpft. »Jetzt ist die ganze Bande hier. Yay! Wo stehen wir? Haben wir schon gewonnen?«

Auf einmal ertönt ein blechernes elektrisches Brummen und dann das Surren kleiner Metallräder. Ich schaue zu der Eisenbahn hinüber und sehe Erasmus verlegen neben einem leeren

Faultier-Express-Bahnhof stehen. »Ich dachte nur, ich nutze die Gelegenheit, etwas zu erledigen, solange alle anderen beschäftigt sind«, sagt er.

Slotcar, Attica und ich gucken über den Rand der Plattform. Der Faultier-Express rattert fröhlich auf den Hundert-Meilen-Fluss zu, befördert seine letzte Fracht.

»Das ist der Rest vom Sprengstoff!«, rufe ich. »Mit einem Zeitzünder!«

»Wir müssen uns echt unterhalten«, meint Slotcar und zupft an meinem Ärmel.

»Sechs Minuten und acht Sekunden«, sagt Erasmus hilfsbereit, während er auf seine Uhr schaut.

»Das ist der Knochenmann«, stellt Rahm mit großen Augen fest.

»Keine Zeit für dich, also Klappe«, gibt Attica zurück. Sie stürzt zu Erasmus rüber. »Kannst du den Zeitzünder mit einer Fernbedienung anhalten?«

»Meine Güte, nein«, antwortet Erasmus. »Es ist jetzt nicht mehr aufzuhalten, verstehst du? Der Fluss wird bald hier sein. Mach dir keine Sorgen, es wird alles gut!«

»Wir hätten uns nicht aufteilen sollen, oder?«, fragt Attica.

»Ich weiß«, erwidere ich. »Erasmus zieht seinen Plan unerbittlich durch und Slotcar will mir immerzu grundlos irgendeine schräge Geschichte erzählen ...«

»Was?«, ruft Attica.

»Slotcar«, wiederhole ich. »Du weißt doch, wie sie ist. Sie hat versucht, mir irgendeine Geschichte reinzudrücken, warum Tintenfische besser sind als Vögel.«

Attica sieht aus, als ob sie mir gleich an die Gurgel geht, aber stattdessen stürzt sie wie eine Wilde auf Slotcar zu und zerrt sie in die von Erasmus am weitesten entfernte Ecke der Plattform. Ich gehe hinterher.

»Sag mir sofort, warum Tintenfische besser sind als Vögel!«, zischt sie.

»Na ja, ist offensichtlich, gell?«, erwidert Slotcar.

»Nein«, gibt Attica zurück. »Erklär's!«

»Wenn Vögel irgendwas erreichen wollen«, sagt Slotcar, »machen sie ne große Sache draus, nicht wahr? Schnattern und flattern herum, machen auf sich aufmerksam. Wenn man einen Vogel aufhalten will, ist das einfach. Man muss nur schauen, wo großes Gedöns gemacht wird.« Sie macht eine Handbewegung, die uns alle pauschal einschließt.

»Vier Minuten einundfünfzig«, sagt Erasmus mit dem Rücken zu uns voller Vorfreude.

»Aber wenn ein Tintenfisch etwas erreichen will, zieht er keine große Aufmerksamkeit auf sich. Stattdessen verspritzt er einen großen Klecks Tinte, und während alle sagen ›Ooooh, guckt mal, ein Tintenklecks. Was soll das denn?‹, macht sich der Tintenfisch seelenruhig vom Acker, um das durchzuziehen, was er vorhat. Niemand schenkt ihm groß Beachtung, weil er einfach nur ein Tintenfisch ist.«

»Vier dreißig«, meint Erasmus.

»Komm ganz, ganz schnell zum Punkt«, fordert Attica.

Slotcar zieht die Nase hoch. »Der Punkt ist, während sich alle auf kreischende Vögel und ablenkende Tintenwolken konzentrieren, tauchen Tintenfische ab und erledigen im Untergrund hinterrücks ihren Kram.« Sie tippt mit dem Fuß auf die Bretter der Plattform, während sie hinzufügt:»Im Untergrund.« Attica und ich gucken runter.

Ich drehe Erasmus den Rücken zu.»Die Batterien«, flüstere ich.»Was hast du mit den Batterien gemacht?«

Über uns rattert der Faultier-Express den Tunnel hinauf und außer Sichtweite.

»Wunderbar«, sagt Erasmus.»Vier Minuten.«

»Erinnert ihr euch, was Erasmus über den Zug gesagt hat?«, murmelt Slotcar.»Er fährt nur mit einer der Batterien. Jede weitere wäre zu viel für ihn.«

»Stimmt«, erwidert Attica.»Dann würden die Drähte durchbrennen oder so. Also?«

»Während ihr Vögel rumgeflattert seid und rumgekreischt habt«, erklärt Slotcar und fasst mit der Hand über den Plattformrand,»hat sich dieser Tintenfisch darangemacht, all die anderen Batterien mit der Eisenbahn zu verdrahten.«

Sie angelt zwei lange, isolierte Drähte mit blank liegenden Enden herauf.»Alles, was man tun muss, ist diese beiden Drähte aneinanderzuhalten, und schon ist das elektrische System des Faultier-Express überlastet und bekommt einen Kurzschluss.«

Sie klebt die beiden Drähte etwa dreißig Zentimeter voneinander entfernt mit Klebeband am Rand der hölzernen Plattform fest.

»Und was verursacht das dann?«, will ich wissen.

»Drei Minuten«, höre ich Erasmus vom anderen Ende der Plattform sagen.

»Wenn der Zug keinen Saft mehr hat«, erklärt Attica, »wird er zum tiefsten Punkt der Schienen hinunterrollen. Und das ist ...« Sie lehnt sich über das Geländer, um nachzusehen. »... direkt neben der großen Tür zu der Höhle mit dem Garten! Der letzte Rest Sprengstoff wird dort ein Loch hineinsprengen und der Fluss wird den unterirdischen Garten überfluten anstelle von Dunn's Orchard!«

»Und dann wird er die Tunnel unter der Stadt fluten«, füge ich hinzu.

»Deren Abfluss irgendwo weit weg ist«, meint Slotcar. »Und die Stadt ist gerettet.«

»Aber dann verlieren wir den unterirdischen Garten für immer«, stelle ich fest.

»Slotcar«, sagt Attica, »ich weiß, ich hab das schon mal gesagt, aber du bist ein Genie.«

»Das geht schon klar«, meint Slotcar und durchstöbert ihre Manteltaschen. Sie holt die immer noch eingerollte ferngesteuerte Raupe hervor und macht ihr Hinterteil an einem der beiden Drähte fest. Der Kopf zeigt auf den anderen Draht, ist aber etwa zehn Zentimeter davon entfernt.

»Jetzt müssen wir sie nur noch losschicken«, erklärt Slotcar mir. »Check mal Evans Taschen.«

Evan klopft seine Seiten ab und zieht die Fernbedienung für die Raupe aus meiner Manteltasche.

»Ich hab mich schon gefragt, was das ist. Ich hab dreimal draufgesessen«, meint er und reibt sich vorwurfsvoll den Hintern. Während Attica Erasmus die Sicht versperrt, reicht er mir schnell die Fernbedienung.

»Slotcar, warum hast du dieses Ding nicht einfach ausgelöst, sobald du es verkabelt hattest?«

Sie zuckt mit den Schultern. »Nicht meine Entscheidung, es zu benutzen oder eben nicht, gell? Ich bin bloß der Tintenfisch.«

Ich starre die Fernbedienung in meiner Hand an.

»Zwei Minuten«, sagt Erasmus.

Es stellt sich also heraus, dass ich doch der Held bin. Manche Menschen werden großartig geboren, denke ich. Anderen wird Großartigkeit aufgedrückt. Und wieder andere stolpern quasi auf der Suche nach der Toilette in die Großartigkeit hinein, und alle dann so: »Ey, hör mal, kannst du mal bitte diese Großartigkeit für uns halten?« Und ehe du dich's versiehst, stehst du mit der Fernbedienung für eine Roboter-Raupe in einer Höhle und versuchst, dich zu entscheiden, ob du sie benutzen sollst, um deinen Heimatort zu überfluten oder das Lebenswerk des Knochenmanns zu zerstören ...

»PRI!«, schreit Attica. »HALT JETZT SOFORT DIE KLAPPE!«

Ich blicke auf und entdecke, wie Erasmus die Roboter-Raupe und mich – oder genauer gesagt die Fernbedienung – wild anstarrt.

»Oh, Mist!«, rufe ich. »Ich hab wieder Selbstgespräche geführt, oder?«

»Bitte«, sagt Erasmus ganz ruhig. »Bitte gib mir das.« Er macht einen Schritt auf mich zu. Evan, Attica und Slotcar stellen sich ihm in den Weg. Sie könnten ihn vielleicht abhalten, falls er versuchen sollte, mir die Fernbedienung wegzunehmen, vielleicht aber auch nicht.

»Rahm, Uhu, helft uns«, sage ich.

Sie starren immer noch mit sperrangelweit offenen Mündern alles an. »Was zum Geier issn hier los?«, fragt Rahm. »Was wollt ihr in die Luft sprengen?«

Erasmus kommt weiter auf mich zu. »Bitte, Magenkind ... Bitte, Pri«, sagt er. »Bitte gib mir das. Lass etwas Magisches auf der Welt sein.«

Er kommt immer näher, und ich bin überzeugt, dass wir gleich rauskriegen werden, was für eine Kampfeinheit wir vier abgeben, als eine Gestalt wie Erasmus' Schatten auf der Treppe auftaucht und seine Arme um ihn schlingt.

»Torvald!«, ruft Erasmus.

Die beiden Brüder ringen miteinander, bis Torvald seinen Bruder an der Höhlenwand festnageln kann.

»Sechzig Sekunden«, schnauft Erasmus. »Tu's nicht!«

»Komm schon, Pri!«, schreit Torvald mich an. »Entscheide!«

Alle starren mich an. Und plötzlich kapiere ich etwas, das ich schon die ganze Zeit hätte wissen müssen – der Held zu sein ist scheiße.

»Nein!«, rufe ich. »Wir entscheiden alle zusammen. Jeder bekommt eine Stimme. Dunn's Orchard retten oder den unterirdischen Garten retten. Ich mache das, für das wir alle stimmen. Rahm?«

»Ich hab immer noch keinen Schimmer, was zum Geier hier los is«, meint Rahm. »Aber wenn du die Bude hier flutest, bevor ich sie auschecken konnte, tret ich dir den Schädel ein, Schleimi.«

»Du bist ein ...«, sagt Uhu und bricht ab, weil ihm einmal kein Konter einfällt. »Was Rahm sagt«, murmelt er.

»Bitte«, sagt Torvald und lässt eine Träne seine Wange runterkullern. »Rette meine Stadt.«

Erasmus schaut mich nur flehend an. Ich weiß, was er will.

»Dreißig Sekunden«, sagt er.

Evan schüttelt den Kopf. »Irgendwie hat Dunn's Orchard uns im Stich gelassen«, meint er. »Aber man zerstört seinen Heimatort nicht, bloß weil er einen nervt.«

»Slotcar?«, frage ich.

»Da ist dieses Monster, gell ...«

»SLOTCAR!«

»Also gut. Dieser Mann hier, Erasmus, bringt niemandem Magie. Jahrelang hat er alle Freude aus unserem Ort gesaugt und für sich behalten. Er ist kein Vogel, er ist ein Blutsauger. Rette Dunn's Orchard.«

»Also sind drei dafür und drei dagegen. Attica, deine Stimme entscheidet.«

»Was? Nein, tut sie nicht. Das hier ist nicht meine Heimat. Du entscheidest!«

»Ich kann nicht! Das ist nicht fair!«

»Hör zu, Pri Kholi«, schreit Attica. »Du bist weder ein Tintenfisch noch ein Vogel. Du bist nichts Besonderes und du bist auch nicht der Auserwählte. Du bist bloß das Kind mit dem Drücker. Was wirst du tun? Was willst du? Wer bist du, Pri Kholi?«

»Zehn Sekunden«, sagt Erasmus.

Ich denke an die Stadt. Ich denke an meine Familie. Ich denke an die Schule und an Kastell Dunn und an die Spidermans und an *Echt Mega Kaffee* und an Grays Werkstatt. Ich denke an den unterirdischen Garten und an den Hund von Fußball-Tony. Ich denke an die Beinahe-Stromausfälle und an die klopfenden Rohrleitungen und an Sanjs Spielsachen und an die magische Einsame Kiefer, die für immer weg ist.

Dann, schließlich, denke ich an Mums Nähzimmer.

Und es stellt sich heraus, dass Mums Nähzimmer schlussendlich den Ausschlag gibt.

Weil ich es einfach nicht könnte.

Weil man sich seiner Mum zuliebe benehmen muss.

Mein Daumen liegt auf dem Schalter. Ich blicke zu Erasmus.

»Tut mir leid«, sage ich.

Mein Daumen zögert ...

und dann ...

drückt er ab.

Die Roboter-Raupe löst den Kontakt aus. Ein zischendes Geräusch und ein metallischer, verbrannter Geruch steigen unter uns auf. Nach einem Augenblick kommt eine kleine, pelzige Gestalt vom Dach der Höhle auf uns zugerauscht und donnert mit fröhlich blitzenden Augen und einer Bombe in ihrem Körbchen an der Plattform vorbei, bis sie schließlich kraftlos am Grund der Höhle ausrollt.

»Nein!«, wimmert Erasmus in den Armen seines Bruders.

Rahm verschwindet dicht gefolgt von Uhu die Treppe rauf.

Tief unter uns leuchtet ein greller Blitz auf und ein sattes WUMMS dröhnt in unseren Ohren.

»Rennt!«, schreit Attica, aber in der gleichen Sekunde wird sie genau wie alles andere in der Höhle von einem unglaublichen Donnern über uns übertönt, das mich total aus dem Universum wirft.

34

DER FLUSS

Alles ist schwarz.

Alles ist laut und schwarz.

Alles ist laut und tief dunkelgrau.

Alles ist laut und feucht und jetzt irgendwie von einem schmutzigen, rauschenden Braun, und das ist noch beunruhigender als das Dunkelgrau, sodass ich mir das gute alte Schwarz von vorher zurückwünsche.

Irgendetwas packt mein Handgelenk und jetzt ist alles bebendes Gestein, dichter Lärm, schmutziges Wasser und irgendwas, das sich in meine Fußsohlen bohrt und sich schließlich als die Wendeltreppe entpuppt, die hinauf zum Haus der Türen führt, die ich scheinbar hinaufrenne.

Attica Stone zerrt mich hinter sich her, und über dem wilden Ozean aus tosendem Lärm, der uns von unten hinaufscheucht, kann ich hören, wie ein nicht enden wollender Strom einiger der schlimmsten Schimpfwörter, die ich kenne, und einiger, die ich noch gar nicht kannte, aus ihr herausprudelt.

Es ist echt ganz schön. Wie Walgesang.

Slotcar und Evan kommen hinter mir die Treppe hoch. »Oh, hey«, sage ich.

»[Walgesang]!«, ruft Attica.

»Cool«, erwidere ich. »Ähm – was geht hier ab?«

»RENN [Walgesang] noch mal weiter«, erklärt Evan.

»Okay«, antworte ich fröhlich und tue, was er sagt.

Wir platzen aus der Tür im Boden und ich werfe mich hin, weil sich das gut anfühlt.

»Noch [Delfinrufe] nicht!«, brüllt Attica und zerrt mich raus auf die Spitze der Klippe. »Ich hab keine Ahnung, wo das [Möwengeschrei] Faultier abgeblieben ist! Wir müssen nachschauen!«

»Faultier?«, frage ich. Eine lustige Erinnerung knabbert an meinem Hirn. Darin fährt ein Faultier eine kleine Eisenbahn. Es winkt mir zu. Alle Fahrgäste sind Bomben. Die winken auch.

Rahm und Uhu stehen draußen vor dem Haus. »Was zum [Nebelhorn eines Ozeanriesen] geht hier ab?«, schluchzt Rahm.

»Hallo, Rahm! Keine Ahnung!«, sage ich.

»Duckt euch!«, zischt Attica. Sie zerrt mich zu sich auf alle viere und sie, Slotcar, Evan und ich krabbeln zum Rand der Klippe und spähen hinunter.

»Wow, das ist eine schöne Aussicht!«, finde ich.

Das Tal erstreckt sich vor uns, von der Schlucht zwischen den Hügeln bis zu der Lichtung und zum Gruselwald. Es sieht gut aus so ganz ohne Fluss, der hindurchfließt.

Wartet mal! Warum sollte da ein Fluss durchfließen?

Ach ja, wegen der Bombe.

Die Bombe. Die Eisenbahn. Das Faultier …

Die Erinnerung kommt so plötzlich zu mir zurück, dass Evan mich bei meiner Bibo-Hose packen muss, damit ich nicht in Panik geradewegs auf den Rand der Klippe zustürze.

»Die Faultier-Express-Bombe!«, sage ich. »Der ganze Sprengstoff ist hochgegangen!«

»Aber es kommt kein Fluss aus der Höhle«, stellt Evan fest.

»Das bedeutet, sie hat ein Loch in den unterirdischen Garten und die Tunnel gesprengt!«, meint Attica. »Gratulation, ihr alle! Jetzt hat eure Stadt ihren eigenen unterirdischen Fluss!«

Ich gucke zu Slotcar rüber. »Du hast uns gerettet«, sage ich. »Du bist ein Genie.«

Slotcar blickt stirnrunzelnd über das Tal. »Wenn ich ehrlich sein soll, habe ich es ein bisschen satt«, gibt sie zurück.

Wir alle starren sie an.

»Ich meine«, erklärt sie, »es ist ja ganz schön, sich nützlich gemacht zu haben, aber unterm Strich habe ich jetzt eine super Roboter-Raupe weniger.«

»Slotcar«, meint Attica grinsend und rollt sich auf den Rücken. »Du bist ein [Wal, der pfeilgerade aus dem Wasser springt und einen doppelten Salto rückwärts macht] Genie.« Wir bleiben eine Weile so liegen und lassen das Klingeln in unseren Ohren verklingen und unsere Klamotten trocknen. Rahm und Uhu gesellen sich zu uns.

»Hat irgendwer gesehen, was mit Torvald geschehen ist?«, frage ich.

Schweigen.

»Vielleicht ist er ja vor uns rausgekommen«, meint Evan.

Wir grübeln darüber nach.

»Ja, wahrscheinlich«, sage ich. »Bestimmt sogar.«

»Das hoffe ich«, meint Slotcar.

»Ich brauche einen Kaffee«, sagt Attica. »Los, verschwinden wir hier.«

Wir gehen zurück in den Ort. Auf dem Fußballplatz fliegen Styroporfetzen und der ein oder andere verlorene Schuh durcheinander, aber die meisten Bewohner sind aus Mangel an Unterhaltung wieder abgezogen. Da alle Geschäfte geschlossen, und der Tag zum Feiertag erklärt wurde, sind auch die Straßen leer gefegt. Wir treiben uns herum und kommen schließlich am stillgelegten Bahnhof am oberen Ende der Frist Street raus. Eine leere Chipstüte weht die lange, gerade leere Straße in Richtung der T-Kreuzung mit dem Valley Drive am anderen Ende herunter.

»Jetzt müssen wir uns wohl wieder an den Gedanken gewöhnen, dass das hier alles ist, was wir haben«, stelle ich fest.

»Ist gar nicht so schlecht«, findet Attica. »Der Kaffee ist kacke und die Häuser sehen alle gleich aus, aber zumindest ...«

»Zumindest was?«, fragt Evan.

»Irgendwie hatte ich gehofft, dass jemand anderes den Satz für mich beendet«, seufzt Attica.

»Ich wollte doch bloß etwas Besonderes«, sage ich.

»Ich wollte bloß was Verrücktes sehen«, meint Slotcar.

»Und ich wollte bloß euch Idioten aufmischen«, sagt Rahm.

»Du bist der Idiot, Rahm«, erwidert Uhu.

»Guter Konter, Uhu«, meint Attica.

Ich seufze. »Ich schätze, man kann Dunn's Orchard einfach nicht interessant machen.«

Und dann bricht die Frist Street auf ziemlich interessante Weise über einem unterirdischen Fluss zusammen.

Der gesamte Straßenzug, von einem Bordstein zum anderen, von direkt vor unseren Füßen bis zum Valley Drive am anderen Ende, kracht, knirscht und stürzt mit einem Rumpeln wie von der Magenziege der Erde höchstpersönlich zehn Meter tief in den tosenden, wogenden Fluss, der durch den unter der Ortsmitte verlaufenden Tunnel schießt. Eine Monsterwelle aus Schlamm spritzt hoch in die Luft und regnet über Gebäuden, Häusern und unseren sechs überraschten Gesichtern ab.

Während die Trümmer der Frist Street absinken und davongespült werden, erkennen wir, dass unsere Hauptstraße durch einen Fluss ersetzt wurde, der unter dem stillgelegten Bahnhof, auf dem wir stehen, hervorgeschossen kommt und durch einen langen, tiefen, schnurgeraden Kanal an *Echt Mega Kaffee* und Kastell Dunn vorbeifließt und feinsäuberlich unter der Schule an der T-Kreuzung mit dem Valley Drive am anderen Ende verschwindet.

Teile des Bürgersteigs bröckeln weiter in die Schlucht, aber die Gebäude selbst scheinen standzuhalten.

Mit Ausnahme von Kastell Dunn. Wasser, das vermutlich durch den Fahrstuhlschacht hinaufgedrückt wird, strömt jetzt durch die Glastür hinaus und fließt wie ein Wasserfall zurück in den unterirdischen Fluss. Der Teil der Luft, der noch nicht erfüllt ist von wogendem Wasserrauschen, füllt sich mit einem spitzen, metallischen Kreischen, während ganz langsam alle acht Stockwerke von Kastell Dunn beginnen, in Richtung Fluss zu kippen.

Wir stolpern zurück und beobachten, wie sich das riesige Gebäude neigt, noch etwas weiter neigt und – genau in dem Augenblick, in dem es so scheint, als müsse es in den Fluss stürzen – schließlich widerwillig stöhnend zum Stehen kommt.

Unter unseren Blicken beruhigen sich die Wassermassen zu einem immer noch wogenden, aber nicht mehr chaotischen Fluss. Aus der Frist Street ist jetzt ein hundert Meter langer Fluss geworden, der aus dem Nichts auftaucht, unter einem acht Stockwerke hohen Schiefen Turm durch den Ort rauscht und dann wieder verschwindet. Gerade so, als ob es immer schon so gewesen wäre.

Eine Zeit lang können wir ihn nur bestaunen.

Und dann:

»Tja«, meint Slotcar. »Wenn *das* nicht interessant ist.«

35

BIS ZUM ENDE
DES UNIVERSUMS

Ich bin ein Hubschrauber, der im Tiefflug in Richtung Universum saust.

»Es ist gleich da vorne«, krächzt die Pilotin in meinen Kopfhörern. »Ich sag dir Bescheid.«

»Danke, Maddie«, sagt der Bürgermeister.

In. Ich bin *in* einem Hubschrauber.

Die Pilotin navigiert uns über den Stadtrand hinaus weiter zu der niedrigen Hügelkette, die Dunn's Orchard vom Rest der Welt abschneidet. Wir folgen einem trockenen, braunen Streifen Land, der sich vor uns durch die Hügel windet, zu einem Anblick, der mein Herz auch jetzt – beim mindestens hundertsten Flug darauf zu – jubeln lässt.

»Hier ist es«, sagt die Pilotin ganz feierlich. »Zu unserer Rechten.«

Der Bürgermeister zeigt für die Fernsehreporterin neben mir darauf. »Da unten, sehen Sie?«

»Es ist schwer zu übersehen«, sagt die Reporterin. »Ich meine, man sieht all die Filme und Bilder im Internet und da ist es schon, also, wow, aber ... Ich meine, WOW«, sagt sie.

Unter uns in einer kleinen Biegung zwischen zwei Hügeln verschwindet der Hundert-Meilen-Fluss. Er kommt von den Bergen im Norden heruntergeflossen und kurz bevor er einen Blick auf das Tal direkt dahinter erhaschen kann, scheint er es sich anders zu überlegen und stürzt stattdessen als glitzernder silberner Gischtvorhang durch ein zerklüftetes Loch im Berghang in die Finsternis. Der braune Streifen ausgetrockneten Flussbets auf der anderen Seite des Schlundlochs knickt in Richtung der Stadt ab, komplett am Tal vorbei.

»Ich bin sicher, das Wesentliche wissen Sie schon«, sagt der Bürgermeister. »Es konnte nie ein einleuchtender Grund dafür gefunden werden. Die Regierung hat es als eine Laune der Natur bezeichnet und beschlossen, den Verlauf des Flusses so zu belassen, da sich rausgestellt hat, dass die Großstadt mit ihm ohnehin nicht viel anzufangen wusste.«

Die Reporterin schießt ein paar Fotos. »Kann ich auch die Stadt sehen?«, will sie wissen.

»Natürlich«, erwidert der Bürgermeister lächelnd.

Die Pilotin zischt mit uns über die Hügel nach Dunn's Orchard. Von so hoch oben ist das Erste, was man sieht, die riesige Baugrube am Ortsrand in der Nähe der City Road, wo sich das Eisenbahnprojekt endlich durch die Hügel gräbt.

»Wir hatten keine andere Wahl, als die Eisenbahnstrecke fertigzustellen«, erklärt der Bürgermeister der Reporterin. »Die ganzen Touristen haben die Zufahrtsstraße in den Ort verstopft.«

Ich stupse den Bürgermeister unauffällig an. »Du wirst ein bisschen angeberisch«, flüstere ich ihm ins Ohr.

»Es ist echt schwer, bescheiden zu bleiben, wenn man echt hammermäßig ist«, erwidert er leise.

Der Ort zieht unter uns vorbei. Er besteht immer noch hauptsächlich aus grünen Pappkartonhäusern, aber es gibt hier und da ein paar neue Farbkleckse und natürlich die unverkennbaren Rundungen und Türmchen der neuen Bauweise.

»Die ersten paar Wochen nach dem ... Ereignis waren ein bisschen angespannt«, erzählt der Bürgermeister der Reporterin. »Aber schließlich haben die Geologen das ganze Tal für sicher und stabil erklärt und natürlich haben wir unsere Hauptstraße in Ordnung gebracht. Da ist sie jetzt!«

»Boah«, macht die Reporterin und das kann ich ihr nicht verdenken.

Der Hundert-Meilen-Fluss tost fast schon magisch durch die Ortsmitte. Er taucht aus dem Nirgendwo auf, braust durch die steile Kluft, die früher mal die Frist Street war, fließt unter dem schiefen Turm von Kastell Dunn hindurch und verschwindet wieder unter dem Valley Drive.

»Sehen Sie die neuen Fußwege?«, fragt der Bürgermeister. »Wir haben auf beiden Seiten extra breite Holzstege gebaut, die über den Fluss ragen. Die Brücke über die Erasmus-Fälle ist bei den Touristen besonders beliebt. Sie machen Selfies unter den Hängelampen-Straßenlaternen.«

»Und was ist mit dem Rathausgebäude?«, will die Reporterin wissen. »Das werden Sie doch sicher irgendwann abreißen müssen, bevor es einstürzt?«

Der Bürgermeister und ich werfen uns einen Blick zu. »Anscheinend ist es sicher, solange niemand hineingeht«, erwidert er schnell. »Es ist ja nicht der einzige schiefe Turm der Welt. Wir nutzen ihn eigentlich nicht mehr wirklich.«

Ich gebe dem Bürgermeister das Daumen-hoch-Zeichen.

»Wie dem auch sei«, meint der Bürgermeister, »ist dieses Gebäude dort nicht viel interessanter?«

Die Reporterin blickt dorthin, wohin er zeigt, und schnappt nach Luft.

Der stillgelegte Bahnhof ist nicht länger verlassen, sondern ein richtiger Bahnhof.

Aber nicht irgendein Bahnhof.

»Magisch«, haucht die Reporterin.

Das Dach des Bahnhofsgebäudes ist ganz aus Glas. Man kann hindurchschauen und die Bahnsteige sehen, die von dutzenden gewöhnlichen Alltagslampen erleuchtet werden.

»Und da um den Bahnhof herum – sind das ...?«, fragt die Reporterin.

»Ja«, antworte ich. »Das sind Obstbäume. Das ist Dunn's Obstgarten.«

Rings um den ganzen Bahnhof stehen reihenweise junge Obstbäume: Apfel-, Birnen-, Zitronen-, Limetten- und sogar einige Pfirsich- und Aprikosenbäumchen.

»Fantastisch«, findet die Reporterin. »Aber warte mal – warum hat man den Ort Dunn's Orchard genannt, wenn es hier früher gar keinen Obstgarten gab? Wo war denn der Obstgarten?«

»Och«, sagt der Bürgermeister ausweichend, »irgendwo gibt es doch immer einen Obstgarten.«

Der Hubschrauber landet auf dem Spielfeld der Spidermans.

»Dieses Städtchen ist unglaublich«, findet die Reporterin. »Sie haben hier wirklich etwas Wunderbares entstehen lassen, Bürgermeister.«

»Das ist nicht mein Verdienst«, erwidert der Bürgermeister. »Die Natur und unsere Stadtplanerin und Chefarchitektin haben die ganze Arbeit gemacht. Und da kommt sie auch schon!«

Die Stadtplanerin und Chefarchitektin kommt vom Clubgebäude herüber, ein zuckersüßes Kleinkind an der Hand, und begrüßt die Reporterin.

»Hallo«, sagt sie schüchtern.

»Darf ich vorstellen«, sagt der Bürgermeister stolz, »unsere visionäre Planerin, Simrita Kholi.«

»Sehr erfreut«, sagt die Reporterin. Mum wird knallrot.

»Und was ist mit dir?«, fragt mich die Reporterin. »Was trägst du dazu bei, dass dieser Ort so paradiesisch ist?«

»Wer, ich?«, frage ich. Ich schiele zu den Bäumen hinter dem Spielfeld und muss an einen kleinen Schalter an einer Fernbedienung für eine Roboter-Raupe in einer Höhle unter einem Haus auf einer Klippe hinter einem geheimen Wald am Rande einer Stadt denken, die ich grade erst kennenzulernen beginne. »Nee, ich bin niemand Besonderes. Bloß einer von vielen.«

»Warum schauen Sie sich nicht ein bisschen um?«, schlägt der Bürgermeister der Reporterin vor. »Der Gemeinderat arbeitet vorübergehend von der *Echt Mega Kaffee*-Filiale an der Frist Street aus. Wenn Sie dorthin gehen, ist Ihnen unsere Geschäftsführerin gern behilflich. Fragen Sie einfach nach Janet.«

»Vielen Dank noch mal, Bürgermeister Kholi.«

»Bitte«, sagt der Bürgermeister grinsend, »nennen Sie mich Raj.«

Die Reporterin lässt uns vier in der Mitte des Spielfelds stehen. Ich kitzele Sanj, woraufhin er kichert und auf den Po plumpst.

»Na, das lief doch super«, meint Dad und lockert seine Krawatte.

»Du machst das wirklich wunderbar, Raj«, sagt Mum.

»Die Frage nach Kastell Dunn hast du echt gut überspielt«, sage ich.

»Danke«, erwidert Dad. »Die Leute dürfen ihm nicht zu viel Beachtung schenken.«

»War gestern Abend wieder Licht in der Dachgeschosswohnung an?«

»Ja«, meint Dad. »Und mir wurde von Maschinenlärm von da oben berichtet, spätnachts. Man erzählt sich, dass es dort spukt.«

»Tja«, sage ich, »wir lieben hier eben unsere Geheimnisse.«

Ich schiele noch mal zum Gruselwald hinüber.

»Du willst da raufgehen, oder?«, fragt Mum.

»Ist das so offensichtlich?«

Mum drückt mich kurz. »Aber sprich mit keinem Kinderschreck, den du noch nicht kennst. Halt dich von Wasser fern. Und sei zum Abendessen wieder zu Hause, sonst hast du bis zum Ende des Universums Hausarrest.«

»Versprochen«, gebe ich zurück, renne auf die Bäume zu und springe über das neue, knallgelbe STRASSE GESPERRT-Schild vor der Schneise, die Torvalds Wagen geschlagen hat.

Bei der Lichtung warten schon alle.

»Hast dir aber Zeit gelassen«, sagt Attica Stone.

»Musstest einfach jede Sekunde deiner Berühmtheit ausschlachten, oder?«, meint Evan.

»Verdammt richtig«, gebe ich zurück. »Habt ihr es noch nicht gehört? Ich war mal das Maskottchen von Dunn's Orchard.«

»Ja, na ja, für uns bist du ein Schnecken fressender Verlierer, Kholi«, knurrt Rahm.

»Ich weiß!«, erwidere ich grinsend. »Aber bitte, nennt mich Schleimi.«

»Du bist ein Verlierer!«, sagt Uhu.

»Guter Konter, Uhu«, meint Rahm.

»Ich hab dich gemeint, Rahm«, sagt Uhu.

»Also, *das* war ein guter Konter, Uhu«, findet Attica.

Die Holztreppe zur Klippe hinauf ist von den Explosionen ein bisschen mitgenommen, aber für jemanden, der schon mal die Einsame Kiefer raufgeklettert ist, ist es kein Problem.

Wir betreten das Haus der Türen und stehen vor der offenen Tür im Boden. Ein entferntes, rauschendes Rumpeln dringt zu uns herauf.

»Wusstet ihr«, setzt Slotcar an, während sie in ihrem neuen Monsterbuch blättert, »dass es da in Slowenien diese Riesensalamander gibt, deren innere Organe man durch ihre Haut sehen kann? Und dass man, wenn man von so einem gefressen wird, zu seinen Freunden rausschauen kann, während man verdaut wird?«

»Slotcar«, sage ich, »wir haben keine Zeit für ...«

»Langsam, langsam«, meint Attica. »Warum erzählst du uns das, Slotcar?«

»Na ja«, erwidert Slotcar. »Einfach so.«

»Aber?«

»Aber man findet sie in Höhlen.«

Wir starren noch mal die Tür im Boden an.

»Hmh«, meint Evan.

»Scheiße«, findet Rahm.

»Also los!«, sage ich.

»Bombe!«, erwidert Attica.

Wir ziehen uns Wollmützen über und die Reißverschlüsse an unseren Jacken ganz hoch, um uns gegen die Kälte zu wappnen. »Also, Attica«, sage ich. »Hast du deine Taschenlampe dabei?«

»Hä?«

Oh, ich werde das jetzt so genießen.

»Plastikding?«, sage ich lächelnd. »Ungefähr so lang? Leuchtet an einem Ende? Super, wenn man irgendwas Finsteres erkunden will?«

Ich hole die kleine Taschenlampe hervor, die ich schon den ganzen Tag für genau diesen Augenblick in meiner Manteltasche mit mir rumtrage. Ihr Lichtstrahl schneidet eine dünne Linie in die Finsternis.

»Was?«, stammelt Attica. »Aber ich wusste doch nicht ... Ich dachte, du würdest ... Ich schätze ... Oh nein!«

Ihr Gesichtsausdruck ist Gold wert. Der Handlanger bekommt seine Revanche.

»Aber«, meint sie, »was ist denn das? Uuups?« Aus ihrer Schultasche zieht sie eine gigantische Profitaschenlampe. Sie knipst sie an und es ist, als ob eine kleine Supernova in ihrer Hand aufleuchten würde. »Ach, Pri Kholi«, seufzt sie. »Du bist doch mein Allerbester.«

»Du bist ne Flachzange, Attica Stone«, gebe ich zurück.

»Ich weiß«, meint sie grinsend. »Damit kriegt man Sachen erledigt.«

Dann krachen wir mit den Köpfen zusammen, weil jeder von uns der Erste auf der Treppe nach unten sein will.

ENDE

DANKSAGUNG

Wenn dir diese Geschichte gefallen hat (und, oh Mann, ich hoffe so, das hat sie), dann liegt das daran, dass eine ganze Menge talentierter Leute daran gearbeitet hat, sie gut hinzubekommen. An dieser Stelle möchte ich nur ein paar von ihnen danken.

Ganz am Anfang habe ich unschätzbaren Rat von Penni Russon und Chris Miles bekommen. Sie haben mir dabei geholfen rauszufinden, welche Art Geschichte ich überhaupt schreibe.

Sobald ich mit einem Kapitel fertig war, habe ich es Sam Larkin laut vorgelesen. Es gibt niemanden, der eine Geschichte besser beurteilen könnte. Ohne Sam gäbe es keine Konter für Uhu. Dieser Junge weiß einfach, was er tut.

Ein ganzes Menschenleben reicht nicht aus, um Marisa Pintado für ihren Sachverstand, ihre Unterstützung und ihr Vertrauen in mich als Schriftsteller zu danken. Ihr Beistand als Lektorin und Herausgeberin bei Hardie Grant Egmont war wirklich außergewöhnlich.

Luna Soos Blick fürs Detail, Gehör für Sprache und ihr Fingerspitzengefühl werfen in mir die Frage auf, ob sie nicht vielleicht bionisch ist. Von Luna lektoriert zu werden, ist ein klein wenig wie Magie. Wenn du einen Lieblingssatz in diesem Buch hast, wette ich, dass Luna die Finger im Spiel hatte.

Pooja Desais Layout erhebt diese Geschichte über ihre Worte. Sie ist der Grund, warum dieses Buch so gut aussieht, wie es aussieht.

Für Fiona Nelson habe ich einfach keine Worte. Ich kann nicht mal ansatzweise von ihr sprechen. Vertrau mir. Sie ist alles.

ÜBER DEN AUTOR

Mat Larkin nimmt den Mund gern voll. Ich meine, er *behauptet*, der Autor von spannenden Abenteuergeschichten für Kinder zwischen acht und zwölf Jahren zu sein, aber da kann ja jeder kommen. Man hat ihn schon Leuten erzählen hören, er denke sich Geschichten aus, in denen sich das Nicht-ganz-Gewöhnliche mit dem Nahezu-Unmöglichen vereint, aber wenn das stimmt, was würde er dann nicht frei erfinden?

Hat er wirklich an der *Zac Power*-Reihe mitgeschrieben? Arbeitet er tatsächlich gerade als Redakteur für psychische Gesundheit? Oder ist diese ganze Biografie bloß Teil seines gewieften Gespinstes aus Geschichten? Wahrscheinlich schon.

Niemand, der halbwegs bei Verstand ist, würde je glauben, dass er zusammen mit seiner unglaublichen Frau und seinem unvergleichlichen Sohn in Melbourne lebt.

Eins aber muss ich ihm zugestehen: *Der unterirdische Garten* ist sein erster Roman.